U0793107

普通高等教育酒店管理专业系列教材

酒店战略管理

主　编　杨劲松

副主编　廖　斌

参　编　金　准　张金山

张欢欢　邓志勇

机 械 工 业 出 版 社

旅游业已成为我国服务业迅速发展的典型代表，酒店业更是其重要的一部分。本书从战略管理角度阐述酒店战略管理的各个问题，将战略管理理论与酒店业的实际案例相结合，展现和解释酒店企业战略管理过程及其面临的各种挑战与问题。在编排结构方面，本书每章以酒店案例为开头，引导学生进入酒店的战略管理实践，篇章中穿插了诸多的小资料、小案例，将理论与实际相结合，每章的最后都设计了分析题、练习题、案例分析题，给读者提供机会去运用所学的理论知识分析实际问题。

本书可作为应用型本科院校、高职院校酒店管理及相关专业教材，也可作为酒店管理人员的培训用书。为方便教学，本书配备了电子课件等教学资源。凡选用本书作为教材的教师均可登录机械工业出版社教育服务网 www.cmpedu.com 免费下载。如有问题请致电 010-88379375 联系营销人员。

图书在版编目（CIP）数据

酒店战略管理/杨劲松主编．—北京：机械工业出版社，2013.5（2026.1 重印）
普通高等教育酒店管理专业系列教材
ISBN 978-7-111-42378-2

Ⅰ．①酒…　Ⅱ．①杨…　Ⅲ．①饭店—商业企业管理—战略管理—高等学校—教材
Ⅳ．①F719.2

中国版本图书馆 CIP 数据核字（2013）第 092228 号

机械工业出版社（北京市百万庄大街 22 号　邮政编码 100037）
策划编辑：徐春涛　　责任编辑：孔文梅　宋　燕　徐春涛
封面设计：马精明　　责任印制：张　博

北京机工印刷厂有限公司印刷

2026 年 1 月第 1 版第 13 次印刷
184mm×260mm · 15.25 印张 · 374 千字
标准书号：ISBN 978-7-111-42378-2
定价：48.00 元

电话服务　　网络服务
客服电话：010-88361066　　机　工　官　网：www.cmpbook.com
010-88379833　　机　工　官　博：weibo.com/cmp1952
010-68326294　　金　书　网：www.golden-book.com
机工教育服务网：www.cmpedu.com

封底无防伪标均为盗版

前　言

金融危机下，全球经济似乎正在告别增长的年代，开始进入一个动荡调整期。对于中国经济来说，“中等收入陷阱”挑战之下，高速增长的时代或许即将结束。中国旅游业注定是在这样的大背景下走上历史的舞台，带着“国民经济的战略性支柱产业和人民群众更加满意的现代服务业”的期待进入一个新的时代，而身处其中的酒店企业，在迎来了新的发展机遇同时，更将面临新的发展挑战。

如今，在这样一个充满机遇、变革和全球化竞争的环境下，中国酒店业发展迅速，在迎来全新发展时代的同时，各种日益复杂多变的宏观环境、激烈的商业竞争、全球化、现代信息技术变革等也都在重塑着酒店企业，传统的酒店管理正在受到挑战，酒店企业不得不审视企业的战略，不可逃避的是，酒店企业已然进入了战略管理时代。

本书认为，战略管理是酒店企业面临的关键性课题。酒店企业需要借助战略管理，重新审视、更新战略，保持战略与环境的适应性，培育核心竞争力，建构起持续的竞争优势，以在这个复杂的环境下生存乃至发展。

本书从战略管理角度阐述酒店战略管理的各个问题，将战略管理理论与酒店业的实际案例相结合，展现和解释酒店战略管理过程及其面临的各种挑战与问题。在编排结构方面，本书每章以酒店案例为开头，引导学生进入酒店的战略管理实践，篇章中穿插了诸多的小资料、小案例，将理论与实际相结合，每章的最后都设计了复习思考题、分析题，给读者提供机会去运用所学的理论知识分析实际问题。

（1）知识目标　每章开始都明确提出了本章要达到的目标，目标是根据本章内容学习所要达到的效果而设定的。

（2）知识要点　列出了本章主要的核心概念和知识点。

（3）引导案例　引导学生将本章内容与酒店企业实践联系起来。

（4）小资料　在每章的正文内容中，都穿插了小资料和支持材料，作为对内容知识的补充和丰富。

（5）本章小结　对本章关键问题进行简短总结。

（6）复习思考题　用于巩固所学的知识内容，也可作为复习要点。

（7）案例分析题　为增强学生运用所学理论分析问题、解决问题的能力，每章最后设置了系列的案例和情景，要求学生结合所学知识进行案例分析，解决问题。

本书可供旅游院校本科生、高职生作为教材使用，也能为从事酒店业、旅游院校教育研究等领域的教学人员、管理人员、研究人员、酒店从业人员等提供参考。因编者水平有限，疏漏之处在所难免，敬请读者不吝赐教。

编　者

目　录

第一章 绪论

没有战略的企业就像一艘没有舵的航船一样只会在原地转圈，它又像一个流浪汉一样无家可归。

——Joel Ross and Michael Kami

战略不是别的，而是坚持采取某一活动的决心。

——Sharon Oster，耶鲁大学教授

人无远虑，必有近忧。

——孔子

知识目标

- 了解战略的基本内涵、组成要素、基本特征以及战略层次。
- 理解战略管理的基本内涵。
- 学习战略管理并了解其在酒店业中的重要性。
- 理解酒店业的特殊要素以及对战略制定的影响。

知识要点

酒店战略是关于未来行动的内容，是酒店企业发展的核心内容。本章首先介绍了战略内涵，包括战略的相关概念和基本特征；其次，介绍了战略组成及层级；最后，介绍了战略管理内涵。

引导案例

宜必思酒店在中国

宜必思（Ibis）酒店是世界500强、著名酒店业巨头雅高集团旗下的一员，通过30多年的发展已经成为欧洲最大的经济型酒店连锁企业。1974年，法国雅高集团的创始人保罗·杜布吕和杰拉德·贝里松创立了第一家快捷并拥有现代舒适环境的酒店——宜必思酒店。

宜必思，意指朱鹭，是非洲和美洲一种珍贵的涉禽类鸟，代表着旅行和迁移，是一种富有诗意的象征。宜必思酒店在全世界范围内不断发展和完善，凭借着其完美的服务、极具竞争力的价格和热情周到的服务闻名于世，成为全球经济型酒店的先锋和领导者。目前，宜必思酒店已经在全球五大洲四十多个国家拥有 800 多家酒店，并在中国不断发展壮大。

1．发展定位

远景目标：世界第一经济型酒店品牌、注重新兴市场。

酒店理念：物美价廉、紧随潮流、服务友好。

目标客户：休闲度假游客、商务旅行客。

服务重点：标准化客房、主题餐厅。

2．“15 分钟满意合同”

宜必思酒店建立了一个保持这一核心优势的挑战机制——“15 分钟满意合同”，即：如果客人在入住酒店期间遇到任何属于酒店责任的问题，承诺将在 15 分钟内提出解决方案，给客人满意答案。

3．宜必思酒店在中国的发展战略

宜必思酒店在中国的采用“工业园区”战略。2004 年，宜必思酒店进入中国，选在了天津的泰达工业园区，直到 2008 年 8 月才在北京建立宜必思三元桥店，此前所有的 14 家都集中在成都、武汉等二线城市。

宜必思酒店在中国的发展重心放在二、三线城市。雅高大中华区副总裁马睿（Rubert Murray）表示，整体而言中国酒店市场前景依然很好，至于一线城市成本过高的现象也确实存在，因此雅高在未来扩张“宜必思”的时候会重点布点中国的二、三线城市，并在市场定位上以接待本土商旅客人为主。在工业园区和二线城市扩张之后，在最近两年，宜必思酒店又把更多的注意力集中到了一线城市，2008 年相继在北京、上海开出了第 15 家店和全球第 800 家店。未来“南到惠州、江门，北到满洲里、海拉尔在内的一、二线城市”都是宜必思酒店发展的所在。

相对于其他国际酒店集团，雅高集团对于“宜必思”始终没有采用其他大多数国际酒店集团在华采用的纯粹管理、不涉及投资的模式，而是坚持在华投资并管理，全部直营。因此，其发展速度较慢。

4．新战略新布局

2011 年，国际酒店运营企业雅高集团宣布对旗下经济型酒店品牌“宜必思”做出重大战略调整。“宜必思”将变身为拥有三个子品牌的综合品牌。此次战略调整，被认为是雅高集团本土化的又一次尝试。

根据新计划，“宜必思”将变身为拥有三个子品牌的综合品牌：原有宜必思品牌仍旧保留；雅高的另两个经济型酒店品牌全季酒店（All seasons）将变更为宜必思尚品，Etap Hotel 品牌将变更为宜必思快捷酒店。这一新的细分将于 2013 年初在雅高集团的全球范围内完成。

此次“宜必思”品牌的重新定位也被认为是雅高集团商业模式改革的开端。雅高集团主席兼首席执行官埃内坎（Hennequin）表示，消费者的需求已经发生巨大变化，从经济型到高端品牌的垂直细分已经成为历史，所有品牌都必须能够向消费者突出其自我提升的形象，并且向他们提供最新、时尚及流行的服务。雅高集团希望，三个经济型品牌将更为清晰、协调和强大，同时雅高集团将借此吸引不同市场的重要客源，并强化各个品牌的知名度和增长潜力。

（资料来源：依据田慧丽：《宜必思酒店在中国发展战略研究》整理而成。）

第一节 战略内涵

对于个体来说，战略是走向成功的秘诀，人人都需要战略。没有战略，生活就没有了目标，人生就没有了方向。没有了战略，就失去了前进的动力。

对于酒店企业来说，战略是企业获取、维持竞争优势的核心力量。失去了战略，企业就失去了方向，难以保持竞争优势，无法实现企业的使命和目标。

一、战略的基本概念

1．什么是战略

研究战略管理，首先需要了解什么是战略。而关于什么是战略，至今没有一个统一的说法和定义。

战略（Strategy）最早见于军事方面的专门术语，《韦氏新词典》指出：战略是计划或指挥大规模军事行动，在与敌人实际战争之前，将力量调动到最具优势位置的科学。

而从词源上讲，战略起源于古希腊，来自希腊语“strategos”，该词是由“stratos”（军队）和“ago”（领导）两词转化合并而来，意指在军事战争中，将领指挥军队排兵布阵。到了公元 1 世纪，西方军事家对战略的定义更加明确，认为战略是指挥官欲达成的任何目标以及为实现这些目标所需要的预测、优势、努力和步骤。随后，战略的意义被广泛化，指采用一系列的战略手段，以打败竞争对手。

对于酒店企业来说，战略一样极为重要。企业之间通过激烈的相互竞争，以期将竞争对手挤出市场，在竞争中胜出，这就需要战略。

战略管理学的鼻祖迈克尔·波特（2005）认为，战略是关于一家企业如何不同于其他企业，意味着有意识地选择一系列不同的活动来提高独特的价值组合。

著名管理学家明茨伯格提出 5Ps 战略（见图 1-1），认为战略是一种计划，是一种计策，是一种行为模式，是一种定位，是一种观念，而且这五个部分不是孤立的，必须从多个方面来理解战略。

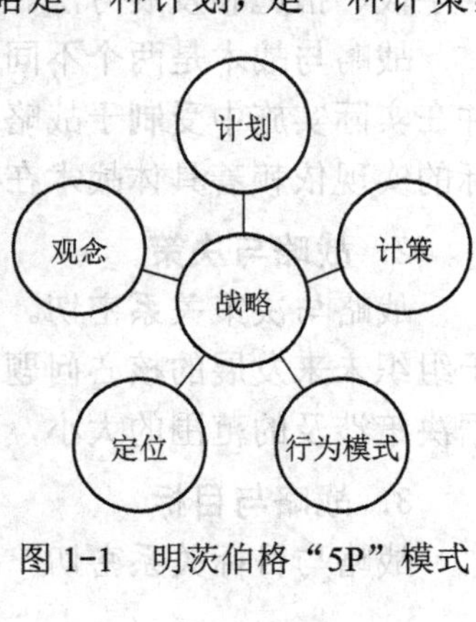

图 1-1 明茨伯格“5P”模式

著名管理学安索夫认为，战略是企业为了适应外部环境，对现阶段和未来需要从事的经营活动所进行的战略安排和决策。美国哈佛大学教授安德鲁斯认为，企业战略是一种决策模式，其决定和揭示了企业的目的和目标，提出实现目的的重大方针和计划，确定企业应该从事的业务（安索夫，2010）。

著名管理学家钱德勒于 1962 年提出，战略是长期目的或目标的决策，制定达到这些目标所需要的主要行动计划以及为完成这些目标对所需资源的配置。

小阿瑟·汤普森认为，战略是企业管理层所制定的竞争性活动或业务方法的组合，以此来发展自己的业务，确立企业在竞争市场中的地位，吸引并满足顾客需求，成功地同竞争对手竞争，以实现企业的预期目标（汤普森，2009）。

综合说来，酒店企业战略是关于企业未来的导向，是关于实现长期目标的方法，是企业以未来为目标，为获取、维持竞争优势而做出的指导企业整体工作，决定企业生存与发展命运的方针、方式和计划，是企业管理者所采取的旨在达成一项或多项企业发展目标的行动总和。

在这个巨变的时代下，任何企业都需要战略，战略是企业能够先于其他竞争对手预测未来并提供产品和服务的一种能力，能为企业获取、维持竞争优势的核心能力。

2. 如何识别企业战略

对于一个企业来说，其发展战略体现在其市场竞争的行动中，以及企业的高层管理人员关于企业经营举措、未来发展计划及如何提高企业竞争力的行动之中。

通过从以下几个方面来考察，可以很好地识别一个企业的战略（汤普森，2009）：

1）企业对外部环境变化作出的各类反应和行动。

2）企业进入新的地理范围或产品市场，或从现有市场退出的行为。

3）企业兼并竞争对手来强化企业市场地位的行动。

4）企业与其他企业合作形成战略联盟，建立合作伙伴关系的竞争行为。

5）企业追求新的市场机会以使得企业不受威胁的行为。

6）企业加强内部资源基础建设和提高内部竞争力的行为。

7）企业强化管理、生产、销售、财务以及其他内部的关键管理活动的行为和方式。

如何识别一个企业的发展战略，需要围绕企业在竞争市场中的各种行动和经营活动举措，从中搜集和获取关于企业竞争战略的各种信息和行动。

二、几个相关概念

1. 战略与战术

战略不同于战术。战略是关于企业或其他组织未来发展的路线、方针、政策，是关于企业未来发展的核心方案。战术是关于如何实现企业或其他组织未来发展目标的更为具体的手段、措施和发展方法。

战略与战术是两个不同层次上的概念。战略指导战术的制定，战术依据战略而形成，并在实际实施中受制于战略。与此同时，战术也会影响战略目标的实现，因为任何战略目标的实现依赖着具体战术在实际中的指导和运用。

2. 战略与决策

战略与决策关系密切。简而言之，战略就是做决策，但决策并不都是战略。战略是关于组织未来发展的核心问题的决策。而决策是关于组织发展过程中的所有事项的决定。根据决策涉及的范围的大小，可以将决策分为影响全局的决策和日常例行的一般性决策。

3. 战略与目标

战略与目标关系密切。战略是为了实现企业未来发展的方法和计划。目标是企业未来预期需要达到的状态或结果。任何的战略都是围绕着目标而产生的，战略的制定和实施最终的目的是为了实现企业的目标，并借助战略的实施来保证企业的发展沿着既定的目标前进而不偏离目标，最终达到预期的结果。与此同时，战略本身也包含了目标，战略制定的过程中包括了对企业目标的制定，企业目标在一定程度上说也是企业战略的一部分。

4. 战略与计划

战略是关于企业或组织未来发展的一种长远的计划，是关于企业未来整体发展的安排与谋划。因此，战略是关于企业未来走向的一种既定的安排的计划。另一方面，面对着企业内外部环境的剧烈变化，任何组织或企业都需要制定相应的战略来应对变化，迎接未来的各种挑战。由此，战略又不完全是死板的一成不变的计划，其需要有一定的弹性和适应性，以根据环境变化而作出灵活的调整。

三、战略的基本特征

战略是关于企业未来发展的，维持企业竞争优势的计划，其具有竞争性、全局性、长期性、主动性、层次性、指导性、风险性等基本特征。

1. 竞争性

战略具有竞争性。任何战略都是为了能够在市场竞争中获得优于竞争对手的竞争优势，以最终在竞争中获胜。战略的竞争性特征使得企业的战略不仅仅是为了获得绝对的优势，而在于在与竞争对手的博弈中获取胜利，建立一种相对的竞争优势。现代社会中，企业之间的竞争日益激烈，为了获取胜利，企业需要战略的指导，以实现在动态的竞争环境下保持持久的竞争优势。

2. 全局性

战略具有全局性。企业的战略是关于企业未来发展的全局的谋划与决策，而不是企业某一个点的局部的决策。这使得战略的焦点在于对企业全局的关注，这涉及需要将企业放置在更为广阔的竞争范围之中，在更广的视角下来定位企业的整体发展，并很好地识别哪些是企业的全局利益，哪些是企业的局部利益，以作出有利于企业整体长远发展的战略选择。

3. 长期性

战略具有长期性。战略是关于企业未来的发展战略，是面向未来的。因此，任何战略关注的都是企业的长期目标，而绝非企业短期的现时目标。战略关注的是企业的长远未来发展，这要求企业的战略必须面向未来，具有一定的稳定性，能够指导企业在可预见的一段时期内的发展，而不是朝令夕改。

4. 主动性

战略具有主动性。战略是企业主动适应外部环境变化的一种企业行为，是企业积极主动地迎接企业内外部挑战和利用各种机遇的行为，并以此来主动地迎接各种竞争，在与对手的竞争中获取竞争优势。由此，战略是积极主动的行为，而不是消极被动的应对。

5. 层次性

战略具有层次性。战略是推动企业未来发展的核心行动，因此，对应着企业自身的多层次性，战略也有着多层次性特征。一般来说，根据企业层级的划分，可以分为企业总体战略、企业经营战略和企业职能战略，这些多层级的战略构成企业战略的链条，且在这些多层级的战略链条中，上一层级的战略指引着下一层级的战略，下一层级的战略需要服务于上一层级的战略。

6. 指导性

战略具有指导性。企业的战略对于企业未来的发展具有强烈的指导作用，其为企业未来的发展指明了发展方向、战略目标和行动方针指南，引导着企业如何一步步地走向战略目标，指导着企业如何沿着既定的战略轨迹走向未来。

7. 风险性

战略具有风险性。对于企业来说，其制定的每一个战略或者是作出的每一个决定都是存在风险的。仅凭个人主观判断，设立过于理性化的目标或者是对于整个行业和市场的发展形势的判断出现偏差，企业所制定的战略就会对企业的发展产生误导，进而给企业的未来发展带来巨大的风险，甚至引导企业走向破产，因此任何一个战略都不是确定地能带领企业走向成功。

第二节 战略组成及层级

一、战略的组成

著名管理学家钱德勒于 1962 年提出，战略是长期目的或目标的决策，制定达到这些目标所需要的主要行动计划以及为完成这些目标对所需资源的配置。依据钱德勒的划分，战略包含了三个要素：企业目标，行动计划，资源配置。

（1）设定企业目标 企业目标包括企业的长期目标和短期目标。失去了发展目标，企业就失去了发展方向，企业就不知道该走向何方。

（2）制定行动计划 制定行动计划是指为了实现所确定的目标而采取的行为选择。实现一个目标有很多种方法，企业需要依据对所需要的资源和目标进行全面的分析，确定一个完整的行动计划和方案，以实现目标。

（3）配置必要的资源 为了实现目标实施所制定的所有行动计划和方案都需要发生成本，都依赖于一定的资源的支撑，如果制定的行动计划没有充足的资源支持，那么企业的任何行动计划和方案都无法实施，进而也无法实现企业的目标。

二、战略的层级

战略具有多层次的特征，企业的战略体现在企业的各个层级之上。企业目标的多层次性和企业组织结构的多层次性，决定了企业战略的多层次性。酒店企业的规模越大，企业内部组织结构层级越复杂，酒店企业多元化程度越高，企业的战略层级就越多。

通常，根据企业组织结构层级划分，企业战略可以分为企业总体战略、企业经营战略和企业职能战略（见图 1-2），三者构成企业战略的链条，相互侧重点不同但又相互联系。上一层级的战略指引着下一层级的战略，下一层级的战略需要服务于上一层级的战略。

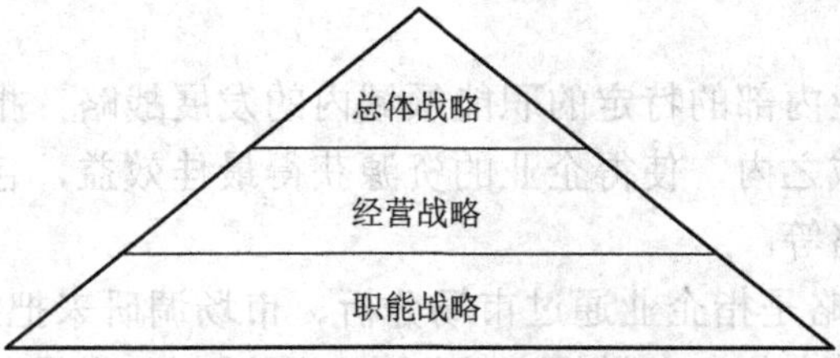

图 1-2 企业战略层级

1．企业总体战略

企业总体战略是指由企业最高层管理者制定的关于整个企业发展层面的计划，其涉及企业进入何种行业，从事何种业务的关键性问题，包括企业为进入某个行业领域而采取的各种行动计划。企业的总体战略是指导企业总体目标实现的战略，是指导整个企业的最高战略，通常由企业的最高层如企业的首席执行官负责制定。

企业总体战略的核心在于以下几个方面：

1）明确企业的使命和宗旨，明确企业未来的发展方向和主要的发展目标。

2）明确企业未来的主要的核心经营领域，即企业未来的主要业务是什么。企业需要依据自身的资源条件和竞争优势，明确未来的发展重点。

3）明确企业未来的发展战略重点，即确定企业如何实现战略目标的总体安排和路线走向，从而引导整个企业积极地开展相关业务。

相对来说，企业总体战略时间跨度较长，是较为长期的战略计划。

2．企业经营战略

企业经营战略是企业总体战略之下的战略，是经营企业某一事业部门或经营单位的战略计划。特别是当企业进入多元化发展阶段的时候，企业经营战略更为明显，每一个企业的事业部门或者是业务经营单位都有自己的发展战略。

企业经营战略的核心在于为取得企业在某一领域内的核心竞争力而制定相关的行动计划，应对外部环境的变化，关注于采用什么样的方法和计划来获取自身的核心竞争优势，考虑的是运用企业的竞争能力在某一个特定的产业或者是业务领域内开展竞争。因此，企业经营战略与企业总体战略相比更为具体，其深入到企业的产业或产品竞争层面。

相对来说，企业经营战略相对较为具体，企业需要关注的是如何在这个领域内确立自身的竞争优势，其主要的内容包括：

1）通过对企业内部资源条件的分析，明确企业的优势和弱势，确定企业自身的竞争优势是什么，企业的核心竞争力在哪里。

2）通过对企业所在行业的竞争分析，特别是与竞争对手的比较分析，明确企业在整个行业中的竞争态势和竞争优势所在。

3）明确企业通过什么样的措施和路径，来维持或者是增强企业的竞争优势，使得企业保持较强的竞争优势。

企业经营战略是企业总体战略的子战略，支撑着企业总体战略的发展，一般由企业事业部或业务经营单位或企业分部的管理者负责制定，战略的时间周期也相对较长。

3．企业职能战略

企业职能战略是企业内部的特定的职能领域内的发展战略，指引企业如何将相关的资源配置于不同的职能领域之内，使得企业的资源获得最佳效益，包括市场营销职能战略、财务战略、人力资源战略等。

1）市场营销职能战略是指企业通过市场分析、市场调研来把握整体的行业市场情况，明确企业在行业市场中的定位，并做好市场细分，通过各种市场营销的实施，来维持企业的市场竞争地位。

2）财务战略是指企业通过各项财务管理与分析、资本运营战略等，最大化地为企业筹集资源，最有效地利用企业有限的财务资源，为企业的发展提供保障。

3）人力资源战略是指企业从竞争性的人才市场获取人力资源，以及做好企业人力资源的开发、管理等工作，以为企业的发展提供充足的人力资源保障。

企业职能战略是针对企业业务领域的职能战略，相比于企业总体战略和经营战略更多地关注具体的细节，聚焦于如何为企业经营战略和企业总体战略的实施制定支持性的管理计划。因此，企业职能战略属于支持性战略，为企业的其他战略活动的实现提供服务和支撑。企业的每一项重要活动都需要有职能战略的保障。

企业职能战略针对企业的短期目标和日常的运营管理，由企业某个特定业务领域内的管理者负责制定。企业职能战略的时间周期较短，通常为一年。

小资料

汉庭酒店

汉庭酒店集团是在中国高速成长的新兴酒店集团，自 2005 年创立以来已经完成了全国主要城市的布局，在长三角、环渤海湾、珠三角和中西部发达城市形成了密布的酒店网络。

2008 年 2 月，汉庭酒店集团正式成立，是国内第一家多品牌的经济型连锁酒店集团。汉庭酒店集团致力于实现“中国服务”的理想，即打造世界级的中国服务品牌。汉庭酒店集团的愿景是“成为世界住宿业领先品牌集团”。为此，汉庭酒店集团不断追求精细化的管理，实施标准化的体系和流程，更全面、更迅速地推进集团化发展。汉庭酒店集团旗下目前拥有“汉庭快捷酒店”“汉庭全季酒店”“汉庭海友客栈”三个系列品牌，汉庭坚持时尚现代、便捷舒适、高性价比的优势特点，力争塑造中国经济型酒店的典范。2010 年 3 月 26 日，汉庭在美国纳斯达克以 ADR 形式上市。

汉庭快捷酒店：汉庭酒店集团旗下品牌，致力于为商旅客人提供便捷的住宿体验。酒店安心的睡眠系统、现代的卫浴系统、便捷的商旅配套和典雅的酒店氛围保障顾客在外也有在家一般的感受。精心设计十大免费项目：商务区计算机、打印复印传真、宽带上网、大堂茶水咖啡、房间阅读书籍、停车、早餐、矿泉水、茶包、大堂书吧，为顾客提供最物超所值的服务。

汉庭全季酒店：汉庭酒店集团旗下品牌，致力于为部分商旅客人提供最优值地段的选择。汉庭酒店多坐落于城市商业中心的标志性地块，客人无需支付五星级酒店的价格，即可享受到五星级酒店的地段优势。

汉庭海友客栈：汉庭酒店集团旗下品牌，致力于为休闲旅游客人提供干净、低价的住宿选择。汉庭海友客栈内部设计紧凑，致力于为客人提供性价比最高的住宿体验。酒店内部所有的设施均能满足客人的基本需求，为客人最大限度节省出行预算。

汉庭的愿景：成为世界住宿业领先品牌集团。

汉庭的使命：成为客户首选的中国经济型酒店品牌。

汉庭的价值观：

人本（Humanity）——我们的努力是为了使你的生活更美好！

团队（Teamwork）——一帮志同道合的朋友一起快乐地做成一件伟大的事业！

诚信（Integrity）——诚实做人，重诺守信！

结果（No excuse）——不找借口，达成目标！

学习与创新（Novel）——让我们做得更好！

（资料来源：汉庭酒店官网）

第三节 战略管理内涵

一、基本概念

战略管理是指在制定、实施和评价指导企业全局发展并决定企业未来发展命运的方针、方式和计划活动中，通过一定的程序和技术，获取最优效率和最佳效果的过程。

著名管理学家费雷德·R·戴维认为，战略管理是制定、实施、评价使组织能够达到目标的，跨功能决策的艺术与科学。战略管理致力于对市场营销、会计财务、生产作业、研究开发与计算机信息系统进行综合管理的，以实现企业的成功（戴维，2006）。

战略管理是针对于企业的整体活动，主要回答企业“我是谁”、“我要去哪里”，以及“怎么去”的问题。战略管理需要考虑的是我们要成为什么样的企业，我们是否处于正确的业务领域，我们是否应改变经营内容，哪些新竞争者正在进入我们的产业，我们应采取什么样的战略，我们的市场客户正在发生何种变化，我们是否会被正在不断发展的趋势所淘汰。

二、战略管理是企业应对变化的必然选择

面对不断处于变化之中的环境，战略管理是企业管理者正确地把企业与竞争环境中驱动企业变化的力量整合为一体的能力。企业的经营环境是由处于快速变化环境中的顾客、竞争者、供应商和企业管理者等多元主体所构成的范围。无论是短期还是长期，在这个环境中，机会与威胁总是并存的。对企业管理者来说，关键的挑战就是如何识别这些驱动力量，寻求到能够在短期和长期提升企业竞争力的方法。而战略管理正是这一选择和能力的核心。

面对各种变化的力量，企业需要不断地审视企业内部以及外部的事件与趋势，以便必要时作出及时的调整。因此，战略管理需要适应各种内外部变化，以能够敏捷地识别和适应变化，使企业有效地适应变化。

“同以往的年代相比，当今商业环境中的一个更为突出的特征是：唯一不变的就是变

化，成功的企业能够有效地适应变化，不断地调整其官僚机构、战略、系统、产品与文化，从而能够经受住冲击，在残酷的竞争中得以兴旺发达。”（沃特曼，1987）

因此，战略管理的核心即在于对各种变化力量的把握，对各种定性和定量信息的分析和组织，以使得企业能在变化中的不确定的信息环境下做出有利于企业发展的行动，创造和利用新的机会，使得企业不断适应变化的环境，获得持续竞争优势。

三、战略管理是企业保持竞争优势的必然选择

战略管理是企业获取竞争优势的主要途径，特别是在现代不断快速变化的网络时代下，战略管理已然成为了企业竞争中不可或缺的内容。任何一个企业必须不断进行调整，以适应新的外部趋势和事件以及内部能力与资源，并有效制定、实施和评价在新形势下使企业获利的战略，以此保持企业竞争优势。

战略管理可以使企业更主动而不是被动地塑造企业的未来发展，使企业主动创新，而不是被动地对环境变化作出反应。通过战略管理，企业可以获得直观的财务收益，采用战略管理的企业更明显地增加企业产品的销售额、盈利和提高生产率；企业也可以获得非财务收益，战略管理可以为企业提供实实在在的收益包括提高对外部威胁的认识，增强对竞争对手战略的了解，提高企业的生产效率，减少企业变革发展的阻力，提高企业预防问题发生的能力等。

著名管理学家 Greenley（1986）认为，企业战略管理有如下好处：

1）使人们识别、重视和利用机会。

2）使人们客观地看待管理问题。

3）加强对业务活动的协调和控制。

4）将不利条件和变化的作用减少至最小。

5）使重要决策更好地支持已建立的目标。

6）使时间和资源更有效地分配于已经确定的目标。

7）使得企业将更少的资源和时间用于纠正错误或专项决策。

8）建立企业内部人员沟通的环境与条件。

9）将个人的行为集合为整体的努力。

10）为明确个人的责任提供基础。

11）鼓励前瞻式思维。

四、战略管理理论的流派

企业战略管理是随着企业的管理实践和企业管理理论的发展而逐步形成的，从时间发展历程来看，大致可以分为早期战略管理发展阶段、古典战略管理阶段和现代竞争战略理论阶段。

1）早期战略管理发展阶段（20 世纪 50 年代前）。这一阶段战略管理主要是以“企业政策”为核心，在战略思想上缺乏系统性，更多地表现为企业经营中的各项“企业政策”。巴纳德（Barnard，1938）在《经理人职能》一书中首次将战略引入管理领域，认为管理与战略是企业管理者两个重要工作。第二次世界大战之后，美国一些企业和组织为了适应技

术、经济和组织的快速发展，开始采用长期计划技术，并意识到确定企业目标、制定战略计划、配置企业资源对企业发展的重要性。

2）古典战略管理阶段（20 世纪 60～80 年代）。在这一个阶段，企业战略管理的理论体系开始显现。随着企业管理实践的发展，经济不断扩张，企业的扩展需要控制和加强计划，由此出现了企业战略管理研究的热潮，涌现出了诸多的流派。古典战略管理理论主要强调企业如何适应外部环境，以企业与外部环境之间的关系为基础，认为战略是企业产品或业务的组合，企业的结构需要围绕企业战略而改变。与此同时，在这个阶段，形成了诸多的战略管理流派。亨利·明茨伯格等按照理论基础、研究方法与角度的不同，将古典战略理论阶段的众多流派分为十大学派，即设计学派、计划学派、定位学派、企业家学派、认知学派、学习学派、权力学派、文化学派、环境学派和结构学派。古典战略管理阶段的流派及其主要观点，如表 1-1 所示。

表 1-1 古典战略管理阶段的流派及其主要观点

学派	主要观点
设计学派	战略形成是一个有意思的、深思熟虑、概念作用的过程
计划学派	战略形成是一个受控、规范、正式的过程
定位学派	战略形成是一个分析、定位的过程
企业家学派	战略形成是一个直觉、远见、预测的过程
认知学派	战略形成是一个心理作用的过程
学习学派	战略形成是一个学习、应急的过程
权力学派	战略形成是一个相关利益者之间的协商妥协的政治过程
文化学派	战略形成是一个集体思维的过程
环境学派	战略形成是一个对环境进行反应的过程
结构学派	战略形成是一个转型的过程

（资料来源：亨利·明茨伯格. 战略历程：纵览战略管理学派[M]. 刘瑞红，等译. 机械工业出版社，2002.）

3）现代竞争战略理论阶段（20 世纪 80 年代之后至今）。随着网络化和全球化的发展，企业所处的外部环境变得越来越难以把握和难以预测，企业的战略研究重点也开始转移到了企业竞争层面，重视企业竞争力，企业的战略焦点问题变成了如何获取竞争优势。现代竞争战略理论主要包括产业组织学派和资源基础学派。

① 产业组织学派是由哈佛大学迈克尔·波特教授基于产业组织理论的“结构—行为—绩效”模式提出的战略理论。1970 年代末期至 1980 年代初期，企业市场结构越来越集中，产业组织的力量超越政治、经济环境的力量，大企业的垄断发展迅速，市场行业的进入障碍增大。在此背景下，产业组织学派认为，美国行业的结构决定了企业竞争力的范围，从而决定了企业的利润水平。由此，企业的竞争优势主要由两个因素决定：一是企业所处行业的盈利能力；二是企业在行业中的地位。在战略管理的分析中，第一次将产业的分析作为分析的中心。迈克尔·波特教授由此创立了“五力竞争模式”，提出了赢得竞争优势的三种基本战略，即成本领先战略、差异化战略和集中化战略。

② 资源基础学派则强调企业的资源是企业竞争优势的核心，企业竞争的核心在于核心竞争力的较量。企业战略管理的核心是培育企业的独特资源，以及最大化地利用企业资源的能力，

以此获取核心竞争力，取得可持续的竞争优势。1980年以后，许多企业感到无法在众多领域里成为世界级竞争者，纷纷清理非核心业务、寻求获得企业自身的核心竞争力。由此，资源基础学派认为，当一个企业拥有独特、不易复制、难以替代的资源时，它就能比其他企业更具有竞争优势。企业战略管理的主要任务是培植企业对自身拥有的战略资源的独特的运用能力——核心竞争力。资源基础学派使得企业的战略管理从企业的外部向企业的内部转变。罗伯特·格兰特是资源基础学派的代表人物，其提出了一个基于企业资源的战略分析框架，包括识别资源、评估能力、评估获得租金的能力、制定战略、识别资源差距和开发资源基础等步骤（格兰特，2001）。哈默尔（Hamel，1990）则提出了基于核心能力的竞争战略，认为核心能力是企业战略的关键所在。目前，资源基础流派属于主流的战略管理理论，企业战略的核心就是挖掘和培养企业有价值的、无法仿制的、难以替代的资源。

小资料

猫与耗子的回答

有人用猫与耗子的回答来比喻不同的战略发展流派。

耗子问猫："请问我该从哪走？"群猫回答："这要看你想到哪里去。"

耗子再问："我该怎么走？"

属规划学派的猫甲："你应先订好计划再走。"

属适应学派的猫乙："你可摸索着走吧，有错就换一条路。"

属产业组织学派的猫丙："你为什么要去那儿？是否换一个目的地。"

属资源基础学派的猫丁："你应先培养走路的能力，然后再去。"

（资料来源：王璞．战略管理：工具与案例[M]．北京：机械工业出版社，2009.）

五、战略管理的四个阶段

一个完整的企业战略管理包括有战略分析、战略制定、战略实施和战略控制四个阶段，见图1-3。

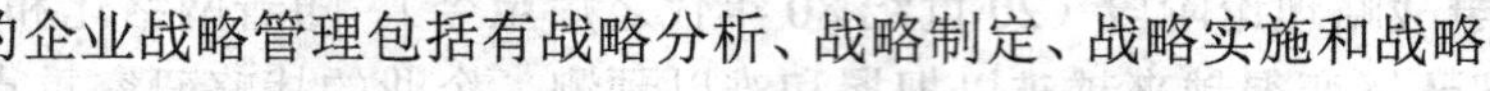

图1-3 战略管理过程

任何企业的战略管理过程都始于战略分析。企业的战略分析包括企业外部分析和企业内部分析。战略管理意味着企业自身的一种变革，而任何的变革都源于企业对内外部环境变化的一种应对。因此，对于企业外部条件和内部状态的分析成为了战略管理的首要内容。企业的外部分析包括对企业所处一般宏观环境的分析和对企业所处行业的分析。企业的内部分析是指对企业自身发展情况和竞争能力的审视。借助于企业战略分析的过程，企业明确自身面临的外部机遇与挑战，自身的发展优势和劣势，为下一步的战略制定奠定基础。

企业的战略制定是在企业战略分析的基础上，围绕企业的内外部发展条件，进一步确定企业的发展使命，确立企业的发展目标，并提出可供选择的战略发展方案。

企业的战略实施是在企业确定了既定发展战略之后，组织自身的各种资源，贯彻执行企业的战略行动，主要包括建立有效的企业组织结构，培育有利于企业战略实施的企业文化，投入必要的各种资源，建立有效的激励机制。

企业的战略控制是指企业在战略管理过程中重新审视企业所处的条件和环境因素，判断、评估战略的实施情况，并根据各种变化了的情况调整战略。面对变化了的环境，企业需要借助战略控制来监控战略的实施，包括对内外部环境的审视、企业战略实施业绩的评价，并采取纠偏措施以推进战略的实施。

本章小结

（1）酒店战略是酒店维持和获取竞争优势的核心力量。

（2）战略具有竞争性、全局性、长期性、主动性和层次性等特征。

（3）战略可以分为企业总体战略、经营战略和职能战略。

（4）战略管理可以分为早期战略管理发轫阶段、古典战略管理阶段和现代竞争战略理论阶段，有诸多的理论流派。

（5）战略管理包括战略分析、战略制定、战略实施、战略控制四个阶段。战略管理是酒店保持竞争优势的必然选择。

复习思考题

一、分析题

1. 简述什么是战略？
2. 辨析战略与战术、决策、目标、计划之间的联系与区别？
3. 如何认识战略的基本特征？
4. 战略管理的基本含义是什么？
5. 描述企业战略管理的基本阶段？

二、练习题

建立课堂学习小组，利用课余时间，每一个小组利用网络资源、图书馆资源查找一个熟悉的酒店类企业或其他旅游企业的发展战略，并在课堂上展示该企业的发展战略与历程。

三、案例分析题

北京安缦颐和酒店战略——特色精品酒店

如何能够为客户提供差异化的感知价值，是酒店能够从众多顶级酒店中脱颖而出的核心因素之一。

北京安缦颐和酒店是全球仅有的19家安缦居之一。安缦居集团总部设在新加坡，是顶级酒店业中的“The Resort”（度假村）。一向重视选址的安缦，总挑人迹罕至的地方设点，安缦迟迟不来中国，原因就是没选到好地方。北京安缦颐和酒店是其在中国的第一家酒店。定位为城市度假村（City Resort）的安缦颐和酒店开在了北京颐和园边上，其内部宛若私家园林的布局、明式家具的住家风格、1对5的客人和员工比例，都为国内酒店业树立新的标杆，成为其核心的竞争力所在。

北京安缦颐和酒店寻求全新的差异化战略，定位为城市度假村，这是目前国内欠缺的度假村类型。新的时代发展下，现代人渴望放假却不想离开城市，城市度假村也因此满足了人们的需求。这类城市绿洲酒店一般开在城市边缘地带，避开了城市的喧闹，设计感也和度假村一样让人身心放轻松。由此，北京安缦颐和的定位在先天上就是一种优势。

低调的北京安缦颐和酒店能够给人们留下深刻的印象。与其他高调展现自己的顶级酒店不同，北京安缦颐和酒店将低调当成风格，保持与周边环境融为一体。不少顶级酒店都在出场亮相上下工夫，但在北京安缦颐和酒店，大门设在颐和园东门，没有招牌，没有标志，大门大方敞开并由两只石狮子守护着，主楼也让大门庭院的照壁遮掩住了，路人难以猜出这是一家顶级度假村酒店。这样反高潮的设计，其实更具有戏剧性。北京安缦颐和酒店正如其他安缦酒店，把低调当成一种风格。所谓低调，其实就是尽量和周围环境和睦相处，不喧宾夺主地表示敬意。因此，度假村新建的主楼依照原址保留的百年四合院风格建造，并设有多口门窗，空间的采光和通风都很好，窗门配上木质的卷帘，窗外的风景变得隐隐约约，如水墨画中的渲染，正如古代中国文人推崇的含蓄美。

北京安缦颐和酒店内部的装修为明代风格，宛若私家园林的布局，很好地与颐和园、周边传统建筑融合于一体，赋予客人更深的文化体验。对安缦来说，历史是用来尊重的，特别是开在颐和园边上，安缦的设计师根据中国传统建筑的样式修缮了度假村内的百年老房，这些房子据说过去是大臣们等待慈禧太后接见时所用的。安缦颐和酒店的布局如私家园林，宛若清朝大臣的大宅门，也吻合了安缦一贯推崇的住家风格。

而在客服里间，酒店客房依照明代风格进行设计，但又不乏先进、人性化的设施，给异地旅客以家的感觉。安缦颐和酒店共有51个房间和套房，最小的房型为客房和四合院客房，最大的房型为套房。其中最大的套房为皇家套房，占据了整个独立的四合院，正房为主卧室和浴室，设有独立式铜铁裹身的浴缸，宛若一件上佳的工艺品。房内还设有私人的水疗空间，让客人能随时进行各种水疗服务和按摩，甚至还为水疗师设计了边门，就为了确保不打扰客人的隐私。整体的酒店设计完全是像家的设计，这是酒店业最新的潮流，让身处异地的旅客有回家的感觉。

安缦居自然而不着痕迹的“照顾”，以超出顾客想象的服务水准形成该酒店品牌的持续核心吸引力。实际上，强调设计为卖点的酒店往往容易陷入误区，以为客人只为看得见的设计买单，如配备什么电器或彰显什么设计风格。然而酒店不只是给人看的，酒店的舒适感，往往不是来自冷冰冰的家具。安缦强调的是总体体验，甚至不愿多谈设计。而带给安缦痴们最大的体验，则是安缦居自然而不着痕迹的服务。

目前全球共有 19 家安缦，催生了无数的安缦痴，这批忠诚的支持者旅行的原因就在于——哪里有安缦，他们就去哪里。北京安缦颐和酒店的客人和员工比例维持在 1:5，确保客人及时受到照顾。安缦的员工总称自己为“family”。你住进来就成为他们的一分子，晚上回到酒店，员工会像遇见老朋友一样对你说：“你回来啦。”而你所感受的不是理所当然的服务，安缦素来以自然而不着痕迹的服务著称，最经典的“传闻”就是安缦会为游客在滚烫的沙滩上洒冷水。

这就是安缦。

（资料来源：http：//www.amanresorts.com/）

思考：北京安缦颐和酒店成功的核心因素是什么？

第二章 酒店战略管理三阶段

一个卓越战略的开发过程包括部分的计划活动、部分的尝试和错误，直到你忽然遇到能够起作用的一些做法。

——Costas Markides，伦敦商学院教授

我们中的绝大多数人都惧怕变革。尽管我们的大脑知道变革是正常的，我们的内心却在为将要发生的变化而颤抖。然而，对今天的战略制定者和管理者来说，除却变革之外你别无选择。

——Robert Waterman, Jr

知识目标

■ 掌握酒店战略管理的三个阶段。

■ 理解酒店战略形成、战略实施、战略控制活动的特性。

知识要点

本章主要是介绍酒店战略管理的三个阶段，分别为战略形成阶段、战略实施阶段、战略控制与提升阶段。不同阶段的任务不同，需要区分和整体把握战略管理的全过程。

引导案例

广州白天鹅宾馆集团

广州白天鹅宾馆是中国第一家中外合作的五星级酒店，而这家第一年营业就盈利的酒店，创造了酒店业界的神话，在改革大潮初涌的20世纪80年代初带动了大批港资进入广州酒店业，从而拉开了广州酒店业发展的大幕。

改革开放初期，霍英东先生以“敢为天下先”的精神，率先参与广东的现代化建设，在他的指导和推动下，白天鹅宾馆的建设和经营开创了先河，并获得了巨大成功，被誉

为印证改革开放政策成功的典范。白天鹅宾馆走出了一条融中西管理模式于一体的酒店管理新路子，使“白天鹅”民族品牌蜚声海内外。

1982 年 10 月，广东省旅游局与香港维昌发展有限公司代表霍英东等签订《合作经营白天鹅宾馆协议书》，总投资为 4900 多万美元，以当时的汇率算约合 9000 多万元人民币，项目选择了新的方式，经营期约定 15 年。1983 年 2 月 6 日开业的白天鹅宾馆，由广东省人民政府和前全国政协副主席霍英东先生的香港维昌发展有限公司共同投资兴建。1997 年，双方又协定延长协议 5 年，合作期延长至 2003 年。2003 年 2 月 6 日，白天鹅宾馆两地合作期满，资产归广东省政府所有，由广东省国有资产监督管理委员会履行出资人职责。

2008 年广东白天鹅酒店集团有限公司成立，白天鹅宾馆扩展成白天鹅酒店集团，正式实施“酒店投资经营+品牌输出”的品牌扩张战略。集团化战略是白天鹅酒店集团面对华南酒店业市场新格局的一项举措。

白天鹅酒店集团这一次启动集团化战略，立志为国内本土酒店输出品牌，提升国际竞争力，树立应对国际市场挑战的新范本。白天鹅酒店集团朝着高度专业化的目标，以白天鹅宾馆为核心，理顺酒店、酒店管理、房地产、汽车服务四大业务板块的关系，突出酒店管理业务，建立管理和激励机制，优化产业结构，物色投资项目，加强规范内部管理，为实现集团公司股份制和上市做好准备。目前，广州白天鹅酒店集团拥有白天鹅宾馆、广州白天鹅酒店物业管理公司、白天鹅房地产开发公司和广东大德汽车服务公司等下属企业，形成酒店、酒店管理、房地产、汽车服务四大业务板块。

未来，白天鹅酒店集团将秉承“诚信、人本、创新、环保”的核心理念，以世界眼光和战略思维，积极推进“三步走”发展构想，完善公司治理结构，推进集团公司股份制改造和上市，重点开展酒店投资和管理业务。白天鹅酒店集团将通过白天鹅宾馆和沙面岛的升级改造工程，建造南中国首屈一指的大型复合式现代化酒店，建设广州新地标和全国瞩目的“首善之点”；以“高端酒店差异化，低端酒店产业化”的布局思路，锁定国际高端定位，致力品牌研发与实践，制定成熟的营运模式和品质标准，构建酒店产业化模式体系，努力塑造品牌连锁新典范，将酒店建设成为最具特色的专业性、产业化、国际化一流酒店集团。

（资料来源：广州白天鹅宾馆官方网站；魏光谱. 白天鹅集团化战略正式启动[N]. 新快报，2008-08-07.）

第一节 酒店战略形成阶段

一、酒店战略的形成

酒店战略的形成是指酒店管理者为了确定酒店未来的发展方向、制定酒店未来发展战略而从事的各种行动。

酒店战略形成阶段主要关注的核心问题是酒店进入何种业务，酒店如何配置自身的资源，如何抓住外部机会，减少外部威胁，以什么样的方式和方法在酒店行业中培育自身核心竞争力并在与对手竞争中获胜。

酒店战略的形成包括酒店外部机会与威胁的分析，酒店内部优势与弱点的确认，酒店长期目标的建立，酒店未来发展战略的制定和选择。

二、酒店战略形成阶段的主要任务

酒店战略形成阶段的主要任务包括酒店战略分析、酒店战略制定和酒店战略选择。

1）酒店战略分析是对影响酒店未来发展的关键因素的评价和分析，确定酒店的发展使命和长期目标，分析酒店所处的外部环境和自身内部实力。任何酒店的战略管理过程都始于战略分析。酒店战略管理意味着企业自身的一种变革，而任何的变革都源于酒店对内外部环境变化的一种应对。因此，对于酒店外部条件和内部状态的分析成为了酒店战略管理的首要内容。

酒店的外部分析包括对酒店所处一般宏观环境的分析和对酒店所处行业的分析。酒店的内部分析是指对酒店自身发展情况和竞争能力的审视，包括酒店内部财务、人力资源和市场等职能的评估。借助于酒店战略分析的过程，酒店明确自身面临的外部机遇与挑战、自身的发展优势和劣势，为下一步的战略制定奠定基础。

2）酒店战略制定是在酒店战略分析的基础上，围绕酒店的内外部发展条件，进一步确定酒店的发展使命，确立酒店的发展目标，并提出可供选择的酒店战略发展方案。

3）酒店战略选择是指形成一个适合的酒店未来发展战略方案，从酒店战略制定中形成的可供选择的方案中，通过各种评价，选择一种适合的发展战略。在酒店战略选择中，最需要的是明确，在可选择的战略之中，哪一种战略能够使得酒店获得最大收益，并获取竞争优势。对于任何企业来说，都没有一个十分理想的战略方案，过于完美的理想化的战略方案往往都是不存在的，现实的情况是，战略方案的选择也都只是遵循一种满意的标准。最理想化的战略方案既是难以获得的，也是不经济的，其依赖于各种理想化的条件，其对于信息的要求异常高，而信息的获取难度十分大，信息的成本也相当高。

三、酒店战略制定者

酒店战略的制定者通常是对酒店负有主要责任的个体或群体，包括高层的酒店首席执行官、各个部门的酒店部门经理。酒店战略制定者是酒店战略形成阶段的核心群体，他们负责帮助酒店搜集、分析和整理相关的信息，追踪酒店产业的发展和竞争态势，分析酒店自身的发展情况，识别各种威胁和新的机会，制定出酒店未来的行动方案。

小资料

酒店与地产联动双赢

目前市场上高端地产项目牵手国际酒店品牌而形成的“酒店+酒店式公寓”模式已成为市场宠儿，在此基础上的公寓销售情况与单一住宅市场形成鲜明对比，成交情况明显好于后者，无论从售价到销售率上，其差异可达30%甚至更高。“酒店+酒店式公寓”模式满足了不同人群的需求，这样为投资者和白领人士提供了更高档次的选择。

2010年12月，浙江湖州悦文铂宫项目与澳大利亚雅阁酒店管理集团签署战略合作协议，正式引进国际酒店品牌入驻湖州，而后即将耸立在湖州新城的四星级标准的国际酒店——悦文雅阁酒店成为城市焦点。2011 年 9 月 25 日，坐落在酒店旁的悦文铂宫酒店式公寓项目开始接受预约，10 月 15 日正式开盘销售，其销售火爆程度创湖州地产新纪录。

酒店地产投资会出现空前盛况的原因在于，酒店与酒店式公寓联动是酒店地产成功模式的代表作。以此为例，酒店式公寓的建筑结构形式类似于酒店，也能提供酒店模式的服务，功能属性上最接近住宅。同时，对投资者来说这也是进入门槛最低的一类商业类物业，又不限购不限贷，在政策影响之下很容易成为住宅投资的替代品。酒店式公寓受欢迎的另一个原因是项目面积小、总价低、宜商宜居。而且投资金额相对较少，投资回报期缩短，这样可以减少风险，也成为开发商快速回笼资金的一个好选择。“酒店+酒店式公寓”地产模式赢得了各方市场人士的青睐，地产商与酒店达成协议，接受酒店的概念，同时聘请酒店专业人士管理酒店式公寓，将使酒店式公寓和酒店产业实现双赢。

（资料来源：http://www.17u.cn/newsshow_304143.html）

第二节　酒店战略实施阶段

一、基本概念

酒店战略实施是酒店战略管理过程的核心环节，其核心在于将已经确定的酒店战略转化为酒店的实际行动，组织酒店的各种资源，成功地贯彻执行酒店的既定战略，以实现酒店的发展目标。

酒店战略实施是酒店战略管理的行动阶段，是战略管理过程中难度最大的阶段也是最核心的阶段。任何完美的酒店战略都依赖于酒店战略实施，唯有借助酒店战略实施才能将酒店战略的美好蓝图转化为现实实践，否则一切都只停留在想象之中，没有任何实际作用。

酒店战略实施依赖于酒店的各级管理者和酒店员工的良好行为和执行力，要求酒店员工遵守纪律，有敬业和牺牲精神，要求酒店的战略与酒店的组织结构、酒店文化、酒店内部管理之间有很强的适应性。

二、酒店战略实施的主要任务

酒店战略实施是酒店战略成功的关键一环，核心任务在于配置酒店资源，将战略方案转为战略行动，包括建立与酒店战略相适应的组织结构，培育支持酒店战略的酒店文化，围绕酒店战略配置酒店各类资源，并建立一套有效的人力资源队伍和激励系统。

具体来说，酒店战略实施的任务包括：

1）为酒店提供具有所需要的专门技能的员工，建立并加强战略支持能力和竞争力。

2）制定酒店预算，引导资源流向那些战略成功关键的酒店部门。

3）确保酒店正常运作程序而不是阻碍组织战略的有效执行。

4）激励酒店员工积极地追求目标，使用奖金等激励措施。

5）培育合适的酒店文化。

6）加强战略实施所需的内部领导权，不断地对战略执行过程进行改进。

小资料

横县打造首家“智慧”酒店

2011 年 8 月中电信南宁分公司与广西横县横州国际大酒店签订业务使用协议。双方通过融合固网业务和移动通信优势，打造横县首家“智慧”酒店。

据介绍，作为横县唯一四星级酒店，横州国际大酒店成立之初将酒店定位为“智慧”酒店，通过丰富信息化业务提升酒店的品牌。选择和中国电信的合作，看重的是中国电信的品牌和优势。根据协议，中国电信南宁分公司为酒店整体解决一揽子包括光纤、固话、手机、总机服务、集团彩铃等通信业务。集团彩铃可提升宾馆形象，无线 WIFI 让进驻酒店的所有宾客可以感受中国电信 3G 无线宽带的高速上网，光纤入户实现客房高速上网，手机翼机通则有利于加强员工管理，提升工作效率，而总机服务可实现酒店员工手机间、固话间互打免费，以及短号互拨功能、114 号码查询、对外统一号码、电话会议等服务功能，一流的信息化业务使酒店的个性化服务得到进一步的提升，让客户在尽情享受一流酒店传统优质服务的同时也能感受到数字化时代的便利。

（资料来源：www.17u.cn/newsshow_302282.html）

第三节　酒店战略控制与提升阶段

酒店战略控制与提升是酒店战略管理的最后阶段。酒店战略控制是指在酒店战略管理过程中重新审视酒店所处的外部条件和环境因素，判断、评估酒店战略的实施情况，并根据各种变化情况调整战略，对酒店战略进行适当的监控，以确保酒店战略能够有效地执行并实现酒店的发展目标。

面对变化了的环境，酒店需要借助战略控制来监控战略的实施，包括对内外部环境的审视，酒店战略实施业绩的评价，衡量酒店运营的业绩表现，并将其与酒店发展目标相对照以发现酒店战略实施过程中的问题，进而采取纠偏措施，提升酒店战略，推进战略的实施。

酒店战略的控制与提升目的在于应对酒店的外部环境的变革与影响，核心在于对酒店战略实施的整体评价，确保酒店战略发展方向和高效运行。这样，既能够保障酒店战略实施的稳定性，也能保障酒店战略的适度灵活性，适应酒店战略的各种变化，进行必要的调整和升级，促进酒店战略目标的实现。

本 章 小 结

（1）酒店战略管理的主要阶段分为战略形成阶段、战略实施阶段和战略控制与提升阶段。

（2）酒店战略的形成是指酒店管理者为了确定酒店未来的发展方向，确定酒店未来的发展战略而从事的各种行动，其主要任务是战略分析、战略制定和战略选择。

（3）战略实施是将酒店战略转化为实际行动的阶段，核心任务是建立与酒店战略相适应的组织结构，培育支持酒店战略的酒店文化，围绕酒店战略配置酒店各类资源，并建立一套有效的人力资源队伍和激励系统。

（4）战略控制与提升是酒店战略管理的最后阶段。核心任务是重新审视酒店所处的外部条件和环境因素，判断、评估酒店战略的实施情况，并根据各种变化了的情况调整战略。

复习思考题

一、分析题

1. 怎么理解酒店战略管理的三个阶段及各自的主要任务？
2. 为什么战略实施阶段是酒店管理的核心阶段？
3. 分析战略形成阶段、战略实施阶段与战略控制阶段之间的联系与区别？

二、练习题

在网络上搜索一家酒店企业的发展战略，分析该企业战略的形成、实施和控制阶段的历程与措施。

三、案例分析题

香格里拉酒店集团

香格里拉酒店集团是由郭氏集团始创的、亚太地区最大的豪华酒店集团。香格里拉酒店集团总部设于香港，集团的经营方针和旗下酒店的运营标准均由香港总部统筹。

香格里拉酒店集团以购并、控股、重组等方式实现其品牌的横向一体化扩张，实现了集团在短时间内的迅速发展壮大。1971 年，“亚洲糖王”郭鹤年与新加坡经济发展局合资建成了新加坡第一家豪华大酒店——香格里拉大酒店，并开始在亚太地区扩张，打造香格里拉酒店品牌。1982 年正式成立香格里拉酒店集团，并在全球迅速扩张。香格里拉酒店集团以香港为大本营，不断向国际迈进。今日香格里拉已是亚洲区最大的豪华酒店集团，且被视为世界最佳的酒店管理集团之一，在亚洲主要城市及广受欢迎的度假胜地都建有豪华酒店和度假村。集团已拥有 71 家酒店及度假酒店，经营范围遍及亚太地区、北美和中东，共有客房 30 000 间。

香格里拉集团将企业员工作为核心资产。香格里拉酒店总经理雷蒙杰先生说道：“我们获得的殊荣和赞誉，都归功于酒店的每一位员工，这才是我们最宝贵的财富，也是我们成功的秘密之一。卓越的酒店源自卓越的员工，而非绚丽的水晶吊灯或昂贵的地毯，香格里拉大饭店具有国际化的品牌背景和先进管理经验，最值得称道的还是香格里拉充满人文关怀的企业文化，这是成为最佳顾主所必须具备的。”

香格里拉酒店集团为每一位员工提供全方位、多层次的培训机会，以促进员工个人的长期发展。集团要求下属酒店拨出用于培训发展的专项预算，并由总经理亲自负责，每年至少投资员工工资总额的 3%用于员工的培训与发展。每一位新员工在入职半年内都要接受四期“香格里拉殷勤好客”的培训。旨在帮助员工磨炼技能，以发自内心的待客之道，创造难以忘怀的美好经历，时刻令客人喜出望外。

香格里拉酒店集团于2004年在中国建立香格里拉管理培训中心，为现有香格里拉旗下酒店和公众提供多种课程培训。2005年香格里拉与康奈尔网络学院合作，为公司管理层员工提供在线远程培训，推出管理人员在线培训计划，培训课程涉及五个领域，即人力资源管理、管理的本质、殷勤待客和餐饮服务管理、策略管理和财务管理，共计57门课程。

此外，酒店还设有安排前往国内外香格里拉酒店的店际交叉培训等。香格里拉于2006年2月启动“老虎”培训计划，这是一项极具创新的人力资源精英培训项目。来自世界各地的几位酒店行业的青年才俊被安排在香格里拉亚洲区的酒店学习。他们观察和学习这些酒店的服务理念并亲自实践其中，最终将所学到的经验带回香格里拉即将在北美及欧洲开设的酒店。这些酒店分布在温哥华、拉斯维加斯、纽约、芝加哥、迈阿密、巴黎、维也纳和多伦多等地。

香格里拉酒店十分提倡员工“轮岗”，对于中高层干部实行不定期轮岗制，鼓励一种全方位的培训方法，培训出全才和通才，集团内部管理人员提升和调动达90%。

（资料来源：李莉．香格里拉成功的经营管理策略[N/OL]．搜狐旅游网，[2008-03-20]．http://travel.sohu.com/20080320/n255813896.shtml）

思考：

1．香格里拉酒店的人力资源管理的核心在哪里？

2．香格里拉酒店的全球扩张之路的基础是什么？

第三章

酒店战略使命与目标

一个企业不是由它的名字、章程和公司条例定义的，而是由它的任务来定义的。企业只有具备了明确的使命和目标，才可能制定明确和现实的企业目标。

——彼得·德鲁克

公司的使命可以集中企业资源、统一企业意志、振奋企业精神，从而指引和激励企业取得出色的业绩。战略制定者的任务在于认定和表明企业的使命。

——John Keane

目标不是命令，而是一种责任或承诺。目标并不决定未来，只是一种调动企业的资源和能量以创造未来的手段。

——彼得·德鲁克

尽管市场拥有诸多卓越之处，它也只能产生价值而不是价值观。

——E. J. Dionne

要搞清楚，公司是经济实体，但是它们也是社会机构，需要通过其对于社会的整体贡献来为它的存在提供正当理由。

——Henry Mintzberg，Robert Simons，Kunal Basu

商务活动如果不是建立在道德的基础上，便不但对于社会无益，而且也会像其他不道德的人和事一样，终将被人们所摒弃。

——C. Max Killan

知识目标

- 了解酒店使命在战略管理中的性质与作用。
- 了解酒店使命的要素。
- 评价酒店战略使命。
- 学会撰写酒店的战略使命和战略目标。

能力目标

本章主要介绍了酒店战略使命与目标。酒店战略使命与目标是酒店战略管理的第一步，酒店战略使命确定了酒店存在的理由和价值，酒店战略目标指明了酒店未来的发展方向和预期状态。通过学习，掌握和理解战略使命与战略目标，学会如何撰写酒店战略使命与战略目标。

引导案例

世界著名酒店集团的文化比较

文化在酒店管理中的三维逻辑关系表现为企业对顾客的承诺、企业对员工的承诺、员工对顾客的承诺。最后的经济模型表现为企业为员工创造价值、员工为顾客创造价值、顾客为企业创造价值。通过这种价值的转换，酒店文化在运行过程中变得实体化。

企业文化从经济的角度看所呈现出的三维价值链实际上是维持企业稳定运行和保证企业竞争能力和生命力的逻辑架构。企业的利益、顾客的利益和员工的利益如何在特定的时期同时最大化是业主和管理者治理与管理艺术的一种境界。

不同的酒店有着不同的经营理念和酒店文化，这些传递出了酒店的企业价值和使命。著名酒店企业对顾客及员工的经营理念举例，如表 3-1 所示。

表 3-1　著名酒店企业对顾客及员工的经营理念举例

	对顾客经营理念	对员工经营理念
四季酒店	我们的物业，都会因非凡的设计和完善的设备而更具价值。我们紧守严谨的道德操守，提供殷勤的个性化服务，必能满足贵客的严格要求，迎合他们的品味，以维持我们在全球高级豪华酒店机构中的崇高地位	我们最大的财富和赖以成功的决定因素就是我们公司的全体员工
希尔顿集团	顾客是企业的生命，为了保持顾客高水平的满意度，我们不断地听取评估顾客意见，在我们所在的各个国家实行公平的制度来处理顾客投诉并尊重消费者权利	我们仰赖员工来提供给客人和顾客所希望的优质服务，反过来我们也努力为员工谋福利；我们的目标是最大限度地开发员工技能，给他们提供个人发展机会，达到最高满意度
马里奥特酒店	马里奥特酒店优质服务的声誉来自马里奥特创立并长期秉承的传统，酒店简单的服务目标“食物好，服务好，价格合理”	服务于员工的精神、坚定不移的信念是“员工是最重要的资产”，为员工提供个人成长发展的环境
香格里拉大饭店	我们要把赢得客人忠实感作为事业发展的主要驱动力，体现在始终如一地为客人提供优质服务。在每一次同客人接触时，令客人喜出望外。行政管理人员与客人保持直接接触。我们的使命宣言：为客人提供物有所值的特色服务和创新产品，令客人喜出望外	我们要努力创造一个既有利于员工事业发展，又有助于实现他们个人生活目标的环境
海天酒店管理集团	为顾客创造价值；海天之间一个家	真诚的关心每位员工的进步，每位员工都有接受培训和提高的权利
丽嘉酒店	—	我们是绅士、淑女，给绅士、淑女服务
雷迪森旅业集团	雷迪森的目标是 100%的顾客满意率，如果你对某项服务不满意，请让我们知道，我们将对其进行纠正，否则你可以不付款	—
凯悦集团	—	正是凯悦集团的人员使凯悦拥有了卓越的阅历。在集团价值观的引导下，我们努力帮助员工发展职业生涯，而不仅仅只是工作
洲际饭店	—	洲际集团在所有酒店的品牌服务、产品质量、设计、构造以及经营方面都要求一个严格的标准。怎样去做到呢？完全依靠我们基层受过培训并具有高标准的全体工作人员。我们对员工的培训包括发展必需的管理经营方法、提高服务水平和及时对员工进行一些额外知识的培训

（资料来源：根据南岛泗客博客《世界著名酒店集团的文化比较》改编。

http://91hotel.blog.sohu.com/76130762.html）

第一节　酒店使命的确立

每个酒店都有其独特的存在目的和理由，而这体现在酒店战略使命当中。

一、酒店战略使命的含义

酒店战略使命是指明酒店存在理由的表述，表明酒店所参与竞争的业务领域以及所要服务的目标市场群体，以及为市场提供什么效用，说明酒店的宗旨、信念和所从事事业的目的和方向，揭示酒店要发展成为什么的关键问题。简单地说，酒店战略使命所要传达的是“我们是谁”“我们要做什么”“我们为什么成为这样”的理由和意义。酒店战略使命意在建立酒店鲜明独特个性，向酒店的利益相关者表明酒店的价值，传达酒店对待社会的态度，也是酒店社会责任的宣言书。

小资料

酒店的企业使命

威斯汀饭店：提供高品质的产品与服务，承担员工的晋升发展、社区的服务、成为模范的经营者和获取利润的责任。

假日饭店：努力成为一家在世界上受顾客和旅行社偏爱的饭店和饭店特许经营企业。

马里奥特集团：通过有效培训员工使其提供出色的服务，致力于成为世界最佳的住宿和餐饮企业，给股东以最大回报。

香格里拉饭店：为顾客提供物有所值的特色服务与产品创新，令顾客喜出望外。

如家快捷：大众住宿业的卓越领导者。

锦江之星：以“全心全意为客人、让客人完全满意”为企业服务理念；以“共商发展、共创双赢、回馈社会”为企业经营宗旨；以“创新发展、铸造细节、追求卓越”为企业精神。

7天连锁酒店集团：让客人“天天睡好觉”。

速8酒店：为每一位客人提供干净的房间和友好的服务。

二、酒店战略使命的价值

酒店战略使命表明了酒店存在价值和发展目标，用来向不同的酒店利益相关群体传达酒店的目标和价值。酒店的利润是酒店的重要目标，但并非是酒店的唯一核心目标，仅仅靠利润难以激励人们，唯有更加丰富的酒店战略使命，才能反映人们对酒店未来的共同憧憬，进而推动酒店的战略发展。因此，酒店战略使命也是酒店未来发展的出发点，是酒店未来成功的关键。

具体来说，酒店战略使命有如下好处（King 和 Cleland，1979）：

1）促使整个酒店经营目的达成一致。

2）为配置酒店资源提供基础或标准。

3）建立统一的酒店企业文化，指导和塑造员工行为。

4）通过酒店战略使命集中的表述，使员工认识酒店的目的和发展方向，防止员工在不明白酒店目的和方向的情况下参与相关活动。

5）使酒店经营目的具体化，并将这些目的转化为目标，以便使酒店的成本、时间和绩效参数得到控制和评估。

6）有助于调节酒店内部分歧，针对重要问题进行讨论、妥协，以最终达成协议。

7）能向酒店内外部利益相关者传播酒店的信息。

三、酒店战略使命的内容

不同的企业，不同的酒店，有着自己独有的特性和存在价值，由此，不同的酒店有着不同的企业使命，酒店战略使命的表述内容和形式各有特性。尽管如此，关于酒店战略使命的内容或要素，无论是管理学界还是实践界，人们对于酒店战略使命基本要素有着大致一致的看法，认为酒店战略使命包括以下内容（见图 3-1）：

1）酒店的顾客或目标市场群体，酒店的目标市场。

2）酒店提供的产品或服务内容。

3）酒店对增长和发展的关注，能否努力实现良好的增长态势。

4）酒店的宗旨、基本信念和价值观。

5）酒店独特的核心竞争力或竞争优势。

6）酒店的企业社会责任，酒店对社会、社区和环境的态度。

7）酒店对员工的态度。

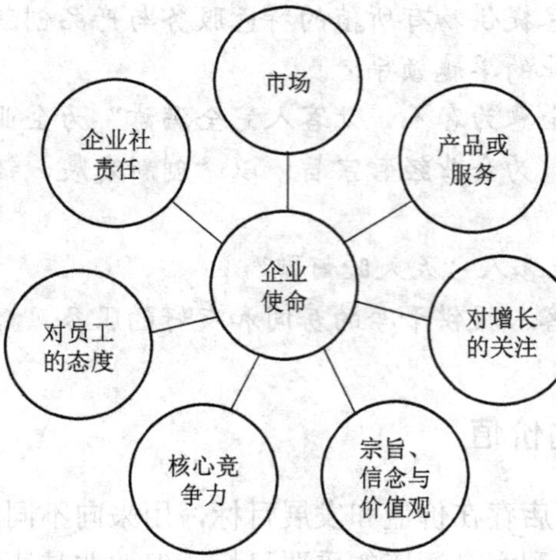

图 3-1 酒店战略使命的核心要素

四、酒店战略使命的标准

不同的酒店有着不同的企业使命，而关于如何制定酒店战略使命、什么样的酒店战略使命是适宜的则有着一定的判断标准。

Vern Mcginnis（1981）认为一项好的企业使命应当：一是对企业进行定义并表明企业的追求；二是内容要窄到足以排除某些风险，宽到足以使企业有创造性的增长；三是将本企业与其他企业进行区别；四是可作为评价现时活动的基准体系；五是叙述足够清楚，以便在组织内被广泛理解。因此，一个适宜的酒店战略使命应当能够涵盖企业使命的内容，并满足以下特性（Stone，1996）：

1）创造性：酒店战略使命不应该过于细致，要能够考虑多种可行的战略和目标，太具体的规定将限制酒店创造性潜力的发挥。

2）适应性：酒店战略使命要有足够的空间，以便能够涵盖酒店不同的利益相关者，迎合其需求。

3）清晰性：酒店战略使命要表达清楚，使命表述要简单易懂，以便酒店员工和其他利益相关者能清楚地理解组织的道德和价值，引导其行为。

4）相关性：酒店战略使命应与酒店的历史、文化和股东的价值相一致。

5）动态性：酒店战略使命应能够兼顾时间的变化。

6）积极性：酒店战略使命应秉承积极的态度，鼓励员工承担义务，以激励员工。

7）独特性：酒店战略使命应能将酒店与其他企业区分开来，形成自身独特性。

与此同时，Koter（1996）也更加具体地指明好的酒店战略使命应该具备的基本特征：

1）描述性：好的酒店战略使命应表明管理者塑造的企业形象和其所要努力实现的市场地位。

2）指导性：好的酒店战略使命应表明酒店的目的和在实现这个目的上所要遇到的业务或战略变化。

3）关注点：好的酒店战略使命应为管理者制定决策和分配资源提供具体指导。

4）灵活性：酒店使命不是一成不变的，应根据具体环境适当变化。

5）可行性：好的酒店战略使命应在一定时间内其目标可以合理实现。

6）吸引性：能够引起企业利益相关者的长期兴趣。

7）易于沟通：能够在 10 分钟内描述完成。

五、酒店战略使命的制定

酒店战略使命是酒店战略发展的核心出发点，制定酒店战略使命是酒店发展的首要任务，关系到酒店未来的长远发展和战略的制定。因此，如何成功地制定酒店战略使命成为了酒店走向成功的关键所在。

酒店战略使命涉及酒店内外部的各种利益相关者，因此必须尽可能多地让各个利益相关者参与酒店战略使命的制定过程，特别是酒店内部的各个层级的人员，通过参与性的扩大能够增加人们对酒店使命的认同感。

酒店战略使命的制定是一个核心而又重要的任务，因此应该在酒店内部成立一个专门的委员会来负责。

与此同时，酒店战略使命制定也可以借助酒店外部力量，通过聘请外部的管理咨询专家来为酒店把脉，帮助完成酒店战略使命的制定。

无论如何，酒店战略使命的制定的核心在于准确把握酒店存在的理由和价值，尽可能多地让更多的利益相关者参与其中，通过多次的讨论和协商，最终确定酒店战略使命，为酒店未来的发展指明方向。

小资料

假日酒店的企业使命的变迁

1952 年第一家假日酒店在美国孟菲斯开业。此后，干净整洁的汽车旅馆在美国乃至全世界开始发展。假日酒店逐渐发展成为世界知名的连锁酒店之一。而随着时代的不断变迁和不断出现的新情况，假日酒店也在不断调整自己的企业使命，以使得企业能够更好地应对外部环境的变化。

1954—1969 年，假日酒店的企业使命为“食品和住宿公司”，致力于将自己发展成为集旅馆住宿设施和设备的供应、建造、经营、管理、特许权输出为一体的大型企业。

1970—1979 年，假日酒店的使命定位为“从食品与住宿企业发展成为与旅行及交通相关联的企业”，即实施多元化的发展战略。

1980—1992 年，假日酒店的使命定位为“从强调拥有饭店所有权到强调对饭店管理输出和特许权经营的转变”，大力实施品牌经营策略。到 1982 年已经在 60 个国家建设了 215 家酒店。

1993 年以来，假日酒店再次对自己的企业使命调整，其使命表述为“努力成为一家在世界上受顾客和旅行社偏爱的酒店企业和饭店特许权经营企业”，实施重新回到饭店领域的经营策略。这一阶段假日酒店开始放弃多元化的发展战略，专注于提供酒店服务质量，强化其在中等市场上物有所值的形象。

第二节　酒店战略目标

一、基本含义

酒店战略目标是酒店未来发展过程中所需要达到的预期结果，是酒店对未来预期状态的表达，反映了酒店在未来一段时期内经营活动所期望的水平。Junach 和 Glueck（1988）指出，目标是企业的最终追求，是企业用于衡量其绩效的标准。

酒店战略目标对于酒店的发展极为重要。酒店目标是酒店一定阶段要达成的阶段性的任务，这一任务也是酒店希望通过实现酒店战略行动而达到的结果，酒店战略则是为了实现酒店目标而采取的一系列的行动和措施。

通过明确酒店战略目标，有助于明确酒店未来的发展方向；有助于调动酒店内部的各种力量，使得具有不同利益的群体在行动中有一致的基础，实现协同发展，促使酒店的内外部利益相关者认识其在酒店未来发展中的作用；有助于为酒店发展确立一种良好的绩效评价标准，减少发展的不确定性和盲目性；有助于在酒店内部达成统一的共识，减少潜在的内部冲突；有助于激励酒店员工，并依据酒店目标对酒店资源进行有效配置。

二、酒店目标的内容与类型

1．企业目标的内容

关于企业目标，著名管理学家彼得·德鲁克《管理的实践》中指出，企业目标的内容包含以下几个方面：

1）市场方面的目标：企业市场占有率或市场地位。

2）技术改进和发展方面的目标：企业对改进产品和服务的目标。

3）提高生产力方面的目标：企业生产效率方面的内容。

4）物资和金融资源方面的目标：企业获得物质和金融资源的渠道并且有效利用。

5）利润方面的目标：企业获取预期的利润。

6）人力资源方面的目标：企业获取、培训和发展人力资源。

7）社会责任方面的目标：企业对社会、社区和环境方面的贡献。

2．酒店企业目标类型

从目标的层级来看，酒店内部不同的层级有着不同的目标，可以分为酒店总体战略目标、酒店业务经营单位目标、酒店职能目标和员工个体目标。

从目标的时间来看，酒店目标可以分为长期目标、中期目标和短期目标。

从目标的内容来看，酒店目标可以分为：

1）经济目标：通常用财务指标来衡量，包括收入的增长、收益的增长、更多的分红、更高的利润率、更大的投资收益、更多的每股收益、现金流的改善。

2）市场份额目标：酒店的扩张，维护市场地位的目标。

3）竞争优势目标：酒店对其竞争对手的定位问题，与竞争对手相比的未来定位和优势问题。

4）社会目标：部分或全部地体现社会效益，酒店支持当地社区建设或支持慈善机构的社会价值。

三、酒店战略目标制定的要求

酒店战略目标的制定，与其他类型的企业目标一样，必须满足SMART原则，以此能够更清晰地将酒店战略目标向酒店的内外部利益相关者传达，实现酒店内部的异质性。

1．具体性（Specific）

酒店战略目标必须具备具体性特征，能够有明确的主题，目标必须明确、清晰、具体，以此能够很清晰地向酒店内部和外部传达，方便人们理解和执行。

2．可衡量性（Measureable）

可衡量性是指酒店战略目标必须能够量化，能够容易将酒店目标进行分解和定量化，使得目标能够很好地传递分解，也方便酒店对目标的监控和对目标执行情况的评估。

3．可实现性（Attainable）

可实现性是指酒店战略目标必须在一定的时间范围内能够实现，一方面酒店的目标具有一定的挑战性，不是很容易就能达到的；另一方面也要求酒店的目标是可以实现的，而不是脱离现实的。这样方能很好地激励酒店员工。

4．相关性（Relevant）

相关性是指酒店战略目标应该与酒店战略使命相关，酒店的战略目标应该围绕着酒店的战略使命而制定。与此同时，酒店的内部包含着一串的目标体系，既有酒店的总体战略目标，也有酒店职能目标和员工个体目标等子目标，而总体目标与子目标之间应该能够内部相互一致连贯，相互统一协调。

5．时间性（Time）

时间性是指酒店战略目标应该有时间期限，对酒店制定的各项目标的实现制定一个可行的时间表，每个目标有一定的实现截止日期。酒店战略目标的时间性，一方面能够很好地控制和推动目标的实现，激励员工；另一方面也能加强对酒店的管理和监控。

四、酒店战略目标的制定

酒店战略目标是关于酒店未来发展状态的描述，涉及酒店的所有部门和利益相关者，因此在酒店战略目标制定过程中应该让酒店内部的各个利益主体都参与其中。与此同时，酒店战略目标是由一系列目标组成的，既有酒店总体战略目标，也有酒店内部的职能部门的目标和员工个体目标，因此在制定酒店战略目标时，应该遵循一定的程序和过程，建立起酒店的目标体系：

1）依据酒店已经确定的战略使命，确定酒店长期发展的战略目标。

2）将酒店的战略目标，从时间期限角度进行分解，建立起酒店发展的短期目标。

3）在酒店内部，将酒店的总体战略目标进行层级分解至不同的酒店业务经营单位或者事业部，各个事业部或经营单位建立起自身的部门战略目标。

4）酒店内部的各个职能部门如市场部门、人力资源部门、财务部门等依据酒店的总体战略目标分别建立起各自部门的发展目标。

5）酒店内部的各个员工，依据酒店的总体战略目标和经营目标，建立起个体目标，最终将酒店的总体目标逐层落实到个体。

酒店战略目标的制定大致有如下的步骤：

1）酒店目标制定的调查研究。为了制定酒店目标，需要针对酒店的内部资源、外部环境和条件开展调查研究，把握酒店的内部优势与劣势、外部威胁与机会，将酒店的现状与未来发展状态进行比较，获取一手资料。

2）依据调查结果和企业未来发展方向，拟定酒店的战略目标，包括酒店战略目标的方向和酒店战略的目标水平。

3）针对已经制定好的酒店战略目标展开评价和论证，邀请酒店内外部利益相关者，甚至是外部的专家咨询队伍，对酒店战略目标进行论证和修改。

4）酒店战略目标经过论证修改后，最终由酒店内部高层管理者决定，并将酒店战略目标在企业内部分解，传达至各个部门和员工。

五、酒店企业目标制定方法——标杆超越法

标杆超越法最早是由美国施乐公司于 1979 年创立的，后来由美国生产力与质量中心对

其进行了规范化和系统化的总结。标杆超越法是通过不断寻找和研究有助于本企业战略实现需要的其他优秀企业或其内部优秀企业的有利实践，以此为标杆，将本企业的产品、服务和管理等方面的实际情况与这些标杆进行定量化评价和比较，分析这些标杆企业达到优秀水平的原因或条件，结合自身实际加以创造性学习、借鉴并选取改进的最优策略，从而赶超标杆企业或创造高绩效的不断循环提高的过程。

对于酒店企业来说，运用标杆超越法设定企业目标，核心在于选择确定好酒店企业的标杆，以此对酒店企业与标杆进行分析对照，寻找差距，进而确定酒店企业的发展目标。

标杆超越法的过程可以分为五个环节（见图 3-2）：一是企业自身目标的定位，为企业的未来发展设定一个方向和定位；二是设立标杆，在市场中寻找一个处于行业领先定位的企业，作为自己的标杆和目标；三是对标杆企业进行分析和学习，总结成功经验，并以此来对自身企业进行综合评价分析；四是整合改进，即依据标准和评价分析结果，对企业进行整合改进；五是跟踪评估，即对企业的发展进行跟踪评价，以取长补短。

图 3-2　酒店企业标杆超越法过程

酒店企业运用标杆超越法的一个关键难题在于如何确定好企业的标杆，需要注重以下3 个方面（邹益民，2009）：

1）实事求是。它是指酒店企业应根据自身的实际情况来选择所参照的标杆企业。酒店企业选择标杆企业的目的是为了改善自身的产品、服务和管理方法，寻找企业自身与标杆企业的差距，进而制定合理的战略目标，而不是为了使酒店企业自身丧失自信心。因此，酒店企业在选择标杆企业时，需要依据企业的自身实力，实事求是，确立一个合适的企业，它既可以是行业领先者，也可以是自身的竞争对手。

2）全面分析和评价。标杆超越法是一种渐进式的管理方法，酒店企业需要深入、全面地分析标杆企业的成功案例，解剖企业的每一个流程环节，从中寻找到可供借鉴的经验。

3）立足自身，注重变革。标杆超越法的核心在于通过不断地与标杆企业的比较改进，推进企业自身的变革与发展，改进企业自身的管理和发展模式。因此，变革与改进应该贯穿于整个标杆超越的全过程之中。

本章小结

（1）酒店战略使命是指明酒店存在理由的表述，表明酒店所参与竞争的业务领域及所要服务的目标市场群体，以及为市场提供什么效用，说明酒店的宗旨、信念和所从事事业的目的和方向。

（2）酒店战略使命表明了酒店存在价值和作用，用来向不同的酒店利益相关群体传达酒店的目标和价值。

（3）酒店战略使命应该具备创造性、适应性、清晰性、相关性、动态性、积极性、独特性等特征。

（4）酒店战略目标是酒店未来发展过程中所需要达到的预期结果，是酒店对未来预期状态的表达。

（5）酒店战略目标包括经济目标、市场目标、竞争优势目标和社会目标。

（6）酒店战略目标的制定应该符合 SMART 原则。

（7）标杆超越法是酒店企业目标制定的重要方法之一。

复习思考题

一、分析题

1. 什么是酒店的战略使命？酒店战略使命的内容是什么？
2. 酒店战略使命的价值是什么？
3. 以一家你熟悉的酒店企业为例，谈谈如何撰写酒店战略使命。
4. 酒店战略目标的基本内容是什么？
5. 什么是 SMART 原则？
6. 怎么理解酒店战略使命与酒店战略目标之间的联系？

二、练习题

假设您是一家新开业的酒店企业的高层领导者，您该如何来制定酒店企业的发展使命和发展目标呢？

三、案例分析题

如家酒店集团——家文化

如家酒店集团创立于 2002 年，2006 年 10 月在美国纳斯达克上市。作为中国酒店业海外上市第一股，如家始终以顾客满意为基础，以成为“大众住宿业的卓越领导者”为愿景，向全世界展示着中华民族宾至如归的“家”文化服务理念和民族品牌形象。

如家酒店集团旗下拥有如家快捷酒店、和颐酒店两大品牌，截至 2011 年一季度末已在全国近 200 座城市，拥有连锁酒店 1 000 多家，形成了遥遥领先业内的国内最大的连锁酒店网络体系。

如家快捷酒店，提供标准化、干净、温馨、舒适、贴心的酒店住宿产品，为海内外八方来客提供安心、便捷的旅行住宿服务。

中高端商务酒店品牌——和颐酒店（Yitel），旨在满足境内外中高级商务及休闲旅游人士的需要，以精致时尚的环境设计、舒适人性的客房设施、便捷高效的商务配套、恰到好处的热情款待，带领宾客体验前所未有的旅行新乐趣。自信而不张扬，和气但不平庸，环境与人融为一体，平衡之道，尽在魅力和颐。

如家快捷酒店借鉴在欧美完善成熟的经济型酒店模式，为商务和休闲旅行等客人提供“干净、温馨”的酒店产品，倡导“适度生活，自然自在”的生活理念。

如家快捷酒店的企业使命：用我们的专业知识和精心规划，使我们服务和产品的效益最高，从而为我们的客户提供“干净、温馨”经济型酒店产品；要让我们的员工得到尊重，工作愉快，以能在“如家”工作而自豪；同时使得投资者能够获得稳定而有竞争力的回报；由此创造我们的“如家”品牌。

如家快捷酒店的愿景：成为大众住宿业的卓越领导者！

如家快捷酒店的理念：把我们快乐的微笑、亲切的问候、热情的服务、真心的关爱献给每一位宾客和同事。

如家快捷酒店成立至今，更以敏锐的市场洞察力、完善的人力资源体系、有力的管理执行力和强大的资金优势迅速建立起了品牌、系统、技术、客源等多个核心竞争力。作为行业标杆企业，如家正用实际行动引领着中国大众住宿业市场走向成熟和完善。

（资料来源：根据如家官方网站资料整理而成。）

思考：结合如家酒店集团的案例，分析企业文化在酒店发展过程中的作用。

第四章

服务产品及酒店产品的特点

企业如果固守过去行之有效的战略，那么它必将败于竞争对手。

——William Coben

即便你处于正确的跑道，如果原地踏步不动，也一定会被别人超过。

——Will Rogers

生活就是服务，只有能够给予人们更多一点、更好一点的服务的人，才能不断前进。

——Statler

知识目标

■ 理解服务产品的特点。

■ 理解酒店产品的特点。

■ 掌握酒店产品特点对酒店战略的影响。

知识要点

本章从服务产品的特点出发，详细描述了酒店产品的特点。酒店行业属于重要的服务行业，具备服务行业的一般特性，酒店产品也有着自己的特殊性。掌握酒店产品的特点，核心在于把握酒店产品的生产与服务的特殊性，关键在于理解酒店产品的特殊性对酒店战略的影响。

引导案例

美国奢华的宠物酒店

以“狗房间”和“猫公寓”取代混凝土地板和铁丝网的一系列变革已经改变了很多家庭外出时的选择，他们再也不用因外出度假时把宠物留在别处而带有负罪感了。这种宠物旅馆在美国非常流行。

宠物酒店配备了放映动物节目的电视机，还有避免猫狗闻到对方气味的特殊的通风系统。寄养狗的起价为每晚 21 美元，寄养猫为每晚 13 美元，但是如果想让你的狗享受“套餐服务”，拥有额外的玩耍时间和丰盛的款待并能在播放《宠物主题》节目（就像迪斯尼的《小姐与流浪汉》）的电视机前进行享乐，那么你可能最多要支付 40 美元。

为了迎合人们对宠物娇生惯养的习气，商家们绞尽脑汁推陈出新。宠物酒店设立了“骨头电话亭”，让宠物主人在离开时仍能与他们的宠物打电话。佛罗里达州的 Pet Paradise Resort & Spa 则正在测试宠物录影系统，主人可以进入公司网站，在网上看一看宠物的活动情况。

诺兰说，最初将自己的宠物狗寄养在宠物酒店时她非常紧张，每天要打 3 次电话，但现在已经开始经常把狗寄养在那里了。她说：“他们太了不起了。”除提供正常服务外，宠物酒店还会对患有癫痫症的巴迪进行特殊照顾，每天为它服药两次。

寄养宠物也只是一种季节性行为，视主人的度假习惯而定。但随着美国人的宠物情节日益浓重，宠物寄养公司开始逐渐提供清洁、训练以及狗的日托等新的服务，它们一整年都可以财源广进，而不再像过去那样受季节性约束了。

一些公司正在努力为娇惯宠物的人提供一站式服务。宠物酒店的几乎所有的宠物寄养店都设在其零售店内部，宠物主人在把宠物领回家的同时就可以顺便买上一些狗点心或者吱吱作响的玩具等。在宠物酒店，隔夜寄养还可以获得清洁或训练等其他服务，你在海滨度假时你的狗甚至可以比平时表现得更好。例如，在 Best Friends，包括寄养成本在内，你可以花上 450 美元把你的宠物放在这里培训一周。

宠物酒店提供了不同档次的宠物寄宿环境和服务项目。狗的主人可以为他们的宠物选择 6 英尺长 4 英尺宽、铺有羊皮毯子的厅堂，每晚的费用是 21 美元，也可以选择略大一些的配有电视的套房，每晚收费 38 美元。对于配有草垫和抓挠玩具的猫单间，每晚收费为 14 美元。

宠物们在这种门窗紧闭的房间内不太容易得到的一样东西是：阳光。散步通常在室内进行，小狗们只能在装有石地板、木杆，并布置少量植物的特别房间里运动。

在 Pet Paradise Resort & Spa 位于帕姆海岸和圣奥古斯汀的狗舍里，白天大部分时间狗客人都可以成群地在室外玩耍。该公司还在佛罗里达州北杰克逊维尔的机场附近增加了一个新的狗舍——宠物主人可以在上飞机的途中把小猫、小狗寄养在这里。在这里，每个小狗都有自己的装有空调的房间，打开门就到了户外 15 英尺的活动场所。他们的规划还包括：开设一个室外的骨头形状的小操场。

一些宠物寄养商将狗的日托与隔夜寄养联系在一起。佛罗里达州的一些宠物旅店要求把狗送来日托的主人们每周至少要送来一次，这样才有夜宿的资格。该公司联席董事克里斯·伽巴说，这种政策是为了尽量减少小狗的打架概率，因为动物们经常见面才会越来越熟悉。为了确保小狗们和平相处，管理员会评估每只狗的性格特点，然后按照不同的性格进行分班。

（资料来源：莫念．探秘美国奢华的宠物酒店[J/OL]．环球网，[2011-08-29]．
http://go.huanqiu.com/newphoto/qqsj/2011-08/1950694.html）

第一节 服务产品的特点

服务产品不同于一般的有形的物质产品，有着自身独特的特点。普通的商品是有形的、可见的，人们可以摸得着看得见，然而服务产品却是无形的。服务产品的特点主要集中表现为无形性、生产与消费的不可分割性、不可储存性、异质性、顾客参与性。

一、无形性

无形性是服务产品的典型特征。服务产品不同于普通的商品，是一种无法看到的、难以触摸的、无形的特殊产品，人们无法衡量或者是测量服务产品的大小。

服务产品的无形性还体现在，服务产品是由一系列的无形服务组成，服务本身就是服务产品的内核。

更为重要的是，服务产品的提供也是短暂的，在一瞬间提供和完成，消费者只能感受得到一种主观的体验，唯有根据服务接受者的主观体验和感受才能判断出服务的存在，体验成为了服务的产品本质所在。

二、生产与消费的不可分割性

在产品的提供模式方面，服务产品的一个特点在于生产和消费的不可分割性，服务产品的生产和消费是在同一时间内完成。当服务产品的生产提供开始的时候，服务产品的消费也开始了，二者具有同时开始、同时结束的特征。

服务产品的生产与消费的不可分割性，使得消费者在购买无形的服务产品的时候，无法通过直观的产品特征来评价服务产品，唯有在消费的时候，在享受服务的过程中才能对服务产品作出判断。

三、不可储存性

服务产品的生产与消费的不可分割性带来了服务产品的不可储存性的特点。由于服务产品的生产和消费是同时发生的，因此服务产品一旦在生产过程中未被消费完全，那么也就失去了服务产品本身的价值了。

服务产品的不可储存性意味着服务产品的易逝性，其不能像普通商品一样能够将剩余的服务产品储存于仓库之中。而这对于服务生产者带来了巨大的挑战，服务生产者需要很好地平衡服务产品的生产和需求之间的关系。

四、异质性

对于普通商品来说，在标准化的工业化时代下，大批量的标准化生产成为可能，也是提高生产效率的关键所在。然而，对于服务产品来说，服务的核心在于服务的体验，而服务的体验来自于消费者自身的感受和体验，来自于服务生产过程中的诸多因素，不同的消费者的体验和主观判断感知不同，各种服务生产过程中人为影响因素的多样性，使得服务产品注定不可能是一致的，呈现出多样性和异质性的特征，每个消费者的服务体验都是不同的，服务产品之间永远都是不同的。由此，服务产品要想如同标准化的产品那样是困难的。

五、顾客参与性

顾客参与性是指对于服务产品来说，顾客是服务产品生产过程的重要参与者。顾客的行为和态度决定和影响着服务产品的质量以及顾客对服务产品的满意度。不同于普通的商品，在服务产品生产过程中，顾客不是一个超然的独立者，而是一个生产的合作者，顾客出现于服务产品的生产现场之中，并影响着服务产品的质量。由此，对于服务生产者来说，服务质量的控制更加困难了，因为服务质量的控制不仅仅在服务提供者方面，也在顾客一方。

小资料

服务管理的核心原则

先听后做。了解顾客的真正需求。出色的管理者应该经常在营业区走动，与客人攀谈，询问他们对产品和服务是否满意。

可靠性是服务质量的核心。如果频繁出错，顾客会对企业丧失信心，企业应鼓励员工及时发现问题，及时解决问题。

保证基本的服务。客人们不会有过多的要求。多数客人只希望一顿可口的饭菜，一间安静的舒适的客房。企业应首先需要确保基本产品万无一失，才能在此基础上增加更多的服务。

质量差是设计问题，而非人的问题。提高服务质量，应该首先检查系统是否有故障。设备与环境必须有助于优质服务，企业应列出服务程序的细目表，以便找到问题出在什么地方；在指责员工之前，先要确认不是因为设备不良或者供货不足造成的问题。

好的服务能够挽回过失。如果补救及时，可以改变顾客的不满态度。当服务出现问题之后，客人会对所造成的不便要求道歉和一定的补偿，假若处理得当，不满的顾客可能会成为常客。

给客人惊喜是会得到回报的。问自己一个问题：我们产品和服务中哪些地方可以博得顾客的“喝彩”？如果客人一走进饭店，员工就能叫出他们的名字，并记得他们的特殊喜好，客人一定会喜出望外。

团队创造卓越。同事间相互帮助可以互补疏漏。企业应倡导团队精神，一人有困难，大家都应帮助；建立“搭档”机制，每个员工都有一个固定的工作伙伴；营造一种合作的气氛。

员工的意见是改进管理的关键。员工最清楚什么会造成服务质量的下降，企业管理者经常询问他们的意见可以起到预警的作用。企业管理者应认真分析员工的意见，并向员工通报自己听取他们的意见后将采取的措施。

领导就是服务。管理者必须善于激励员工去取得成绩。管理者所扮演的角色是设定方向和标准，为员工创造条件，留给他们空间去发挥潜能。管理者的工作就是服务，其服务的对象既有客人，也包括自己的员工。

（资料来源：艾弗森．饭店业人力资源管理[M]．张文，译．旅游教育出版社，2003．）

第二节　酒店产品的特点

现代酒店出售的也是一种特殊的服务产品，酒店产品也是一种特殊的服务产品，为顾客提供一种特殊的住宿、餐饮、娱乐等服务。因此，对于酒店产品来说，其具备了服务产品的一般特性，如无形性、生产与消费的不可分割性、不可储存性、异质性、顾客参与性。此外，酒店产品还有着其自身的特点，如地域的不可流动性、高支出性、季节性特征、易受外部性影响。

一、酒店产品的无形性

顾客进入酒店享受的住宿服务等是无形的、不可触摸的，只能由顾客自身的主观体验来感知，唯有根据入住酒店的顾客的主观体验和感受才能判断出服务的存在，体验成为了酒店产品的本质所在。

无形性的特征使得酒店经营者面临着诸多挑战，酒店产品的无形性使得顾客难以识别与其他酒店产品之间的区别，在购买酒店产品的时候在很大程度上面临着消费风险，需要向其他人寻求关于酒店产品可靠性的信息，因为顾客对于酒店产品的认识只能通过对酒店的消费体验方能获得，而不能像其他产品一样可以通过有形的外观辨识。由此，酒店常常需要格外地关注酒店自身的品牌形象，借助酒店产品自身良好的品牌形象和符号，消除酒店产品无形性的影响，使得消费者能够根据酒店产品的品牌来获得对酒店产品的认知，进而做出对酒店产品的购买行为。

二、酒店产品生产与消费不可分割性

顾客进入酒店享受服务的过程，也是酒店提供服务的过程。由此，酒店服务的质量更多地受到服务过程的影响，酒店员工的每一个服务的细节都将影响到酒店产品的质量。不仅如此，酒店产品的顾客满意度方面也面临着更大的挑战。

三、酒店产品的不可储存性

酒店闲置的客房并不能够像其他的有形商品一样能够有效地储存起来，以备未来销售给顾客。因为酒店客房这一酒店产品是固定的，其产品的总量是固定的，无论是否被消费，其都存在于其中。

由此，对于酒店来说，其面临的一个问题在于如何协调好酒店不断变化的服务需求与酒店产品固定的供给量之间的平衡关系。因为任何一家酒店可供出售的客房在短期内是固定的，而需求是随着各种外部因素变化的，酒店管理者需要很好地管理这一关系，借助超额预订、折扣配置、升档销售与时滞控制等手段，充分利用酒店的生产能力，寻求在固定供给量与变动的市场需求之间的最优配置。

四、酒店产品的异质性

酒店产品因其生产过程中顾客的因素和其他外部人为因素的不同而形成了酒店产品的异质性和多样性。不同酒店的产品呈现出不同的特征，甚至是同一连锁酒店集团的不同酒店之间都不会存在相同的酒店产品。由此，对于酒店管理者来说，需要关注的是每一位酒店顾客，关注的是每一个酒店产品服务的生产与提供。

小资料

酒店业六大趋势

目前酒店行业展现出六大发展趋势，且看它们将如何影响你的酒店住宿。

收费增长：你的酒店账单可能包括一些不受欢迎的“惊喜”。这不只是每天 20 美元的额外收费，不管你是否使用了酒店的网球场或者游泳池，或者是每天 12 美元的客房清洁费或者行李寄存费，你觉得如何？据纽约大学酒店与运动管理中心院长 Bjorn Hanson 的最新研究表明，美国酒店征收的所有费用（包括附加费）从 2010 年的 17 亿美元上升到 2011 年的 18 亿美元。Hanson 建议消费者在向酒店询价时，弄清楚酒店的收费项目。

酒店大堂变成社交场所：多姿多彩的座椅，免费的网络服务，时髦的鸡尾酒和咖啡吧将曾经严肃的大堂变成社交的天堂。Hanson 说，对于年长的客人而言，大堂可能是 18:00 去餐厅之前见面的地方，而年轻的旅行者可能希望在大堂聊天，收集更多的信息，然后决定晚上的活动。他们可能会查看邮件，用手机或平板电脑上网查询餐厅，或者试试大堂超市或酒吧的零食或饮料。

浴缸逐渐消失：除非预订套房，你下一次入住酒店可能享受不到奢侈的浴缸了。很多新酒店只提供淋浴。例如，万豪酒店集团就“建议新建的酒店中 75%的客房提供淋浴，25%提供浴缸。”其发言人 Laurie Goldstein 称，“我们的研究表明，商务旅客更喜欢淋浴，而家庭旅客则希望两者都有。因此，如果跟你的小孩在睡觉之前需要洗澡的话，要提前确定房间里面有浴缸。”

大瓶按压式洗浴用品的使用：在酒店浴室放置大瓶按压式洗浴用品的想法不错，但对于那些痴迷小瓶洗发露和独立包装香皂的客人来说这是个坏消息。

好处：当早上洗头时你发现小瓶洗发露不够用时（可能只差半盎司），你还要在凌晨 6 点跑去前台再要一瓶，而使用大瓶洗发露就不会碰到这样的麻烦。由于减少了一次性塑料瓶的使用，所以使用大瓶挤压式洗浴用品更环保。

坏处：有些客人只喜欢那些便于携带的小瓶，洗手液瓶的大小正好可以放在你的手提包袋子里。如果有剩余的洗发露，携带小瓶更容易过安检。抑或是你觉得大瓶洗浴用品不好用，有些客人认为它们不卫生，情愿用未拆开的香皂和洗发露。Hanson 表示，幸运的是，使用大瓶洗浴用品的酒店通常在前台备用免费的小瓶洗浴用品，客人要求的情况下都可提供。

电子签到：谁愿意排队等着登记入住呢？喜达屋的雅乐轩酒店经常为优先顾客计

划（Preferred Guest Grogram）会员提供“智能登记”。会员收到使用无线电频率识别技术的验证码，然后在计划入住的当天，客人会收到一条短信被告知房间号。到达之后，客人直接找到房间，输入验证码房门就被打开了。该技术目前用于纽约布鲁克林和哈林、列克星敦、马萨诸塞州、达拉斯、杰克逊维尔、佛罗里达州和伦敦的雅乐轩酒店。

本地化选择：本地化饮食和风俗在餐饮界的体现已经达到了极致，现在这股风迅速蔓延到酒店业，特别在高端和精品酒店。大厨们开始自己种菜，自己养蜂。旧金山W酒店的一名当地养蜂人，在自己的屋顶养蜜蜂，目的是为酒店提供蜂蜜。

（资料来源：http://www.17u.cn/newsshow_303253.html）

五、酒店产品的顾客参与性

对于酒店产品来说，顾客是酒店服务产品生产过程的重要参与者。顾客的行为和态度决定和影响着服务产品的质量以及顾客对服务产品的满意度。顾客不是一个超然的独立者，而是一个生产的合作者，顾客出现于服务产品的生产现场之中，并影响着服务产品质量。由此，对于酒店管理者来说，酒店服务质量的控制更加困难了，因为酒店服务质量的控制不仅仅在服务提供者，也在顾客一方。

由此，酒店管理者需要更加关注酒店的顾客，将其消费习惯和偏好甚至是一些个性特征作为酒店经营的关键因素，将顾客作为重要生产合作者纳入酒店管理视角之下。

六、酒店产品地域的不可流动性

酒店产品呈现明显的地域性竞争特征。一般来说，酒店产品的生产和提供都是本地供应的，即使酒店产品具有剩余，也无法实现酒店产品的输出，酒店产品的消费相应地也是本地性，消费者必须亲临酒店方能得到酒店产品。

酒店产品的地域性不可流动的特征，使得酒店产品的供需平衡关系只存在于特定的地域之中，无法通过一个地方的供小于求来弥补另一地方的需小于供的现状。而酒店产品的地理区位也成为酒店产品成功与否的关键性特征，酒店的竞争也是更加关注于本地区的竞争对手。

七、酒店产品的高支出性

相对于一般日常产品来说，酒店的消费是属于较高消费类型，入驻一个酒店对于普通的顾客来说是一项较高的支出项目，特别是一些高档的酒店产品，其消费的支出更是超过普通的商品消费的好多倍。由此，对于普通的顾客来说，对于酒店产品的购买必然是一项较为慎重的消费，不会像购买简单的商品那样具有随意性和冲动性。

八、酒店产品需求的季节性

酒店产品具有需求的季节性特征。对于大多数酒店来说，酒店产品的需求与旅游的需求是相一致的，游客成为了酒店的主要客源。旅游需求的季节性特征使得酒店产品需求的季节性特征非常明显，酒店产品的淡季和旺季差别明显。由此，酒店经营受季节影响的波动性较大，酒店管理者需要考虑的是如何平衡好这一季节性的波动。

九、酒店产品易受外部性影响

酒店产品具有天生的脆弱性，容易受到外部性事件的影响。酒店产品面向的顾客群体是那些处于流动的目标人群，而外部环境的变化，特别是那些外部性事件的发生，十分容易影响到酒店的顾客群体，而往往这些外部因素都是超出了酒店的控制范围。比如，战争、台风、恐怖袭击、流行病的传染、环境污染，以及其他诸如奥运会、世界杯等偶发事件会对酒店产生快速而明显的影响。由此，对于酒店管理者来说，需要格外关注那些外部环境的变化，做好相应的风险分散准备和防冲击准备。

小资料

斯塔特勒的服务准则

有着“现代酒店之父”之称的斯塔特勒将其对于酒店管理的服务的体会总结成为斯塔特勒服务准则：

迎合公众的需要是一个优秀的酒店的职责。斯塔特勒酒店公开承诺它是世界上最能取悦公众的酒店。

要让每个客人认识到，同样的价钱我们为他们提供的服务，比他们以前在任何一个其他酒店得到的服务都更真挚。

绝不可以傲慢、尖酸刻薄与莽撞无礼，客人支付了我们的工资，是我们的衣食父母。

酒店服务，是每个员工对每个客人所表现出来的谦恭与无微不至的关怀，斯塔特勒酒店的宗旨是为客人提供世界上最好的服务。

本酒店的任何员工无权在任何问题上与客人争执，他必须立即想方设法满足客人，或者是让他的上级这么做。争吵在斯塔特勒酒店是没有立足之地的。

任何以其精明与谨慎赢得小费的斯塔特勒酒店的员工，必须为客人提供相应的精明与谨慎的服务，不管客人是否付给小费。

任何不能提供相应服务，或没有对送给他东西的客人表示感谢的员工，都没有达到斯塔特勒的服务标准。

本章小结

（1）服务产品具有无形性、生产与消费的不可分割性、不可储存性、异质性、顾客参与性等特征。

（2）对于酒店产品来说，具有无形性、生产与消费的不可分割性、不可储存性、异质性、顾客参与性等服务产品的一般特性，也有着其自身的特点，即地域的不可流动性、高支出性、季节性特征、易受外部性影响。

复习思考题

一、分析题

1. 如何认识服务产品的特点？
2. 简述酒店产品的特点？
3. 怎么理解酒店产品的特殊性对酒店战略的影响？

二、练习题

利用网络资源和图书馆资源，组建学习小组，查找一家酒店企业与一家制造企业，分别比较对照各自的产品和生产、服务的区别，并在课堂上展示您的小组成果。

三、案例分析题

御庭精品酒店

为了更好地为服务式公寓的市场定位铺垫道路，2004 年，静安御庭服务式公寓在上海开业。随着上海静安御庭首年的成功运作，御庭酒店集团相继又开设了两家新的服务式公寓——苏州御庭和上海长宁御庭，并分别在 2006 年和 2008 年相继开业。这一系列举措为品牌建设带来了积极的影响，由此，御庭品牌也成为优质服务式公寓及卓越服务的代名词。

2007 年，御庭业务进一步扩大，并在新创的“御庭精品酒店”品牌之下，在苏州成立了首家度假精品酒店。仅仅一年的时间里，苏州御庭精品酒店就囊括了不少国内和国际大奖，其中包括“中国最佳 SPA 酒店大奖”，并成为享誉全球的世界小型豪华精品酒店联盟第五个中国成员酒店。到目前为止，苏州御庭精品酒店的 SPA 服务依然是苏州当地最有名的。看到了苏州御庭精品酒店的巨大成功，御庭酒店集团在南京秦淮河开设第二家御庭精品酒店，并将在未来在中国其他地区开设更多的酒店。

在苏州的金鸡湖畔，一家长三角均价最贵的酒店——御庭，这家仅 45 间客房的酒店，其房价均高得惊人。其中豪华园景房 2 250 元/晚，豪华湖景房 2 780 元/晚，行政园景套房 3 480 元/晚，行政湖景套房 4 200 元/晚，精品豪华湖景套房 6 790 元/晚，精品豪华湖景套房带游泳池 7 470 元/晚，御庭套房 9 740 元/晚。

御庭精品酒店是世界小型豪华酒店联盟（Small Luxury Hotels of the World）的成员。该联盟在全球 65 个国家拥有超过 400 家独立酒店的会员。其在全球高端市场顶级客源上有着高度的品牌认可度，入驻联盟的酒店是身份的象征。

御庭酒店与众不同的服务来源御庭酒店的自创品牌，酒店聘请职业经理人来当老总，进行独特的个性化设计和装修，同时也独创了“御庭”的人性化服务模式。“Regalia”原为皇室特权享受之意，但当代的享受已不是“市列珠玑，户盈罗绮，竟奢豪”的纯物质性了，宁静、私密、自然生态、亲和休闲、逍遥自乐，已超然于物质享受之上。御庭提供的正是这样的一种高端酒店产品。

（资料来源：御庭酒店官方网站）

思考：御庭酒店产品的核心竞争力是什么？

第五章

行业环境分析

竞争不应被看做是一次性的，而应是动态过程的一部分。

——Anil K. Gupta

如果你没有竞争对手走得快，你便处于弱势；如果你比竞争对手慢一倍，那你已经被淘汰出局了。

——George Salk

企业所采用的战略应能够打破正常的产业发展进程并创造不利于竞争者的新的产业条件。

——Ian C. MacMillan

知识目标

- 了解行业和市场环境的重要性。
- 了解行业环境的组成要素。
- 掌握五力模型分析方法。
- 了解战略组群分析，掌握行业关键战略要素评价矩阵。

知识要点

本章将分析酒店行业环境（内容）。行业环境是酒店镶嵌于其中的地方，意味着与酒店更密切的关系和更直接的影响。酒店不得不考虑行业的前景、竞争强度和盈利水平。很多时候酒店会更加关注与自己定位相似酒店的竞争，有些时候又会展开合作谋求双赢。

分析行业环境必须了解行业环境的组成要素，并且掌握基本分析工具——五力模型。和其他行业一样，酒店的行业结构中存在五种基本竞争力量，通过对这些力量的分析和对比，酒店应该明确自身的优势和劣势，制定对应的竞争战略。

本章主要介绍了战略组群分析和行业关键战略要素评价矩阵。

引导案例

万 豪 酒 店

万豪国际酒店集团（Marriott International）是一家跨国酒店管理公司，在纽约证券交易所上市，业务在美国境内外包括 67 个地区，管理多达 2 800 家酒店，约 49 万间客房。万豪国际酒店集团（以下简称“万豪国际”）的总部位于美国华盛顿，员工 12 万人，《财富杂志》榜上有名。

万豪旗下的品牌有万豪酒店、JW 万豪酒店、丽思卡尔顿酒店、万丽酒店、万怡酒店、万豪行政公寓。

这些品牌虽然都属于酒店行业，但是在产品和市场方面各不相同，面临不同的行业环境。其中，丽思卡尔顿酒店代表豪奢风格，万怡酒店专注于商务客人市场，万丽酒店专注于休闲度假，等等。可以说，万豪国际所拥有的品牌实际上处于不同的行业环境中。只有具体分析万豪国际旗下品牌所面对的统一市场中的其他酒店，才能谈得上是否具有竞争优势。需求因素代表着市场，而供给却是行业的核心。只有分析与万豪国际旗下具体品牌提供相同或相似产品、服务的供给者，才能确定其在行业中的地位和竞争能力。

（资料来源：http：//www.marriott.com.cn）

第一节　酒店行业和市场

迈克尔·波特（Poter，1980）将行业定义为生产近似替代性产品的企业的集合。酒店行业的近似替代性产品就是提供餐饮、住宿或是餐饮与住宿相结合的整体服务（当然还包括娱乐等服务）。事实上，这是从产品供给的角度对酒店行业的界定。与此相对应，酒店市场概念建立在顾客的需求上。酒店市场是由一系列对餐饮、住宿、娱乐等多种需求的顾客组成，他们的需求通过这些服务及其组合得到满足。一般来讲，酒店市场分析至少包含传统的 4P 分析，即酒店的产品、酒店产品的价格、酒店产品的渠道和酒店产品的促销。

事实上，与酒店相关的市场不仅仅与酒店的顾客及其需求相关。酒店要提供服务，必须从市场上获取相应的资源，如人力资源、原材料、能源、设备等。这些市场被称为资源市场。酒店扮演着两面的角色，既是产品的提供者又是产品的需求者，而两个角色统一体现在一个市场上。

区分酒店行业和市场十分重要，因为这将避免分析酒店竞争环境时发生错误。现代酒店，尤其是酒店集团除了在酒店行业中经营，往往还包含其他的行业和市场领域。以上海锦江酒店集团为例，它既从事星级酒店营运与管理、经济型酒店营运与特许经营，还从事餐厅营运等业务。不可否认，锦江酒店所涉及的行业和市场的结构和特征大不相同，在制定战略时必须有所考虑，对行业和市场分别进行分析。

酒店通过行业和市场分析，应该了解以下内容：

1）了解顾客特性及需求。

2）了解现有市场，预测未来市场。

3）了解现有行业，对其准确评估。

4）了解市场和自身能力的匹配程度。

5）了解哪些新行业可能具有市场吸引力。

6）准确评估进入新行业的可能性。

第二节　五力模型的使用

一、波特的五力模型

迈克尔·波特（1980）提出的五力模型是酒店行业分析的基础。他认为一个行业的激烈竞争不是一种巧合，而是有深刻的经济结构根源。这体现在任何行业中都存在五种基本的竞争力量。这些竞争力量汇集起来决定着该行业的发展前景、竞争强度和利润潜力。

就酒店业而言，高端酒店行业和经济型酒店行业竞争力量的综合强度是不同的，因此不同行业利润的最终潜力也不同。

一个酒店竞争战略的目标在于使酒店在行业内合理定位，这种合理定位离不开对五种基本竞争力量的分析。这五种基本竞争力量（见图 5-1）是：行业中酒店间的竞争强度；新进入者的威胁；替代品的威胁；买方或购买者的力量；供应商的力量。

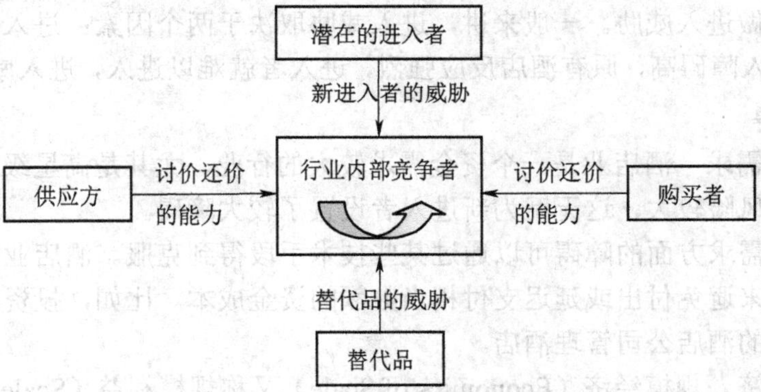

图 5-1　波特五力模型

这五种基本力量，决定着酒店业的竞争强度，也决定着酒店业获取利润的潜力大小。

通过对这五种力量的分析，酒店就能够明确自己的地位，发现自身的优势和劣势，明确可以利用的机会和必须避免的威胁。

在五力模型分析中，需要注意分析的特点和要求如下：

1. 竞争环境动态变化

酒店业是一个比较笼统的概念，其中包含着相当多的细分行业。这些细分酒店行业竞争力量的综合强度是不同的，有的强，有的弱。竞争的强弱与酒店的利润获取能力有较大关系。竞争强，利润率较低；竞争弱，利润率较高。由于资本的获利天性，总是从利润低的行业向利润高的行业转移。这种转移改变了相关行业的竞争态势。这说明，五种力量总是在发生变化，是一个动态变化的过程。

2. 必须识别主要力量

酒店业行业分析中的五种力量地位不同，作用各异：有的较大，有的较小；有的起决定性作用，有的只是配角。经济型酒店比较接近完全竞争状态，投资者几乎可以自由进入。存在为数众多的经济型酒店，提供非常类似的产品和服务，竞争就相当激烈。在这里，行业内部的竞争力量处于主导地位，其他方面的竞争显得有点微不足道。因此，如果要让模型接近产业实际，就必须识别哪一个是主要力量，战略分析必须重点分析这些主要力量。

当然，分析有重点，但是也不能忽视其他力量。因为，这五个力量不是孤立的，它们相互联系。每个力量都对其他力量产生影响，并可能引起连锁反应。比如，有些酒店主要依靠网上代理（携程、艺龙等）来销售房间，网上代理的出现加强了这些酒店的销售地位，旅行社的地位被削弱，这是由于网上代理出现的力量消长。

3. 分析基础是酒店的基本业务单位

利用五力模型分析，考虑的是酒店提供的具有战略意义的基本业务单元。比如，就万豪酒店集团而言，它旗下拥有的不同品牌实际上提供了不同的产品。分析的时候，不能一概而论，笼统地进行分析，而是应该考虑跟这些不同品牌酒店系列相关的因素。

二、力量之一：新进入者的威胁

新进入者是酒店的重要竞争力量，它会对原有的酒店带来很大威胁。2008 年北京奥运会的举办，吸引了大量资本进入酒店业，从而造成了中国酒店业空前激烈的竞争。新进入者带来的威胁叫做进入威胁。一般来讲，进入威胁取决于两个因素：进入障碍和原有酒店的反击。如果进入障碍高，原有酒店反应强烈，进入者就难以进入，进入威胁就相对较小。

1. 进入障碍

（1）资金的需求　酒店业是一个资金需求较大的行业，尤其是高星级酒店，往往需要巨额资金，并且风险较大，这无疑为新进入者设置了较大障碍。

但是，资金需求方面的障碍可以通过某些技术手段得到克服。酒店业常常利用分离所有权和经营权，来避免付出或延迟支付相当数额的资金成本。比如，投资公司拥有酒店的实际资产而专业的酒店公司管理酒店。

（2）规模经济　规模经济（Economics of Scale）又称规模利益（Scale Merit），是指随生产能力的扩大，单位成本有下降的趋势，即长期费用曲线呈下降趋势。

规模经济主要来源于：①分工可以提高效率。规模越大的企业，其分工也必然是更为细化。②学习效应。随着产量的增加，职员可以使熟练程度增加，提升效率。③可以有效地承担研发费用等。④运输、采购原材料等方面存在的经济性。⑤价格谈判上的强势地位。

有规模经济，就意味着在这些方面存在优势：①能够实现产品规格的统一和标准化；②通过大量购入原材料，而使单位购入成本下降；③有利于管理人员和工程技术人员的专业化和精简；④有利于新产品开发；⑤具有较强的竞争力。

由此可以看出，如果现有的酒店已经取得了规模经济，那它比新的竞争者具备更大的优势。新进入的酒店无法达到同样低的单位生产成本，因为它需要相当大的规模才能达到同样的成本，才有可能和行业内现有的酒店进行竞争；否则成本过高，价格又维持现有行业中的价格，就会亏本进入，造成利润的亏损，在竞争中处于劣势。

（3）产品和服务的差别化 在酒店业中，酒店提供产品和服务具有差别，那么也会给新进入者造成障碍。行业中酒店拥有的商标信誉和用户的忠诚往往给新进入者带来困扰。

事实上，广告、服务质量、产品差异和自身历史都可以形成产品和服务的差别化。在分工越来越细的市场上，人们希望找到自己需要的及适合自己的酒店产品。这些差别迫使新进入的酒店用较大的代价来树立自己的信誉、克服现有顾客对原有酒店的忠诚。

（4）转换成本 酒店业的新进入者往往面临转换成本。一般来讲，转换成本是指购买者变换供应者所支付的一次性成本。其表现形式有：重新培训业务人员；增加新设备；调整检测工具等。转换成本会造成购买者对变换供应者进行抵制，新进入者要用大量的时间和特殊服务来消除抵制。

一方面，新酒店需要更新和培训职员、增添相关设备、装修房间等，这些都会产生成本支出。比如一家纺织厂转型，利用位于市中心的地皮经营酒店，在物质的转换之外，还需要理念和人员的转换。这些都会带来大的成本支出。

另一方面，对于购买者来讲，购买者变换酒店需要支付成本，如信息收集成本、原有资格丧失等。因此，他们的反应是对新酒店抵制。新酒店需要用大量的时间和增值服务来消除这些购买者的抵制。

（5）投入资源渠道和分销渠道的可及性 进入酒店业需要一定的资源条件，如良好的地理位置，高素质的管理人才，及时有效的原材料和能源供应，等等。如果缺少这些条件，酒店就不可能建立起来。

另外，酒店的分销渠道也非常重要。酒店所拥有的电子分销系统，保证了酒店产品与消费者的需求联系。新酒店需要通过让价、合作和津贴等方式打破原有酒店设置的分销渠道壁垒，而这个打破过程往往需要高昂的成本。

除了这些主要因素之外，还会有一些因素会造成“进入的困难”，包括已有酒店的抵制、资源的独占、占据市场的有利位置、政府补贴、独特的管理经验以及政府的某些限制政策等。在这些因素中，现有酒店的抵制更加值得关注。如果现有酒店对新进入酒店反应强烈，那么新酒店在进入酒店业时就会遇到较大障碍。

2. 退出障碍

与进入障碍相对应的是退出障碍。投资者除了考虑进入的难易，还要考虑退出的难易。对于酒店业来讲，存在这样几种退出障碍。

（1）高度专业化资产 酒店的资产高度专业化，包括建筑、相应设备和人力资源。这些资产转到别的行业是比较困难的。

（2）退出成本比较高 当酒店退出酒店行业之时，会面临着一系列较高的成本负担，这包括由于退出酒店行业后的事先签订的合同与服务的履行费用，与其他上下游企业之间事前合作产生的费用，以及投资所产生的固定成本等。

（3）影响酒店的其他业务 如果要退出某个细分行业，如度假酒店，可能对酒店的旅行社业务造成冲击。这种过于密切的协同关系，会使得酒店一个部门或者一项业务退出带来其他业务或其他部门的损失。

（4）企业文化 企业的文化也会带来退出障碍。每一个酒店投资者在投资一个酒店之后，总是带有自己的理想，将一些价值和情感因素投入到企业之中，并将之看做为自己辛苦创业和投资经营的产物。因此，即使酒店亏损，其仍然会艰辛地维持，以实现自身价值、文化的存在和延续。

（5）政府和社会限制　酒店如果想退出，政府要考虑到各个方面，特别是国有酒店要退出。在保持稳定的前提下，会遇到政府和社会的限制，酒店只好暂时不退出。

酒店行业进入障碍和退出障碍高低象限图，见图 5-2。

退出障碍高 进入障碍高	退出障碍高 进入障碍低
退出障碍低 进入障碍高	退出障碍低 进入障碍低

图 5-2　酒店行业进入和退出障碍高低象限图

如果进入障碍高，退出障碍也高，意味着酒店进入是困难的，退出也是困难的，那么行业内一定高风险、高利润，因为酒店行业内部阻止新进入者进入。

如果退出障碍低，进入障碍也低，这个酒店细分行业一定是分散的，没有什么利润，不在乎新酒店进来不进来，因为行业内的利润也很少，不值得跟新酒店竞争。

如果退出障碍高，进入障碍低，这时候企业进入酒店行业是相对容易的，那也就意味着这时候的酒店行业利润是相对较低，获利较少，而退出障碍较高，则意味一旦进入酒店行业，则会有较大的风险，由此总体上这时候酒店是获益少而风险较高。

一般来讲，最好的组合是进入障碍高而退出障碍低的组合，这意味着酒店的获利能力最强。因为新进入酒店受到限制，而经营遇到困难时也容易全身而退。

三、力量之二：替代品的威胁

替代品是指那些与酒店业产品具有同等功能的其他产品。一般来讲，替代品的价格比较低，甚至不存在市场价格。比如，学校假期的宿舍出租，游客旅游时投亲靠友借宿在亲戚家。这些产品进入市场，会使酒店业的产品价格上限只处于较低水平，这就限制了酒店业的收益。替代品的价格越有吸引力，这种限制就越牢固，对酒店业构成的威胁也就越大。

酒店业替代品的威胁程度可以从以下方面展开分析：

1．是否是真实的替代品

是否是替代品，如果是，那么需要分析替代品的价格和功能与酒店业现存产品的匹配程度如何。如果功能与酒店业的性能相似，价格接近甚至低于现存酒店产品，那么酒店业替代品就会对行业造成严重威胁。

2．市场对替代品的认知程度

如果转换成本低或者竞争对手产品的价格更低、功能更优，消费者将毫不迟疑地更换新的酒店。事实上，消费者的选择与他们的品牌忠诚度有密切的联系。越是拥有崇高声望的酒店品牌，消费者对其的忠诚度越高，替代品的威胁相应就小。

上面的分析指出了应对替代品的路径：原有的酒店会通过提升产品质量、降低成本、削减价格和增大产品的差异来降低替代品的威胁。

四、力量之三：行业中酒店间的竞争强度

现有酒店之间总是存在着竞争。这些竞争既有价格竞争，又有非价格竞争。不同的细分行业竞争强度不一样，有的比较激烈，有的比较缓和。决定竞争强度的因素有：

1．竞争对手的数量和实力

相同类型和实力的酒店为数众多意味着竞争会非常激烈。因为在这种情况下酒店为了生存必然采取打击、排斥其他酒店的竞争手段，这势必引起酒店间的激烈冲突和排挤，结果导致整个行业利润下滑的程度。

相反，如果竞争对手少，或者实力比较悬殊，那么竞争就会相对缓和。

2．酒店业的增长速度

在酒店业快速增长时，由于各个酒店所面临的市场份额也在快速增大，竞争会相对缓和。当酒店业陷入低谷时，缓慢增长的市场会迫使酒店竭力提高现有市场的占有率，竞争会陷入白热化。

3．酒店业的成本属性

酒店业基本上是属于具有很高固定成本的资本密集型行业。因此，降价是酒店满足产能需求和冲减高额固定成本的唯一途径，行业中的竞争会非常惨烈。可以看到，往往在酒店营业日即将结束的时候，如果还有剩余房间，房价大幅打折是常见的事情。实际上，酒店业收益管理就是建立在这样的基础之上（当然还必须考虑酒店产品的不可储存性）。

4．酒店的品牌忠诚度

如果消费者对酒店的品牌忠诚度高，竞争就会相对缓和。此时的竞争主要是非价格竞争。如果品牌忠诚度低，竞争就会比较激烈。

5．酒店产品的差异性

如果酒店产品与其他酒店有很大差异，很容易与其他酒店区分开来，那么竞争就不会激烈。因为消费者必然是按照对某些特定酒店的偏好和忠诚度来购买。反之，如果酒店产品的差异性小，消费者选择酒店的标准仅仅是价格（有时还有服务），那么就会促使酒店在这些方面展开竞争，竞争趋于白热化。

除以上因素外，竞争对手类型、战略利益相关性、退出成本都会影响酒店间的竞争强度。

五、力量之四：买方或购买者的力量

买方或购买者的力量体现在他们议价的能力上。买方的议价能力越强，就会在交易条件上逼迫酒店让步，使自己获得更多的利益：更低的价格或者更好的服务，或者两者兼有。一般来说，买方的影响力越大，酒店产品的交易价格就越低，越能左右生产者的获利能力。

影响买方议价能力的因素有：

1．买方的数量或者购买量

当买方或客户分布集中、规模较大或大批量地购买酒店产品时，买方的议价能力较强；反之，如果买方的数量庞大，彼此又相互独立，每一个购买的酒店产品都较少，那么买方

的能力就相对薄弱，议价能力差。

2．相同类型酒店的数量和规模

如果相同类型酒店的数量较少，规模很大，那么买方的地位就会相对下降。这是因为，买方货比三家的机会减少了。

3．酒店产品是否有更有价格吸引力的替代品

如果买方能够找到对自己更有利的酒店替代品，那么他们就会在议价中保持强硬态度，买方获取更大的发言权；反之，买方的议价能力就会较弱。

除以上因素外，买方面临的购买转移成本大小，酒店产品是否是买方经营过程的重要投入，买方是否有后向一体化的策略动机，买方是否具有充足信息等也影响了买方的议价能力。

六、力量之五：供应商的力量

酒店在开展经营活动的时候必须从其他方面获取所需的资源，这些资源包括实物资源、非实物资源、人力资源、财务资源和相关运营资源。

酒店与供应商打交道，实际上处于购买者的位置。因此，上面分析的思路可以借用。在分析供应商力量时，关键词依然是议价能力。不同的是，位置已经发生了变化。

影响供应商议价能力的因素有：

1．行业集中度

如果供应商的行业集中度高，由几家大公司控制，那么供应商的议价地位就较高，能够迫使酒店不得不接受自己的条件成交。

2．供应商资源的独特性和稀缺性

如果提供给酒店业的资源必不可少，并且没有近似的替代品，如位于市中心的地皮，那么供应商对酒店业就有很强的影响力；相反，供应商的能力就较小。

3．转换供货商成本

很多时候，更换供货商比较困难并且成本较大。这是因为，酒店与原有供应商已经建立了默契，交易成本降到了最低。如果更换，将额外支付交易成本。这个时候，供货商的议价能力较强；反之，供应商的议价能力较弱。

4．纵向一体化程度

若购买者已经实现了后向一体化，就会使供应者处于不利地位；若供应者实现了前向一体化，就会使购买者处于不利地位。

除以上因素外，信息掌握程度、相互间的影响程度都是影响议价能力的因素。

七、五力模型和酒店业竞争环境的总结

通过前面的分析，可以发现，酒店与五力相关的地位和其所处的行业环境之间有一种联系。酒店业结构分析的目的在于了解酒店业的竞争力量及其基本态势，明确与这些竞争力量相比较，可以明了酒店的优势和劣势，从而确定酒店对各种竞争力量的态度，从而采取和制定有效的竞争战略。

这些竞争战略要解决如下问题：如何抵制新进入者；如何与替代品竞争；如何提高与买方和供应者的议价能力；如何应付原有的竞争对手。

表 5-1 是迈克尔·波特的五力模型和酒店业环境关系的总结。

表 5-1　迈克尔·波特的五力模型和酒店业环境关系的总结

力　量	环境较好	环境较差
行业内的竞争	竞争微弱	竞争激烈
新进入者的威胁	进入壁垒高	进入壁垒低
替代品的威胁	可能的替代品很少	可能的替代品很多
买方的议价能力	买方力量弱	买方力量强
供应商的议价能力	供应商力量弱	供应商力量强

第三节　战略组群分析和行业关键战略要素评价矩阵

一、战略组群

对于身处激烈的市场竞争中的企业来说，不能仅仅分析它所处的行业和市场，它还应特别关注与其最接近的竞争对手，这些竞争对手被称为战略组群（迈克尔·波特，1980）。

要了解战略组群，首先要鉴别企业所面临的竞争对手。一般来讲，企业的竞争对手包括：

1）已经在酒店业中的企业。

2）进入酒店业可以产生明显协同效应的企业。这里所说的协同效应是指企业生产、营销、管理的不同环节、不同阶段、不同方面共同利用同一资源而产生的整体效应。比如旅游景区、旅行社介入到酒店业。

3）由于企业的战略要求进入酒店业的企业。

4）那些通过后向一体化或前向一体化进入酒店业的买方或供方。

5）不在酒店业但可以克服进入障碍进入酒店业的企业。

通过以上分析，我们可以回答："在酒店业中，我们的竞争对手是谁？""我们应该怎样采取行动？""怎样应对竞争对手采取的战略和行动，尤其怎样才能避免形成恶性竞争？"

事实上，战略组群由一些具有相似的能力，满足相同细分市场中的顾客需求，提供具有同等质量的产品和服务的组织构成。通过对战略组群的分析，可以使酒店管理者比较和自己最接近的竞争对手的绩效，包括盈利能力、市场地位、产品类型与质量、品牌、顾客忠诚和价格等多方面的比较。

酒店业中，存在着很多截然不同的战略组群。速 8（Super 8）酒店和丽思·卡尔顿（Ritz Hotel）酒店都为客人提供食宿，但是它们所处的战略组群截然不同。它们不可能吸引同样的主顾，而且它们的产品、销售渠道、产品、特性和价格都完全不同。丽思·卡尔顿酒店的战略组群包括世界主要大都市的豪华酒店，而速 8 酒店的战略组群则是遍布城乡的经济型酒店。

通过战略组群分析，酒店企业可以了解酒店业中的主要酒店是怎样参与竞争的，能够理解它们占据了怎样的竞争位置。在进行战略组群分析时，酒店企业需要对酒店业的重要竞争者进行有效的描述，从而能够察觉到竞争者是怎样施加威胁和在哪里构成威胁，或者，它们在什么情况下是可以取得合作的对象。一般来讲，战略组群分析应该包含以下内容：基本情况介绍；目标；可支配的资源；过去的业绩；目前的战略；目前的产品和服务。

二、行业关键战略要素评价矩阵

行业关键战略要素评价矩阵分析方法是通过对酒店业关键战略要素的评价分值比较，识别出酒店业内各竞争酒店之间相对竞争力量的强弱，以及所面临的机会与风险。

通过该种分析方法，可以为酒店制定经营战略提供一种识别自身与竞争对手的各自的优势与劣势。这一方法可以按照下面步骤进行：

1）由酒店战略决策者识别影响酒店成功的关键战略要素。评价矩阵中一般要求列出10～15个关键战略要素。在分析中常见的关键战略要素有市场份额、产品种类与质量、价格、品牌、财务地位、管理水平等。

2）为每个关键战略要素指定权重，以此表明该要素对酒店业成功经营的重要程度。权重值的确定可以通过考察业内成功者和失败者的经营效果，从中得到启发。权重值的变化范围从0.0（最不重要）到1.0（最重要）。各要素权重之和为1.0。

3）对酒店业各竞争者在每个关键战略要素上所表现的力量及其强弱进行评价。评价的分数以1、2、3、4分别代表相应要素最弱、较弱、较强和最强。评价时一定要在分值给定中体现出客观性，论点有所支撑，以便得到较为科学的评价结论。

4）将各关键战略要素的评价值与相应的评价权重值相乘，得出各酒店在相应战略要素上相对力量强弱的加权平均值。加权评价值的计算公式为

$$加权评价值=权重\times相应评价值$$

5）加权评价值加总，求得企业内部战略条件的优势、劣势情况。

酒店业关键战略要素评价矩阵示例如表5-2所示。

表5-2 酒店业关键战略要素评价矩阵示例

行业关键战略要素	权重（%）	本酒店		竞争酒店1		竞争酒店2	
		评价值	加权评价值	评价值	加权评价值	评价值	加权评价值
价格竞争	20	2	0.4	2	0.4	4	0.8
财务地位	20	1	0.2	3	0.6	3	0.6
产品质量	20	3	0.6	4	0.8	4	0.8
品牌	10	3	0.3	1	0.1	4	0.4
市场份额	30	2	0.6	1	0.3	3	0.9
综合加权评价值	100	—	2.1	—	2.2	—	3.5

表5-2中市场份额的权重值为0.3，表明其为关系到酒店经营战略成败的最重要的战略要素；本酒店在产品质量和品牌方面的评价值均为3，表明酒店在这两方面的力量均很强。竞争酒店1在产品质量和财务地位方面很强，竞争酒店2在价格竞争、产品质量、市场份额方面都很强。总的来讲，本酒店处于相对劣势，无论相对竞争酒店1还是竞争酒店2都是如此。竞争酒店2单项和总体的竞争能力都很强。

第四节 竞争对手分析框架

随着市场竞争的日趋激烈，企业之间的相互影响不断加强。一个企业的产品能否在竞争中取胜,除了取决于自身产品的质量和价格等因素外还取决于竞争对手产品的相关因素。由此，在战略分析中研究分析竞争对手的情况极为重要。

竞争对手分析（Competitor Analysis）是一个系统性地对竞争对手进行思考和分析的工具，这一分析的主要目的在于估计竞争对手对本企业的竞争性行动可能采取的战略和反应，从而有效地制定本企业的战略方向及战略措施。

酒店企业在进行竞争对手分析时，需要对那些现在或将来对客户的战略可能产生重大影响的主要竞争对手进行认真分析。这里的竞争对手通常意味着一个比现有直接竞争对手更广的一个组织群体。

一、竞争对手

迈克尔·波特（2005）在《竞争战略》一书中提出了竞争对手分析框架，并指出了企业面临的主要的竞争对手：不在本行业但很容易克服行业壁垒进入该行业的企业；进入本行业可产生明显协同效应的企业；该企业的战略的延伸必将导致加入到本行业的企业；该企业可能前后向一体化的客户或供应商等。

具体来说，在迈克尔·波特的竞争对手分析框架中，企业面临的竞争对手主要包括两个部分：一个是现有直接竞争对手；另一个是潜在竞争对手，如图 5-3 所示。

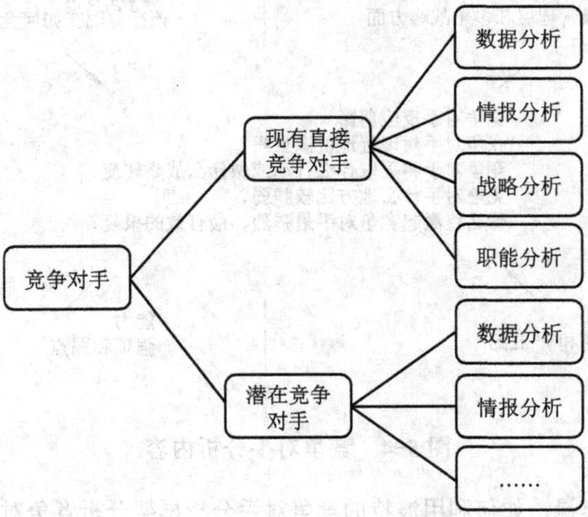

图 5-3 竞争对手分析模型

1. 现有直接竞争对手

企业应该密切关注主要的直接竞争对手，尤其是那些与自己同速增长或比自己增长快的竞争对手，注意识别其任何竞争优势的来源。一些竞争对手可能不是在每个细分市场都出现，而是出现在某特定的市场中。因此不同竞争对手需要进行不同深度水平的分析，对那些已经或有能力对本企业的核心业务产生重要影响的竞争对手尤其要密切关注。

2．潜在竞争对手

现有直接竞争对手可能会因打破现有市场结构而损失惨重，因此企业主要的竞争威胁不一定来自它们，而可能来自于新的潜在竞争对手。潜在竞争对手包括以下几种：

1）进入壁垒低的企业。

2）有明显经验效应或协同性收益的企业。

3）前向一体化或后向一体化企业。

4）非相关产品收购者，进入将给其带来财务上的协同效应。

5）具有潜在技术竞争优势的企业。

二、竞争对手分析内容

迈克尔·波特在其《竞争战略》一书中提出的竞争对手分析框架列出了分析竞争对手的四个因素，即竞争对手的目标、假设、战略和能力，如图 5-4 所示。通过对该四个因素的分析可以帮助企业了解：竞争对手可能采取的战略行动和战略成功的可能性；企业对其竞争对手的战略行动可能作出的反应，对可能发生的产业变化和重大环境变化可能会作出的反应；企业了解自身战略与能力的匹配性；企业可以发现自身存在的弱点与不足。

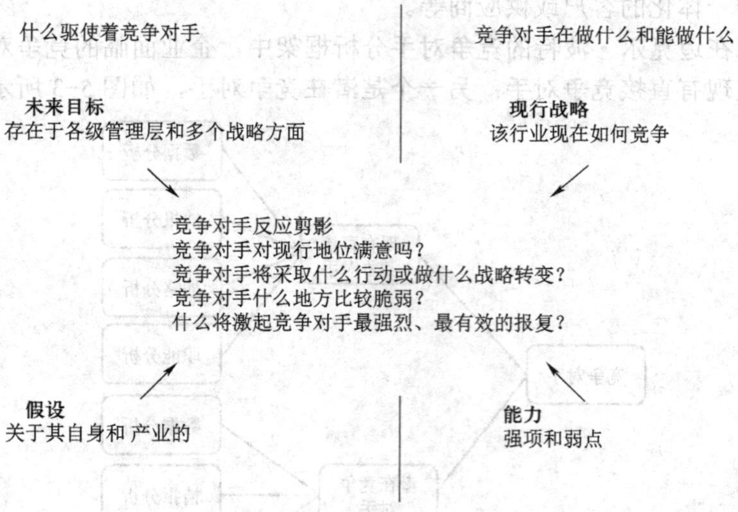

图 5-4　竞争对手分析内容

（资料来源：张冬梅，曾忠禄．如何利用波特的竞争对手分析框架分析竞争对手[J]．现代情报，2007.5）

1．竞争对手假设分析

竞争对手假设是指企业对自身、对外部环境的一种认知。竞争对手的目标选择和战略选择都将受到这些假设的影响。只有充分了解竞争对手的假设，企业才能更好地理解竞争对手的企业目标和战略。由于不同企业的背景不同、知识结构不同、决策者的经历不同，因此不同的企业的假设也不尽相同。

企业在分析竞争对手的假设时，最重要的是分析竞争对手的三种假设：对企业自身的假设；对企业所处行业的假设；对行业中其他企业的假设。

2．竞争对手目标分析

竞争对手的假设影响着企业目标的选择和确定。竞争对手的目标可能有很多种，包括市场份额增长、分散风险以及技术领先等。竞争对手的实际行动方案直接受到企业的发展目标所影响。由此，准确地分析竞争对手的目标可以帮助企业能够预知到竞争对手的行动。当然，不同的企业目标决定竞争对手可能采取不同的行动方案。比如，如果竞争对手的目标是以短期利润为代价改善它的市场地位，他就可能采取降低价格、提高广告费用、增加对顾客和销售商的促销费用等行动措施。

对于竞争对手的目标分析，企业可以考虑采取如下一些方法：

1）分析竞争对手的企业组织结构。分析竞争对手的组织结构有助于企业理解竞争对手把哪些部门看得更重要。

2）分析竞争对手的财务预算分配。得到更多预算的部门通常是竞争对手更关注的部门或重点发展的部门。

3）分析竞争对手企业的高级管理人员的职业生涯和教育背景。这些人过去的经历和教育背景会影响其目标选择。技术出身的管理人员肯定比营销出身的管理人员更重视研发投入。

4）分析竞争对手招聘的人员。竞争对手大量招聘某个方面的专门人才，可能意味着其将往某个方向发展。

5）其他分析包括：竞争对手使用的会计体系；评价库存的方式；过去的行动（如是否显示其厌恶风险）；新签合同情况；合资公司或许可证协议；面临的法律、环境或社会压力等。

3．竞争对手战略分析

战略是企业实现其目标所依赖的手段。而企业需要评价主要竞争对手的相对优势和劣势，就必须对它们的战略进行分析和评价。因为大多数大企业都是实施多元化经营的，因此需要在多个层次上对竞争对手的战略进行评价。分析竞争对手的战略可从分析竞争对手如下具体战略入手：

（1）职能战略分析　职能战略分析需要企业对竞争对手的每一个业务的主要职能战略都必须确认和评价，主要包括：

1）营销战略。

- 相对自己的产品/服务策略，竞争对手采用了什么样的策略？
- 自己的产品/服务细分市场的规模有多大？在服务的细分市场上，每个竞争对手的市场份额是怎样的？
- 每种产品/服务的细分市场的增长如何？细分市场上的每个竞争对手的增长是怎样的？市场细分的集中程度和趋势是怎样的？
- 每个竞争对手的产品/服务线战略是什么？是全线战略还是独辟蹊径市场战略？
- 每个竞争对手对新型服务采取什么态度？
- 每个竞争对手的相对服务产品质量是怎样的？
- 每个竞争对手在产品/服务线上或顾客细分市场上的定价策略是什么？
- 每个竞争对手的相对广告促销战略是什么？
- 竞争对手是如何服务于每个产品细分市场的？
- 每个竞争对手的明显营销目标是什么？
- 竞争对手对市场变化的反应速度如何？

- 竞争对手的营销策略是如何适应其客户文化的？在过去，职能部门是否是关键管理人员的来源？

2）生产作业战略。

- 每个竞争对手的生产/作业单位的数量、规模和位置是怎样的？
- 它们之间是如何比较的？每个单位生产的产品范围是怎样的？
- 它们的估计生产能力是多少？生产能力利用率如何？
- 债务人、债权人和股市上的营运资本各有多少？
- 每个单位有多少人？工资水平如何？相对生产力是怎样的？
- 向客户内其他业务单位的销售有多少？接受了多少来自客户内其他业务单位的供应？
- 采用了什么样的激励制度/报酬制度？
- 什么样的服务需要外包？外包的业务在增加还是在减少？
- 每个竞争对手的生产是怎样适应其组织的？生产/作业单位是否是关键管理人员的来源？
- 每个竞争对手应变市场变化的灵活性如何？每个竞争对手对市场变化作出反应的速度有多快？

3）研究和开发战略。

- 新的服务在何处开发？
- 预计的研发经费是多少？这是怎样比较的？又是如何变化的？
- 研究部门有多少人，开发部门有多少人？
- 每个竞争对手近期新产品引进和专利的记录如何？
- 每个竞争对手对革新作出反应的速度如何？作出的反应一般有哪些？
- 与行业平均水平相比竞争对手的增长率怎样？
- 是否有足够的现金可用于维持业务的发展和扩张？
- 现金和营运资本的管理如何？

4）定价战略。

- 竞争对手的价格是高于还是低于产业平均水平？
- 销售的条件是什么（如打折条件）？
- 定价是由销售地方定还是由总部统一定？
- 价格是否随时间变化？
- 如果是，变化的模式是什么？

5）广告/促销战略。

- 竞争对手在广告和公关上比其他竞争对手支出更多还是更少？
- 其目标顾客是谁？
- 其使用最多的媒体是什么？
- 使用了什么推销方法？
- 销售人员在取得新客户时进取心强吗？
- 他们的佣金有多高？
- 在广告方面，使用的是什么媒体？

- ➢ 有什么创造性的活动？
- ➢ 举办了哪些促销活动？
- ➢ 举办的频率如何？

6）服务战略。

- ➢ 竞争对手提供服务承诺吗？
- ➢ 服务是否同产品销售联系在一起？
- ➢ 顾客对竞争对手的服务的评价是什么？

（2）业务单位战略分析 业务单位战略分析是指企业对每个竞争对手，都需要在业务单位的水平上对其进行分析和评价，以便看清在竞争对手的整体战略中每个业务适合哪一个部分。要回答这一问题，企业就必须分析业务单位的作用、目标、组织结构、控制和激励系统、战略地位、环境限制和机遇、领导的地位，以及业务单位的业绩表现等。

每个业务在竞争对手整体投资组合中的地位也需要分析。可能影响业务单位行为的问题有：整个集团财务目标的评价，增长能力和股东期望增长率，关键优势和劣势，变革的能力和总体组合投资的特点；战略关键决策者尤其是客户领导的价值观和期望；历史上对竞争性行为的反应；对竞争对手的信心和期望。

4．竞争对手能力分析

了解竞争对手的假设、目标和战略对了解竞争对手会如何对本企业的行动作出反应是有用的，但决定竞争对手能否有效行动的因素则是其能力。企业对竞争对手能力的分析主要包括：创意和设计能力；研究开发能力；市场营销能力；财务运营能力；管理能力；人力资源开发能力。

三、竞争对手分析情报来源

竞争对手分析依赖于十分丰富的详细的关于竞争对手的相关信息，对竞争对手的信息进行例行的、细致的、公开的收集是非常重要的基础工作。企业需要从各个方面获取关于竞争对手的相关信息。对于企业来说，常用的有关竞争对手分析的情报来源或者是信息渠道主要是以下几个方面：

1）竞争对手的企业年度发展报告。

2）竞争对手的竞争产品的文献资料。

3）竞争对手的内部报纸和杂志。这些通常是非常有用的，因为它们记载了许多详细信息，如重大任命，员工背景，业务单位描述，理念和宗旨的陈述，新产品和服务以及重大战略行动等。

4）竞争对手的发展历史。这对了解竞争对手文化、现有战略地位的基本原理以及内部系统和政策的详细信息是有用的。

5）竞争对手的市场营销广告。企业从中可以了解主题、媒体选择、花费水平和特定战略的时间安排。

6）本行业内的行业出版物。这对了解财务和战略公告、产品数据等诸如此类的信息是有用的。

7）竞争对手企业内部官员的论文和演讲。这对于获得内部程序细节、组织的高级管理理念和战略意图是有用的。

8）竞争对手的市场销售人员的报告。虽然这些经常带有偏见性，但地区经理的信息报告提供了有关竞争对手、消费者、价格、产品、服务、质量、配送等此类的第一手资料。

9）市场顾客。来自顾客的报告可向内部积极索要获得，也可从外部市场调研专家处获得。

10）供应商。来自供应商的报告对于评价诸如竞争对手投资计划、行动水平和效率等是非常有用的。

11）专家意见。许多公司通过外部咨询来评价和改变它们的战略。对这些外部专家的了解是有用的，因为他们在解决问题时通常采用一种特定的模式。

12）证券经纪人报告。这些通常能从竞争对手简报中获得有用的操作性的细节。同样，行业研究也可能提供有关某一竞争对手在特定国家或地区的有用信息。

13）雇用的高级顾问。可以雇用从竞争对手那里退休的管理人员作为自己的咨询人员，有关他们以前雇主的信息可以在要求他们在特定工作领域提供帮助时起到有效的决定性作用。

值得注意的是，竞争对手分析是一项十分有效地分析企业所处行业环境的重要工具，能够帮助企业分析其所面临的竞争者的状况并为企业的下一步战略提供建议。然而，在使用这一工具的时候，其条件是相当严格的，要求有十分充足的有效的数据和信息，也需要企业投入大量的人力、物力、财力。因此，对于中小企业来说，可能并不一定能够满足这一要求，更多的时候，需要做的是有指向性的、有侧重性的分析，并辅助以企业自身的定性分析和直觉判断。

本章小结

（1）行业和市场是两个不同的概念。通过对概念的辨析有利于得出正确的战略分析结果。

（2）酒店所面临的直接环境因素是酒店所处的行业。酒店业的竞争，并不仅仅在酒店原有的竞争对手之间进行，而是存在着五种基本的力量：现有的竞争强度、潜在的加入者、替代品的威胁、供应商和购买者的议价能力。通过五力模型分析，可以了解这些因素并对它们之间的关系有清楚的认识。

（3）酒店行业分析可以运用战略组群、酒店业关键战略要素评价矩阵、竞争对手分析框架来进行分析。

复习思考题

一、分析题

1. 请辨析酒店行业和市场，了解它们不同的分析基础。
2. 酒店行业环境的构成要素分成哪几类？试作简要说明。
3. 酒店业的五种竞争力量是如何影响酒店业吸引力的？

4. 如何运用战略组群和酒店业关键战略要素评价矩阵进行分析。

5. 默记并画出五力模型图。

6. 写出尽可能多的酒店业关键战略要素，并表明选择这些要素的原因。

二、练习题

假设你是一家刚成立的酒店企业的总经理，需要向银行贷款以获得资金的帮助，此时，你该如何简单地向银行解释所处行业的竞争环境，请做出五力模型分析，阐述企业每个竞争力方面的性质和能力。

三、案例分析题

竞争者描述——香格里拉酒店集团

1. 扼要介绍

香格里拉酒店集团是一家总部位于香港的酒店连锁集团，是亚洲地区最大的豪华酒店集团，在亚洲和中东地区的主要城市以及大部分度假胜地拥有 55 家酒店。客房量超过 24 000 间，另外还有 40 多个新酒店项目正在筹措中。

2. 目标

香格里拉的使命：每时每刻令客人喜出望外。

香格里拉的战略目标：成为客人、员工、股东和经营伙伴的首选。

香格里拉酒店集团由马来西亚商人郭鹤年创办，首间酒店于 1971 年在新加坡开业，香格里拉的名称来自詹姆士·希尔顿的小说《失落的地平线》里，是指在中国西藏群山中的世外桃源。目前旗下酒店品牌包括香格里拉酒店、商贸饭店及“气”Spa。集团现由香格里拉（亚洲）有限公司持有。

3. 过去的绩效记录

每间客房的回报率每年都呈增长形式，增长 10%～18%，在中国内地的饭店已经占集团总数的近 40%。已经开始向中国的二线城市进发。除了北京的 3 家饭店外，香格里拉合资饭店的控股比例都在 90%以上。香格里拉被诸多国际著名的报刊杂志冠以多项殊荣，同时更赢得同业伙伴的极高赞誉，也因此成为最受欢迎的雇主之一。

4. 目前的产品和服务

从创建第一间香格里拉酒店开始，香格里拉酒店集团便不断向国际迈进，以香港为大本营，今日的香格里拉已是亚洲区最大的豪华酒店集团，且被视为世界最佳的酒店管理集团之一，在无数公众和业内的投选中，均获得一致的美誉。

5. 当前的战略

香格里拉酒店集团把主要客源市场定位在亚洲市场，因为香格里拉一向注重硬件设施的豪华舒适，加上亚洲人的殷勤好客之道，成为适合亚洲人文化的知名酒店品牌。在以后的日子里，香格里拉酒店集团会把亚洲市场更加完善，使亚洲客人把香格里拉作为酒店首选，最终成为亚洲客人的住店大本营。

香格里拉酒店集团已经启动全球拓展战略，北美和欧洲是其拓展重点，纽约的香格里拉大酒店已开幕，迈阿密、拉斯维加斯等地的香格里拉酒店正在建设中。

（资料来源：http://www.shangri-la.com/）

思考：评析香格里拉酒店集团的发展战略？

第六章

宏观环境分析

分析是战略思考的关键起点。

—— Kenichi Ohmae

世界是变化的，关键是找出哪些是重要的变化。

—— Laszlo Birinyi

能够生存者，不是那些最顽强的物种，也不是那些最有智慧的物种，而是那些能够对变化作出反应的物种。

—— Charles Darwin

知识目标

- 了解宏观环境构成要素。
- 了解宏观环境的特点。
- 了解宏观环境分析的重要性。
- 掌握宏观环境分析的一般步骤。
- 掌握 PEST 分析方法。
- 学会建立 EFE 矩阵。
- 学会建立环境不确定分析矩阵。
- 学会运用脚本分析法。

能力目标

本章的核心是对酒店外部宏观环境的分析。外部宏观环境分析是酒店战略分析的重要内容之一，其影响着酒店的战略选择。学习本章的核心是理解外部宏观环境的基本构成要素，更为重要的是掌握如何分析酒店的一般宏观环境，包括宏观环境分析一般步骤、PEST 分析方法、EFE 矩阵、环境不确定分析矩阵、脚本分析方法。

引导案例

洲际酒店：移动预订月入突破千万美元

洲际酒店集团行业领先的移动预订网站及应用程序每月产生 1 000 万美元的收入。在该集团公布的截至 2011 年 6 月 30 日中期业绩报告中，洲际酒店集团首席执行官 Richard Solomons 表示，“随着消费者对移动预订工具的日渐喜爱，由此带来的收入将增长迅速。”

在半年时间内，该公司通过移动设备产生的夜间预订量增长了约 10 倍，仅 2011 年前 5 个月的移动预订量就超过了 2010 年全年的移动预订量，该集团已成为全球首家推出针对 Windows Phone 应用程序的酒店公司，当时他们发布了针对 Windows Phone 的 Priority Club Rewards 应用。洲际酒店集团表示，大多数通过移动设备订房的旅客（65%）最多只停留一晚。为了迎合此类旅客，新的 Windows Phone 预订应用程序提供地理位置感知功能，协助旅客预订附近的酒店，并为他们导航到预订的酒店。2011 年 6 月洲际酒店集团为旗下的七个品牌都推出了 iPhone 应用程序，随后又发布了 Priority Club Rewards 的应用程序。其他应用程序包括：针对 iPad 的 Inter Continental Concierge Insider Guides（2010 年 12 月），针对 Android 的 Priority Club Rewards（2010 年 7 月），以及针对 iPhone 的 Priority Club Rewardsapp（2010 年 4 月）。

1．竞争

竞争和新兴企业对酒店移动预订领域来说是件很棒的事情，包括中间商在内的旅游企业在该领域发展迅速。比如，2011 年 7 月底，一家基于地理位置的移动网络平台 Trover 正式启动，在这里旅行者可以分享每个地方的旅游发现与体验等。该公司认为其主要的功能在于其基于地理位置的发现工具，从而使得用户可以通过点击指甲盖大小的、吸引人眼球的图片，了解附近的景点和活动。在今年春季的一次小范围测试中（当时仅对 Facebook 会员开放），Trover 社区吸引了来自 150 个国家的 7 万多名用户。该公司的董事长是 Expedia.com 的创始人 Rich Barton。

2．社会媒体和移动应用的整合

两种技术的衔接——智能手机的广泛使用与社会媒体的普及，为消费行为带来彻底的改变。如今，手握带有 GPS 功能的手机，社会媒体用户能够轻松分享他们的生活信息，同时也期待能随时随地查看信息并进行购买。在最近发布的 2011 旅游业社会媒体和移动策略报告中，Eyefor Travel 强调，随着旅游营销人员渐渐学会利用摆在他们面前的数据，同时社会媒体用户不断提供新的数据信息，这些数据将会变得越来越重要。个性化的促销信息，基于地理位置的营销策略，以及更多建立并发展客户忠诚度的机会，这些都是旅游品牌企业在未来可以利用的机会。大多数 Facebook 用户通过手机查看并更新状态，当用户点击时，就已经将社会媒体和移动工具整合在了一起，所以当你通过移动设备在 Facebook 讨论旅行前以及旅途中的体验时，也是同样的道理。在一份最近采访中，Wipolo（一个网络和移动平台）的联合创始人兼 CEO Matthieu Heslouin 表示，随着与 Facebook 的整合，该公司的产品在不断进步。Wipolo 凭借其独特的电子邮件解析技术，通过整合社会网络，为客户提供独特的移动体验。Wipolo 使用户能够分享某地的旅游信息及体验，并与他们的朋友、家人和同事联系，以便交流旅行计划、旅游贴士和一些统计数字等。

3．地理位置

消费者利用带有地理定位功能的移动设备及其“永远连接”的便利性，来优化预订和入住前的体验。当然，通过应用程序和浏览器使用 GPS 是件很平常的事，因此消费者不需要输入地址，就可以开始预订过程。可以期待的是，移动设备下一步的应用可能是，通过近距离无线通信（NFC）将其他一些旅游助手（如信用卡或房间钥匙）与手机设备进行整合，可以减少使用这些旅游助手的烦琐。

（资料来源：Melody．洲际酒店：移动预订量月收入突破千万美元[J/OL]．环球旅讯，[2011-08-12]．http://www.traveldaily.cn/article/53318.html）

第一节　酒店面临的宏观环境

一、宏观环境的基本含义及其重要性

宏观环境又称一般环境，是指那些社会环境中影响到一个行业和一个企业的各种因素，而企业又不可能直接控制的总体环境，包括经济、社会、政治与法律、人口、环境、技术、全球化等这些可以影响到企业未来生存和发展的诸多因素。

任何的企业，包括酒店企业在内，都是在一个广阔的社会宏观环境下生存的。随着时代的发展，酒店面临的宏观环境越来越呈现出高度复杂、变化和全球化的新特征。这些酒店无法控制的宏观环境影响着酒店的发展，为酒店带来了新的挑战和机遇。因此，如何成功地收集和利用这些外部信息，了解宏观环境各个因素和作用，识别、监控和评价宏观环境，回避外部威胁，成为酒店战略分析的首要任务，成为酒店战略管理过程中的关键部分。

对酒店外部宏观环境的分析是酒店战略分析和战略制定的起点和基础，任何的酒店战略都是酒店现有的状况与酒店外部环境博弈的结果。因此，对于酒店外部环境的分析和把握成为酒店战略的关键之一。

酒店战略的实施受到外部宏观环境的影响。任何的酒店战略都必须在一定的外部环境下实施，并且随着外部宏观环境的变化而不断地调整着酒店的发展战略。可以说，外部宏观环境伴随着酒店战略的整个过程。

具体说来，按照迈克尔·波特的五力竞争模型，宏观环境对企业的影响主要通过以下几个方面来体现：

1．对整体行业的影响

酒店外部宏观环境对酒店的影响主要包括以下几个方面：

1）政治、法律或者政策的变化会改变酒店行业所提供的产品或服务的范围。

2）新技术的进步改变酒店行业的服务范围和技术提供方式。

3）新社会价值观的变化使酒店整体行业出现新的机会或衰退。

4）社会人口等因素的变化影响着酒店产品消费和服务需求的变化，影响酒店被开发产品的类型。

2．对顾客行为的影响

外部宏观环境对顾客的行为的影响主要表现在以下几个方面：

1）社会人口结构的变化影响顾客数量的多少和变化。

2）社会结构的变化影响顾客的消费行为。

3）社会价值观和生活方式的变化影响顾客的消费行为。

4）各种宏观环境的变化影响着整体消费市场需求的变化和市场定位。

3．对供应商的影响

外部宏观环境对供应商的影响主要体现在以下几个方面：

1）政治法律环境影响供应商的行业结构和竞争动态。

2）经济发展态势影响供应商的供货量和价格。

4．对替代产品的影响

外部宏观环境对替代产品的影响主要体现在以下几个方面：

1）外部环境的变化会对产品替代的类型和结构产生影响。

2）新的技术变化会直接影响产品的替代。

3）各种社会价值观的变化影响产品替代与选择。

5．对行业关键成功要素的影响

外部宏观环境的变化也会影响到酒店所处行业的关键成功要素的变化，使得某些要素出现重大的、快速的变化，进而影响到酒店所提供的服务类型、产品类型和各种行业的市场发展，进而牵动整个行业的发展与竞争。

二、宏观环境的特点

任何酒店都生存发展于一定的外部宏观环境之中，并受其影响。外宏观环境主要有以下几个特点：

1．不确定性

对于宏观环境来说，其发生、发展的过程有着难以预料的不确定性特征，人们无法确切地知道外部环境在什么时候将发生什么样的变化。更为重要的是，对于外部宏观环境变化的结果和状态也是处于不确定的状态之中，对此人们无法进行准确的预知。

2．不可控制性

宏观环境是外生于企业之外而存在的，是独立于企业之外而发生、发展的。因此，相对于企业内部的各种因素来说，宏观环境是不可控制的。企业无法像掌控自身的内部资源和内部情况一样，控制各种外部环境因素，因为外部宏观环境并不受到企业的控制，而相反影响着企业自身的发展。

3．相互关联性

外部宏观环境包含了诸多的要素和因素，包括政治、法律、经济、社会、人口、技术、全球化等因素，所有这些因素共同构成了一个完整的外部宏观环境。而这些组成要素之间同处于一定的环境结构之中，相互作用，相互关联，彼此互相产生联系，而不是孤立的要素存在。也就是说，某一宏观环境要素的变化会影响或者是牵制到另外宏观环境因素的变化，进而带动整体环境的变化。

4．变化性

外部宏观环境并不是处于静态的稳定之中，而是处于动态的变化之中，宏观环境的各个要素均处于变化和变动之中。外部宏观环境的变化性也使外部环境更加不确定，更加难易控制。这也使包括酒店在内的企业日益受到外部环境的影响，日益更加关注外部宏观环境。

三、宏观环境的构成要素

一般说来，宏观环境的构成要素主要包括六类，分别是：经济因素；社会文化与人口因素；政治与法律因素；环境因素；技术因素；全球化因素。

1．经济因素

经济因素是指企业所处地区的经济发展的一般情况和发展态势。任何企业都是在一定的经济体之内从事生产经营活动，因此必然直接受到经济环境的影响，地区经济是否健康发展、是否具有发展活力，甚至影响着企业战略的发展。

主要的经济因素变量包括：居民存款率；居民家庭收入水平；利率水平；汇率；居民消费倾向；通货膨胀率；政府财政支出水平；国民生产总值；劳动生产率水平；失业率；股票市场趋势；价格波动；劳动力市场；财政政策；货币政策。

2．社会文化与人口因素

社会文化与人口因素包括社会价值观、文化形态、生活方式、人口结构和特征等要素，这些都将直接对企业的产品和服务、对企业的潜在消费市场，乃至企业的发展战略带来各种各样的影响。

主要的社会文化与人口因素包括：社会文化；生活质量特征；生活方式；交通状况；对工作的态度；购买习惯；储蓄倾向；平均受教育水平；对闲暇的态度；社会活动项目；社会责任；生育率；人口迁移率；社会保障计划；人口预期寿命；人口的年龄变化；人口数量；人口地理分布；老龄化。

3．政治与法律因素

政府政策日益成为现代社会的重要力量之一，企业的生产活动日益受到政府政策的影响，特别是一些政府法律的规定直接影响到企业的生产经营活动。对于企业来说，如今的社会更加依赖于较强的政治和法律协调能力，企业应科学地预测政府的政策和调控，以便做出企业战略应对。

政治与法律对酒店业的影响主要包括政治政策、政治事件、国际关系以及相关法律法规，一国的政治政策会影响酒店业的发展。比如：政府是否允许某类企业进入某个市场，会对酒店企业的经营规则进行管理，包括其经营模式；发生在一国或地区的特殊政治事件也会影响该国或该地区的经济走势，甚至多方面直接地影响该地区酒店的经营；与此同时，全球化的时代下，世界各国之间的政治、经济、文化之间的关系问题也会影响到酒店企业的经营，国际关系的紧张会引发地区之间的紧张局势，伴随而来各种问题。

主要的政治与法律因素包括：政府的管制；税法的改变；关税；专利数量；专利法；环境

保护法；反垄断法；政府间关系；政府财政规模；政治预测分析；税率；自然环境保护政策。

4．环境因素

进入 21 世纪后，环境问题日益走进了人们的生活视野，得到人们的关注，已然成为一个极为重要的战略性问题。无论是社会对环境的关注度，还是企业本身的环境行为都将影响到企业的生存和发展，而环境也引起了越来越多的企业管理者的关注。

主要的环境要素包括：生态环境问题；环境污染问题；全球变暖；碳排放问题；生态恐怖主义；居民对环境的态度。

5．技术因素

技术是指酒店企业所处环境中的技术因素，包括国家科技水平、科技发展趋势、一些新产品的创新、新知识的运用、新技术的传播，以及所有创造新知识和将知识转化为生产力的行为。技术日益成为了影响企业变革的核心要素，新的技术变革将导致新产品的变革、新市场的开拓、新的服务方式的建立，重塑行业的结构。进入 21 世纪，以互联网为代表的现代信息传播技术正在重塑现代企业的生产和服务的模式，改变着顾客与企业的沟通模式和服务模式，技术日益成为了企业竞争优势的源泉之一。比如 DMS、CRS、GDS 等系统在酒店行业中的广泛应用，开创了酒店企业服务新的里程碑。

具体来说，主要的技术要素包括：互联网技术；信息传播技术；电子商务；新的产品生产技术；新的信息组织方式；研究与开发投入水平。

小资料

酒店的三大技术难题

酒店业技术战略协会（以下简称 HTSIC）总结出酒店业目前面临的并直接影响酒店未来战略的三大技术难题：遵从支付卡行业（以下简称 PCI）标准；独特的酒店识别代码；残障客人服务支持。

1．遵从 PCI 标准

酒店首席信息官（CIO）的噩梦之一是接到电话说他们的信用卡系统被攻击了。酒店地理位置的分散性意味着客人的信用卡信息可能存在多个安全系统中。遵从 PCI 标准对于各类酒店来说都至关重要，因为这关乎酒店业的财务稳定和市场信用问题。

HTSIC 的成员通过协作的方式来解决该问题：HTNG⊖成立了一个工作组，旨在设立一个框架，使酒店将敏感的信用卡数据集中储存在同一个系统中，这一系统由服务商或酒店公司安全管理，其目的是让每一家酒店系统在 PCI 之外屏蔽真正的信用卡号码。该工作组最初只限于酒店业主，目的是建立一个框架，让所有酒店能够将信息传输给他们所选的服务商与合作伙伴。

⊖ HTNG：Hotel Technology Next Generation，是一个全球性的、非营利的酒店管理系统行业协会，服务于酒店公司和酒店管理软件技术提供商。它始建于 2002 年，是由各酒店公司的高级技术管理人员组成，面向涉及酒店管理系统技术的软件开发公司和个人开放。

HFTP[一]也建立了专门小组来教育酒店业者基于酒店运营和系统的PCI法规，包括建立基础知识、持续更新的系列文章、教育训练营和会议等。

协会成员的其他举措包括HEDNA建立的支付技术委员会，以及Open Travel提供行业所需的XML规范变化等。

2. **独特的全球酒店识别代码**

为每家酒店建立独特识别代码的想法已经有一段时间了，类似之前被称为“神话”的单一的图片库存以及神秘的超级旅客订座记录（Passenger Name Record，PNR）。

最初，人们认为它对分销渠道整合来自成千上万家酒店的信息和库存有利，并且帮助佣金处理公司更高效地收取酒店佣金。该倡议迟迟未能付诸实践的原因是由于对酒店来说，始终缺乏一个令人信服的商业理由来关注这种识别代码。

HTSIC认为，旅游业不断变化的性质就是令人信服的理由。搜索就是其中之一，现在搜索引擎网站基本上成为旅游研究和灵感来源的必经之路，能够准确地出现在搜索结果中对酒店来说至关重要。

搜索引擎优化是件很棒的事情，但是如果谷歌搜索出的酒店地址是错的，或者在Bing中酒店还是被列在以前的连锁品牌内，那就会适得其反。有趣的是，遵从PCI标准是酒店全球识别代码的一大驱动力，因为酒店与他们的代理商伙伴要确保在整个交易周期遵从PCI标准。举个例子：当一家分销商为一家酒店带来了一个确认的预订，他们需要联系酒店指定的令牌（Token）发行公司以获得令牌（建立令牌的时候使用数字签名）来代替信用卡。这要求能够对这家酒店进行唯一识别，由此酒店能对这张卡进行收费。

HEDNA[三]、HTNG、HFTP、HSMAI[四]和Open Travel[五]都很支持这项倡议，为了找到潜在的合作伙伴来管理组织和结构，它们经常与感兴趣的公司洽谈。

3. **残障客人服务支持**

在欧洲和北美，针对残障客人服务支持颁布和修改了很多法律法规。这就需要酒店审查运营的方方面面（从分销到建筑），以遵守法规。

随着酒店信息和交易在电子分销方面的增加，酒店现在能够为残障客人提供更好的信息和服务。

具体的分销倡议包括创建标准间的定义和描述，保证无障碍客房预订，以及在库存信息中删除已被预订的无障碍客房。HEDNA已经对此进行了定义，Open Travel已经修

[二] HFTP：Hospitality Financial & Technology Professionals，酒店及旅游业财政与科技专业人员协会，为从事酒店、会所和酒店相关业务工作的财务和技术人员提供服务的国际性专业协会，成立于1952年，为全球会员提供培训机会、研究项目和出版物，颁发业界唯一的酒店财务和技术专业证书——注册酒店会计主管（CHAE）和注册酒店技术专家（CHTP）。

[三] HEDNA：Hotel Electronic Distribution Network Association，饭店电子销售网络协会，是一家为全球酒店分销企业的非政府组织的行业协会，成立于1991年。

[四] HSMAI：Hospitality Sales and Marketing Association International，国际酒店销售和市场营销协会，是至今为止最大且最具活力的非营利性酒店与旅游营销协会，成立于1927年，在全世界31个国家及地区内有多达7 000名的会员。

[五] Open Travel：开放旅游联盟（全称Open Travel Alliance），是一个国际旅游信息标准化组织，它是为服务于电子分销供应链的各公司提供一个统一联盟，各成员共同致力于构建一整套电子信息标准体系，使供应商、分销商与交易伙伴之间能够使用同一种语言进行交流。

改了其酒店图示、注释和代码列表，以反映这些变化。

随着2012年相关法规的完善，HTSIC希望酒店业能够出现更多的技术变革以确保遵从相应的法规，为这些客户提供服务。

（资料来源：http://www.17u.cn/newsshow_303405.html）

6. 全球化因素

全球化是现代社会的基本特征和时代的发展潮流，全球化的发展使世界各地之间的联系越来越紧密，国与国之间的界线日益模糊，为企业的发展带来了新的市场和新的技术，也为企业的发展带来了各种不可预见的挑战和困难。

主要的全球化要素：国际贸易；国际投资；重要的国际事件；不同地区的文化制度差异；新兴市场的发展。

第二节 相关分析技术

外部宏观环境因素影响酒店的生存和发展。因此，如何识别、分析和评价外部宏观环境因素成为酒店战略发展的关键一环。酒店通过对外部环境的分析、预测和评价，揭示自身所面临的主要外部机会与威胁，确认哪些变化因素是值得酒店作出反应的关键因素，并为酒店的战略决策和决定奠定基础。

由此，外部宏观环境的审视成为酒店战略制定过程中的核心环节，越来越多的企业借助相关的分析工具对企业宏观环境进行审视和分析。主要的外部宏观环境分析技术有一般环境分析方法、PEST分析方法、外部因素评价矩阵、环境不确定分析矩阵、脚本分析法等。

一、一般环境分析方法

一般环境分析方法主要包括四个基本过程，分别是扫描、监测、预测和评估。

1. 扫描

扫描是确定酒店宏观环境分析的范围，确认宏观环境的早期变化趋势和信号，揭示宏观环境的相关外部表征信息，并利用一些专门的技术工具识别出酒店外部的宏观环境正在发生的各种信息和事件，将之传导至企业管理层。

扫描的主要目的在于获取信息。企业面临的外部环境处于动态变化之中，面临的是一个异常复杂的环境，而企业所能获得的信息又是如此的有限，甚至是模糊的、不完整的、不相关联的信息，为此，企业更加需要借助于对外部环境的扫描来对外部环境进行搜索、处理、分析，寻找到外部环境变化的征兆。

2. 监测

监测是观察酒店宏观环境的变化，借助一定的技术工具和组织结构，持续地观察环境的变化和发展趋势，把握酒店外部宏观环境的变化路径，为企业后续的战略调整提供信息参照。

3．预测

预测是对酒店宏观环境未来的变化进行预测，预测的核心在于跟踪酒店外部宏观环境的变化，对将来可能发生的外部环境事件以及变化的速度、产生的影响进行预测，作出先期的判断。

4．评估

评估是对酒店宏观环境的未来变化给企业带来的影响进行评价，主要是依据外部宏观环境的变化趋势和重要程度，评价和判断外部环境的变化对酒店的影响和显著程度，评估这一环境事件对酒店战略的影响深度，为下一步做出可行的战略行动提供基础。

二、PEST分析方法

PEST是四个英文词的第一个字母，分别是Politics（政治）、Economy（经济）、Society（社会）和Technology（技术）。由此可知，PEST分析（PEST Analysis）主要是指通过对政治、经济、社会和技术等因素进行分析，来确定这四类外部宏观因素的变化，对企业战略管理过程会产生什么影响。这四类宏观运行环境因素既能够为企业的业务提供市场机会，也会对企业的发展形成威胁，是影响企业运营的核心因素。PEST分析方法框架见图6-1。

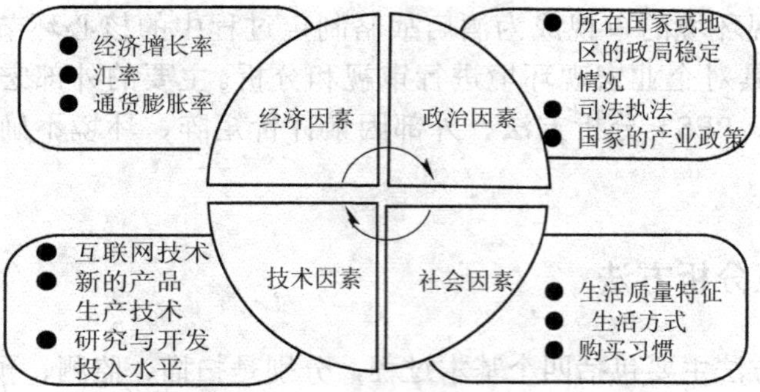

图6-1 PEST分析框架

1．政治因素

政治因素是指对企业的运营活动产生潜在的或现实影响的政治力量、政府政策规定等。政治因素对于企业的发展方向、战略选择都有着直接或间接的影响，其在企业发展过程中的作用越来越突出。

政治因素包括：执政者及其利益集团的价值取向、目标追求；企业所在国家或地区的政局稳定情况；掌握政权的政治力量所奉行的基本政策，以及基本政策的连续性、稳定性；司法执法；政治宽紧度；反不正当竞争法；国家的产业政策。

2．经济因素

经济因素是指企业所处地区的经济发展的一般情况和发展态势。地区经济是否健康发展、是否具有发展活力，甚至影响着企业战略的发展。经济因素对企业组织的产量和产品结构、投资决策、定价原则、员工录用与薪酬标准等多个方面产生重要影响。

主要的经济要素包括：经济增长率；政府收支；汇率；利率；通货膨胀率；消费者收入水平；失业率；价格指数；居民消费热点；国有经济布局形成高潮；非国有经济迅猛发展；加入 WTO；经济一体化；知识经济在全球兴起。

3．社会因素

社会因素将直接对企业的产品和服务、对企业的潜在消费市场，乃至企业的发展战略带来各种各样的影响。

主要的社会因素包括：生活方式；生活质量；文化形态；购买习惯；收入结构；人口规模；人口年龄结构；人口分布结构；人口种族结构；人口迁移状况。

4．技术因素

技术因素包括新产品的创新、新知识的运用、新技术的传播，以及所有创造新知识和将知识转化为生产力的行为。技术日益成为了影响企业变革的核心要素，新的技术变革将导致新产品的变革、新市场的开拓、新的服务方式的建立、重塑行业的结构。进入 21 世纪，以互联网为代表的现代信息传播技术正在重塑着现代企业的生产和服务模式，改变着顾客与企业的沟通模式和服务模式，技术日益成为了企业竞争优势的源泉之一。技术的发展也正在改造传统的酒店经营模式，酒店智能化和信息化成为新的发展趋势。

主要的技术要素包括：互联网技术；信息传播技术；电子商务；新的产品生产技术；新的信息组织方式；研究与开发投入水平；交通技术；酒店客房预订系统。

PEST 分析工具在实际分析中需要注意以下几个方面：

- PEST 分析工具所要分析的外部环境影响因素众多，企业需要借助各种分析工具，依据逐步积累的各种经验以及直觉去判定哪些因素是影响到企业外部环境中的关键因素。
- PEST 分析的目的在于从诸多的企业外部环境的动态变化和发展趋势中寻找到发展规模和趋势，以此来识别企业外部环境的变化对于企业所带来的威胁，以使企业能够提前作好相应的准备和调整。
- PEST 分析也具有自身的局限性，因为外部环境的变化往往是持续性的，很多的变化是难以预知的，甚至是难以有效地被监测的，因此，为了能够有效地应对，企业也必须拥有自己的良好的信息反馈和处理系统，以提高企业自身对于环境的反应速度和反应能力，及时地调整企业的发展战略。

三、外部因素评价矩阵

外部因素评价矩阵（External Factor Evaluation Matrix）是用来分析企业外部宏观环境因素的又一有力的分析工具，借助 EFE 矩阵（如表 6-1 所示）可以帮助企业战略制定者归纳评价经济、社会、文化、人口、环境、政治、法律、技术等方面的信息。

表 6-1 外部因素评价矩阵

	关键外部因素	权 重	评 分	加权评分
机会				
1				
2				
…				
n				
威胁				
1				
2				
…				
n				
合计		1.0		

EFE 矩阵分析的 5 个步骤如下：

1）列出在外部分析过程中确认的外部因素。因素总数为 10～20 个。因素包括影响企业和其所在产业的各种机会和威胁。

2）赋予每一个因素以权重，其数值为 0～1，从不重要到重要。权重标志着该因素对于企业在产业中取得成功的影响的相对重要性。机会往往比威胁得到更高的重要性，但威胁因素特别严重时也可以得到高权重。确定恰当权重的方法包括对成功的竞争者和不成功的竞争者进行比较，通过集体讨论而达成共识。

3）按照企业现行战略对各关键因素的有效反应程度给各个关键因素进行评分，范围为 1～4 分。4 代表反应很好，3 代表反应超过平均水平，2 代表反应为平均水平，1 代表反应很差。评分反映了企业战略的有效性，这是以公司为基准的。

4）用每个因素的权重乘以它的评分，得到每个因素的加权分数。

5）将所有因素的加权分数相加，得到企业的总加权分数。

无论 EFE 矩阵所包含的关键机会与威胁有多少，一个企业所能得到的总加权分数最高为 4 分，最低为 1 分。平均总加权分数为 2.5 分。4 分表示企业在整个产业中对现有机会与威胁作出了出色的反应。

四、环境不确定分析矩阵

企业所面临的外部环境是十分复杂的，且处于动态变化之中，诸多的外部环境因素影响着企业的发展，使企业处于一种十分不确定的状态之中，这也为企业的发展战略带来了诸多的风险和挑战。

因此，如何衡量和评估外部环境的复杂性和不确定性是进行企业外部环境分析的一个重要维度。美国学者邓肯提出从两个方面来衡量企业的外部环境的不确定性：一是企业外部环境的复杂性程度；二是企业外部环境的动态变化性。他认为借助于对企业外部环境的复杂性和动态性的分析，能够有效地了解企业外部环境的不确定性，从而为企业的战略制定、战略分析、战略实施寻找到可资参照的依据，降低企业战略的风险。

企业外部环境不确定分析矩阵也正是根据企业外部环境的动态性和复杂性这两个维度来构建的。

如果企业所面临的外部环境因素是处于变化之中的，就将这类外部环境称为“动态环境”；如果企业所面临的外部环境因素是相对稳定的，其变化很小或者是其变化是可以被人们所预知的，则称之为“稳态环境”。

复杂性是衡量企业外部环境中影响企业的因素的数量，因素之间的相互影响的复杂程度，以及企业为了应对这种外部环境因素所需要具备的能力的强弱与所需知识的广度与深度。如果企业所面临的外部环境因素非常之多而且相互之间有着紧密的作用关系，企业需要很强的能力和具备较为丰富的知识才能很好地应对，则称之为“复杂环境”，如果企业所面临的外部环境因素相对较少，企业只需要掌握较少的知识和运用相对较低的能力便可以很好地应对，则称之为“简单环境”。

由此，将企业的外部环境，按照复杂性和动态性两个维度划分组合，形成了环境不确定性的分析矩阵，见图 6-2。

图 6-2 环境不确定性分析矩阵

从图 6-2 的环境不确定分析矩阵中，可以确定出企业外部环境的四种不同的状态：

（1）简单稳定状态 在这一状态中企业的外部环境因素相对较少，且相互作用简单，这些外部环境因素也相对较为稳定，其变化较小或者变化是可以预测的。那么外部环境对于这类企业来说，就是简单稳定的环境，其外部环境状态的不确定性程度较低。

（2）复杂稳定状态 在这一状态中，企业所面临的外部环境因素较多，有诸多的外部环境因素影响着企业，而且这些因素之间相互作用、相互影响，但是相对来说，从长远来看，这些因素是保持稳定的，或者是即使因素会发生变化但也是能够被预测的，那么外部环境对于这一企业来说就是复杂稳定的环境，其外部环境的不确定性程度较低。

（3）简单动态状态 在这一状态中，企业所面临的外部环境因素并不是很多，但是所有这些外部环境因素却是处于不断的动态变化之中，而且所有这些因素的变化又是难以被预知的，企业难以把握这些迅速变化的因素，那么外部环境对于这类企业来说就是简单动态的环境，其外部环境的不确定性程度较高。

（4）复杂动态状态 在这一状态中，企业所面临的外部环境因素较多，诸多的外部环境因素影响着企业的发展，而且所有这些外部环境因素相互作用强烈、相互影响。更为重要的是，所有这些因素又是处于动态变化之中的，企业难以预测到这些外部环境因素的变化规律，那么外部环境对于这类企业来说就是复杂动态的环境，其外部环境的不确定性程度较高。

需要说明的是，环境不确定分析矩阵，依据外部环境的动态性和复杂性，将企业的外部环境分为四种状态，这些都只是为了说明和解释的方便，在实际的分析之中，企业所面临的环境状态往往并不能完全一致地归入这四个状态之中，往往是在两种状态之间。

更为重要的，任何时候都需要记住，企业的外部环境是处于变化之中的，某一时间内企业面临的复杂稳定的环境状态，可能一定时间之后，企业就会走向复杂动态的环境状态。也就是说，随着时间的推移，随着环境的变化，简单与复杂、稳定与动态之间是会相互转化的，并不是固定不变的。

五、脚本分析法

1. 基本概念

脚本分析法（Scenario Analysis）又称前景描述法、情景分析法，是假定某种现象或某种趋势将持续到未来的前提下，对预测对象可能出现的情况或引起的后果作出预测的方法。它通常被用来对预测对象的未来发展作出种种设想或预计，是一种直观的定性预测方法。

脚本分析法就是设想以后会是什么环境状况，然后分析在这种环境状态之下企业该如何应对。一个脚本就是一个设想的环境状态。本质上说，脚本分析法是在推测的基础上，对可能的未来环境情景加以描述，同时将一些有关联的单独预测集形成一个总体的综合预测。而情景分析就是针对某一主体或某一主体所处的宏观环境进行分析的一种特殊研究方法。概括地说，情景分析的整个过程是通过对环境的研究，识别影响研究主体或主体发展的外部因素，模拟外部因素可能发生的多种交叉情景分析和预测各种可能前景。

脚本分析法最早是 20 世纪 60 年代荷兰皇家壳牌公司使用的，20 世纪 60 年代末荷兰皇家壳牌公司首先使用基于脚本的战略规划，并获得成功，并由该公司的沃克（Pierre Wack）于 1971 年正式提出。近年来，关于脚本分析法的理论研究也引起了许多学者的关注，出现了一些研究成果。据介绍，目前国际上有 80%的大公司运用脚本分析法或类似的做法。

2. 脚本分析法的分类

在企业外部环境分析中，脚本分析法主要分为定量脚本法和定性脚本法。

（1）定量脚本法　定量脚本法是以数学（或经济计量）方法为基础建立模型，选择和调整不同的参数从而产生不同的脚本。这种方法现在一般运用计算机进行模拟运算，可以迅速地产生大量脚本，有的多达 1 000 多个。然后，分析人员对每一个脚本的合理性和发生概率作出评估。在产生脚本的过程中，改变一个变量，保持其他变量不变，产生不同的脚本。这样可以评价各个变量的不同作用和变量之间的关系。其目的是验证判断性得出的参数结构。

定量脚本法有其自身的优缺点。其优点在于，可以得到大量的备选的环境脚本，可以充分地分析出环境的各种情况。其缺点是，预测正确与否、脚本的质量如何，取决于模型的设立和参数结构的选择，依赖于过去的关系与数据。所以运用定量脚本法时，不能为貌似精确和充分的脚本所迷惑，应当明确这些脚本不过是所确立的模型、参数结构和数据的附属结果，对各种脚本发生概率及其合理性的评价应当最终视为对模型、参数结构及其数据的再分析和再思考。

（2）定性脚本法　定性脚本法与定量脚本法相比，认真的判断比复杂的方法更重要，因为通过人的思维、判断，识别重要的环境因素，分析它们之间的关系，克服了定量脚本法中看似精确的复杂方法所固有的机械性。同时，有限的变量难以认识未来，因为定量脚本法尽管可以考虑很多变量，但毕竟是有限的，而定性脚本法基于人的思考，可以关注和识别的变量范围是无限的。

定性脚本法的基本特点是认识未来而非推导未来，它不是基于过去和现在的数据推导未来，而是向常规观念挑战，去“设想”和“认识”未来。环境脚本集中于“基本的趋势”和几种“可能的未来”，再分析其各自的战略重要性和发生概率，将战略上重要而发生概率大的情况作为战略生成采用的环境脚本，将战略上重要而发生概率小的情况作为备用的环境脚本，制定备用的战略或战略准备。如只能选择一个环境脚本时，应当按照脚本的战略重要性而不是发生概率来选择环境脚本。

3．脚本分析法的实施步骤

脚本分析是在充分获取环境信息的基础上进行的。脚本分析法的实施主要有两个关键的步骤：一个是合理地相对准确地推断未来的企业环境状态，包括企业的宏观环境与微观环境，如宏观经济、国家政治政策、竞争环境、消费者需求等。二是需要根据企业的实际情况拟定在设想的情景下企业将采取什么样的战略决策，以及现在如何为将来的那些战略决策提前做好相应的准备工作。

一般来说，企业脚本分析法主要包括以下几个步骤：

（1）成立脚本小组　企业实施脚本法，首先需要在企业内部组建脚本小组，小组的成员来自企业内部各个重要部门，也可以适当地邀请企业外部人员参与。

（2）确定变化的重要因素及其重要事件　企业需要通过敏感性分析和时间跨度分析，识别确定决定企业未来产业环境的一般环境，以及产业环境自身的重要因素及其重要的变化，选择那些最重要的而且是不确定变化环境因素进入脚本。可预见的因素在脚本中不必考虑，因为它们不会被忽视。

在此过程中，最困难的方面是让团队的参加者摆脱原有观念，向现有的观念挑战，包括现在尚没有出现的异常变化。运用头脑风暴（Braintstorming）方法可以发现不明显的、渐变的和潜在的重要因素，从而把握其重要事件。

（3）生成脚本　在确定了变化的各种因素之外，企业需要将各种事件归纳成一个可行的框架，生产脚本。这是最困难的一步，此时管理者的直觉将发挥重要的作用。

首先，企业将现有的重要环境因素及其事件重新安排成一个可行的、有意义的框架，即形成 7～9 个因素事件组，生成脚本。在形成的 7～9 个因素事件组的基础上形成 7～8 个小脚本，即对原有的因素事件组进一步分析、归纳。

其次，将脚本减少到 2～3 个。从理论上讲并没有为什么要减少到 2～3 个脚本的理由，只是出于实践的需要。实践中，管理者往往最多从六七个脚本中选三个脚本。壳牌公司 20 年前的实际做法是，只从中选一个脚本并进行集中研究。结果，壳牌公司的计划人员就将脚本减少到两个。这实际上需要发现 2～3 个“容器”，将所有的主题（因素及其事件）都能合理地纳入到这 2～3 个“容器”之中，要便于使用者使用这些环境因素和事件组。

最后，要保证所有重要的事件都在脚本之中，并且各事件在脚本中的重要性序列没有改变，并被分别地考虑。在此过程中，需要进一步识别真正重要的因素和事件，同时需要重新监测这 2～3 个脚本的可行性，进行一致性检验，需要团队充分的分析和争论。

（4）角色扮演　在脚本形成之后，角色扮演是产生方案的重要基础。企业各个部门需要识别每个脚本对于未来的影响，并且根据脚本来思考未来该如何行动，并借助角色扮演提高对问题的认识。通过模拟式的角色扮演，明确每一个脚本对所涉及的重要组织（如对本企业及其某部门、对竞争者、对政府等）的关键问题。从而，使从上到下参与脚本分析的企业组织成员能够明确每个脚本，并明确需要他们作出什么反应。

（5）形成方案　根据角色扮演以及各个部门提出的相应的对策，综合分析评价进而形成不同脚本下的方案，而根据不同脚本发生的可能性的大小，形成备选的战略方案。通过战略脚本的形式形成战略。战略脚本的内容是，给出不同的可供选择的战略框架，这些战略处理着不同的环境脚本包含着的不同的事件，并不是简单地描述在未来环境中该如何做，更重要的是可以确定现在该如何面对将来可能发生的环境状况做准备。

4. 脚本分析法的优劣势

脚本分析法的重要作用就是要挑战那些平时没有设想的未来可能出现的各种环境因素，并评估这些因素将会对企业产生何种影响，以及企业该如何应对。

脚本分析法使企业战略能够适应备用的环境脚本，同时开阔管理者的思路，扩展视野，提高他们对环境威胁的警惕，同时不失对长期机遇的把握。即使实际情况并没有发生所预期的情况，至少可以建立组织接受不确定性和实施战略变化的心理准备。此外，脚本分析法还有助于：

1）分析环境和形成决策。

2）提高组织的战略适应能力。

3）提高团队的总体能力，实现资源的优化配置。

与此同时，对于基于过去决策的企业，或管理者相信他们什么都知道的企业，脚本分析法无法应用。企业必须相信未来有未知的内容，而且需要改变现在的想法去获得这些未知的内容。需要注意的是，脚本的形成很费时间，而环境的渐变很难察觉。

本章小结

（1）宏观环境又称一般环境，它是指那些社会环境中影响到一个行业和一个企业的各种因素，而企业又不可能直接控制的总体环境。

（2）对酒店外部宏观环境的分析是酒店战略分析和战略制定的起点和基础。

（3）酒店外部宏观环境具有不确定性、不可控制性、相互关联性和变化性等特点。

（4）外部宏观环境的主要因素包括经济、社会文化与人口、政治与法律、环境、技术和全球化等因素。

（5）一般环境分析方法、PEST 分析方法、EFE 矩阵、环境不确定分析矩阵、脚本分析方法是分析外部宏观环境的有力工具。

复习思考题

一、分析题

1. 什么是酒店的外部宏观环境分析？

2. 外部宏观环境对酒店的影响。

3. 外部宏观环境的特点和基本构成要素是什么？

4. 选取一家酒店，利用 PEST 分析方法和 EFE 矩阵分析酒店的外部宏观环境。

二、练习题

利用网络资源，选取一家国内酒店企业，查找资料分析 2008 年国际金融危机对该酒店造成的影响，及其是如何应对的？

三、案例分析题

百时快捷酒店

百时快捷酒店是锦江国际集团旗下的由锦江之星旅馆有限公司经营管理的连锁快捷酒店。百时快捷酒店将“百时，独享我的自由空间”作为企业立足点进行推广，充分满足了学生、中小企业商务人士、年轻白领、工薪族、自助旅游人士的住宿需求，同时也为消费者寻求了另外一种生活方式的选择。百时快捷酒店发展面临的主要宏观环境包括:

1. 政治环境

（1）《关于加快住宿业发展的指导意见》 2010 年 3 月商务部出台《关于加快住宿业发展的指导意见》，从优化住宿业结构，推动住宿业连锁化经营和节能环保，培育自主品牌，拓宽营销方式，加快法规标准和信息化建设，加强人才培养，营造良好发展环境等九个方面对加快发展住宿业提出了具体要求，提出了力争到 2012 年实现住宿业营业额年均增长 10%以上，全行业节水节电 20%，每年新增就业 30 万人的目标。

（2）《商业特许经营管理办法》 2007 年 5 月《商业特许经营管理办法》出台，规定商业特许经营要拥有注册商标、企业标志、专利、专有技术等经营资源，特许人从事特许经营活动应当至少拥有两个直营店，并且经营时间超过 1 年。

2. 经济环境

（1）宏观经济发展 2010 年中国 GDP 增长 10.3%，全年国内生产总值（GDP）397 983 亿元，位居世界第二位，人均 GDP 超过 4 000 美元。2009 年城乡居民的恩格尔系数分别降低到 37%和 43%左右，教育、医疗、通信、旅游、文化等消费支出的比例迅速增加，总体上已经开始进入大众消费的新成长阶段。

（2）国内旅游发展形势 随着国内消费力量的增强，国内大众旅游市场迅速扩张，每年高达 10 亿人次以上的国内大众旅游市场。且随着世界经济的发展和全球化进程的加快，国家之间与国家内部的商务往来日益频繁。据世界旅游组织的估算，中国的商务旅游目前年支出在 103 亿美元以上。

3. 社会环境

（1）城市化进程 我国城市人口已达 5.2 亿，城市化率为 40%左右。与城市化相伴随，居民生活方式与消费结构随之改变，推动结构升级。未来十年，中国的城市化将呈现加快发展的大趋势，城市化率会提高 10～15 个百分点，能够增加大约 1.2 万亿消费和投资，城市化加速将加速人们生活方式的改变，鼓励国内旅游消费，重视文化产品的价值。

（2）中国环保低碳文化 进入 21 世纪，世界对于环保话题愈加关注，中国作为经济发展强国，也兴起了节能减碳、保护环境的文化热潮。与此相对应，酒店业也开始推行环保低碳措施。

4. 技术环境

（1）经济型酒店连锁信息化技术　经济型酒店连锁信息化技术融合了先进的技术和经营理念，形成了新一代酒店物业管理信息化解决方案，实现了行业信息化技术以及功能的更新换代，引进国际化的管理模式、经营管理制度。

（2）经济型酒店连锁互联网应用　《中国互联网状况》白皮书指出，中国政府大力倡导和积极推动互联网在中国的发展和广泛应用，中国已成为世界上互联网使用人口最多的国家。信息网络化通过利用现代信息技术、互联网平台，建设跨地区、跨体制的信息网络化集团，在发展以酒店为平台的内部管理系统的同时，分别建设连锁酒店局域网以及开放性公共网络。互联网的使用使经济型连锁酒店的统一采购更易推广、更加便捷。

（资料来源：郝春霖等，百时快捷酒店案例分析。）

思考：外部宏观环境对百时快捷酒店的战略选择和发展有着怎样的影响？

第七章

酒店的竞争优势

真正的问题不是你今天的表现与你历史上的表现相比如何，而是与你的竞争对手相比如何。

——Donald Kress

只有那些能够比其竞争对手更快、更便宜地建立新的战略资产的公司，才能长期赢得卓越的回报。

——C. C. Markides，P. J. Williamson

在任何场合，企业的资源都不足以利用它所面对的机会或回避它所受到的所有威胁。因此，战略基本上就是一个资源配置的问题。成功的战略必须将主要的资源用于利用最有决定性的机会。

——William Cohen

知识目标

- 了解酒店竞争优势的含义及基本要素。
- 掌握酒店竞争优势的基本来源。
- 掌握如何进行酒店资源分析。
- 理解酒店的核心竞争力。
- 掌握酒店价值链分析方法。
- 掌握三元评价法。
- 掌握内部因素评价矩阵。
- 掌握竞争态势矩阵。

知识要点

本章主要是介绍酒店的竞争优势。竞争优势是企业发展的目标，也是酒店在市场竞争中取胜的核心力量。酒店的竞争优势来源于企业的资源和核心竞争力。因此，掌握如何分析酒店的竞争优势成为关键，主要包括资源分析、核心竞争力分析和价值链分析，由此明确酒店的竞争优势。

引导案例

经济型酒店如何构建新的竞争优势

2012 年 3 月底，在美国上市的 3 家中国经济型酒店股价连续数日下跌。汉庭股价首先出现破发，其股价 3 月 29 日收于 11.57 美元，跌破了 12.25 美元的发行价。如家和 7 天一个月以来也分别下跌了 3.13%、0.24%。

中国概念股中的酒店股持续走弱是否意味着其发展遭遇了“困境”？加盟扩张模式能否持续？

对此，华美酒店顾问首席知识官赵焕焱向《每日经济新闻》记者指出，2011 年财报显示中国经济连锁酒店发展进入了拐点，经济酒店单纯依靠规模扩张的发展模式已缺乏可持续性。未来经济连锁酒店的发展只有两条路走：一是继续大力拓展加盟店；二是进入中高端市场、提升品牌价值。

从 3 家公司 2011 年财报来看，如家受莫泰亏损拖累，净利下滑 2.3%；汉庭净利润由 2.158 亿元大幅减少至 1.148 亿元，降幅接近 50%；只有 7 天净利同比上升近 30%，达 1.72 亿元。

2011 年汉庭酒店运营支出为 17.03 亿元，高于 2010 年的 11.8 亿元。汉庭 2011 年新增门店 201 家，加盟店比例进一步提升，加盟模式已经成为汉庭的主要扩张动力。截至 2011 年年底，汉庭筹备的直营店为 93 家，仅比上年同期新增 24 家；而筹备的加盟店则比上年同期增长一倍，占总筹备数的 66.5%。而扩张的同时带来的运营费用的较高支出，也成为其利润下滑的主要原因。

对此，赵焕焱曾指出，“随着市场竞争逐渐加剧，供求关系没以前那么大差异，价格提升不容易。去年经济型酒店物业成本上涨了 20%，人工成本也上涨到 8%左右，而水电等费用也上涨较快。”

“未来 3 年，如家品牌仍以每年 300 家的速度发展，3 000 家为未来 5 年的目标。”如家酒店 CEO 孙坚透露，目前如家加盟的比例占 51%，预计未来 3 年加盟的比例会提升至 60%～65%。

“在加速规模化扩张的同时，随着竞争的加剧，经济型酒店要落实管理。中国经济连锁酒店的发展已经进入需要提升品牌价值的阶段。各品牌近来纷纷拓展中高端市场就是为应对这一趋势而采取的举措。”赵焕焱表示。

如今，散在国内各个大中型城市的二、三星级酒店达 20 多万家，这些酒店普遍存在硬件滞后、品牌和管理等软件薄弱的通病，未来将成为连锁巨头觊觎的目标，经济型酒店业有望逐渐进入“并购潮”阶段，三大酒店集团将围绕着规模扩张展开更激烈的角逐。

（资料来源：夏冰. 汉庭跌破发行价：经济型酒店发展模式面临转型[N]. 每日经济新闻，2012 -04-05.）

第一节　竞争优势的获取路径

一、竞争优势及其基本要素

企业竞争优势是指企业拥有的能够使其优于竞争对手的能力。竞争优势意味着企业在市场竞争中的优势地位，能为企业带来卓越的盈利能力。

企业竞争优势的基本要素包括卓越的效率、高效的品质、持续的创新以及快速的客户响应。

1. 卓越的效率

企业的效率是指企业的投入产出比，即企业将一定的投入转化成产出的能力。卓越的效率意味着企业能够在竞争中获得比竞争对手更高的效率和更低的成本付出，进而获取更高的利润，取得竞争优势地位。

2. 高效的品质

高效的品质表现在企业产品和服务的卓越性和可靠性方面。企业产品拥有着优异于竞争对手的品质，包括产品的设计、产品的吸引力、产品的特性、产品的功能以及其他更为独特的附加服务与价值，这些都使得企业能够在与对手竞争中获得更为良好的市场竞争能力。

3. 持续的创新

企业的创新是指企业开发新技术、创造新产品和新流程的活动和能力。新的技术创新是增强企业核心竞争力的关键途径，产品的创新是提高产品品质的关键，服务流程的创新则是提升企业服务管理能力的本质所在。企业的持续创新是企业竞争优势的基本要素。

4. 快速的客户响应

客户响应意味着企业能够比竞争对手更为灵敏和有效地识别和满足客户的需求，借助及时、快捷、方便、高效的客户响应，使得企业能够创造出优于竞争对手的优势。更为重要的是，客户响应还表现在企业对客户个性化需求的满足，提升产品与服务的竞争能力。

二、竞争优势的主要来源

企业的竞争优势来自于企业自身的内部特征，主要来源三个方面：资源、能力、核心竞争力。企业资源、能力和核心竞争力构成了企业竞争优势的基础。企业的内部资源是企业竞争优势的基础，通过将内部各项资源组合形成了企业自身的能力，企业的独特能力构成了企业的核心竞争力，进而为企业带来了在市场竞争中的竞争优势。

1. 资源

企业资源是企业竞争优势的基础，基于企业资源的竞争优势的来源包括使用独特的原材料或地理位置、拥有管理机构的许可、特许获取信息、特许使用优质劳动力、特许使用低成本劳动力、特许获得供应商、特许获得廉价资本、良好的品牌或声誉、销售网络、特殊专利等。

2. 能力

企业能力是企业竞争优势的来源。基于能力的企业竞争优势的来源包括集中专门知识的杰出能力、管理重要工艺的杰出能力、时间管理方面的优越性、更快的产品开发、更好的信息管理能力等。

3. 核心竞争力

企业的核心竞争力构成企业的竞争优势，企业的竞争优势可能来源于企业的一个或多个核心竞争力。

由此，对于企业来说，重点在于对企业内部进行深入的分析和审视，识别企业自身的关键资源、独特能力和核心竞争力，通过各种创新性的活动培育企业竞争优势。

小资料

全球首座旋转酒店

1. 全球首座旋转酒店每天转 1.3 度

英国著名建筑师里查德·海威·埃文斯设计出全球首座旋转酒店。据悉，这座酒店高三层，以一个巨型钢铁转盘为支架，拥有 50 间旋转套房，每天旋转 1.3 度而且可以全年保持旋转，每间客房的客人早晚都可以看到不同的海景。

2. 一年到头转不停

据报道，这间全球独一无二的酒店位于亚得里亚海岸附近，是克罗地亚著名度假胜地索尔他岛旅游项目的一部分。据首席设计师埃文斯介绍，酒店分为可旋转和不可旋转两部分。可旋转部分主要是酒店客房，将以直径 60.96 米全年缓慢流畅地连续旋转，每天转动 1.3 度，游客会感到非常平稳，甚至感觉不到酒店在转动。不可旋转部分为酒店的直径 21.95 米的圆形中央接待区域以及楼梯、电梯等，客人通过一个地下通道可直接抵达中央接待区，然后通过楼梯或者电梯进入与客房连接的步道，进入可旋转部分。

3. 耗资 7000 万英镑

据悉，这个旋转酒店将耗资 7000 万英镑，历时两年半建成，将于 2012 年在索尔他岛上建成。为了营造自然效果，索尔他岛还会专门挖出一个人工湖，旋转酒店的钢铁转盘将隐藏于水中央。

此外，酒店还会配套建造一座码头和豪华饭店和别墅等。新建码头将拥有 170 个泊位，并设置一座表演舞台、帆船俱乐部和水边的村落等。

（资料来源：http://www.17u.cn/newsshow_225143.html）

第二节 资源分析

一、酒店企业资源

企业资源是企业竞争优势的基础。20 世纪 90 年代杰伊·巴尼（Jay Barney）提出资源基础论，认为企业的竞争优势来源于企业内部的资源，企业的绩效取决于企业内部的三类资源：物质资源、人力资源、组织资源。其中，物质资源包括企业的所有厂房和设备、地产、技术；人力资源包括企业全体雇员、培训能力、经验、情报、技能、能力；组织资源包括企业组织结构、规划过程、信息系统、专利、商标、版权、数据库等。

资源是指企业生产过程中的投入部分，能够为企业创造价值的各类资产，如资本设备、员工技能、专利技术、融资以及有才干的管理人员等。企业资源是企业竞争优势的基础和来源，企业的资源大致可以分为有形资源和无形资源。

有形资源是指企业内部那些可见的能够量化的企业资产，有形资源是实物存在。企业有形资源包括实物资源、财务资源、人力资源。实物资源是指企业厂房设备之类的资源。财务资源是指企业的借款能力、企业内部资金能力、大量的现金、可流通的证券、资产负债能力和信用资源。人力资源是指组织的员工，企业内部的信任关系，包括经验丰富能力强的劳动力、关键领域内高技术的职员、一流的知识和智力资本。

无形资源是指那些植根于企业发展的历史和文化中，在长期发展中积累下的资源和资产的非实物存在。企业的无形资源难以被竞争对手模仿，更加不可见，难以被替代，是企业竞争优势更为有效的来源和基础。无形资源包括企业的管理能力、管理制度、创新能力、品牌、企业声誉、高度的客户忠诚度、专利、知识与技术资源、客户资源。

二、酒店企业资源分析的关注点

资源是企业竞争优势的来源，但是拥有资源并不一定会带来竞争优势。企业在战略分析中，必须首先分析企业资源的内在特性，了解企业资源的类型、结构及其相应的发展潜力，并依据这些资源进行相应的开发管理，强化企业的独特资源。在资源内在特性分析方面，需要关注的是以下几个方面：

1. 资源的总量

企业必须调查内部资源的总量，掌握内部资源的种类、供应时间，以及能够为企业的发展提供多大程度上的支撑。

2. 资源的专门性

除了了解企业资源的总量和结构之外，企业还必须了解子企业资源的专门性，即企业的资源是具有单一用途的资源，还是具有多种价值的资源。

3. 资源的独特性

一项资源能否为企业带来持久的竞争优势，还在于企业的资源是否具有独特性。只有那些具有独特性的资源，那些企业独有的资源，并能够为企业带来核心能力的资源才能为企业获取持久性的竞争优势。

4. 资源的稀缺性

资源的稀缺性是指企业的资源必须是稀缺的，必须是其他企业所不具备的资源。一项资源越是稀缺，那么其价值越高，由此带来的企业的竞争优势就越强。企业资源分析在于寻找这些稀缺性的资源。

5. 资源的难以复制性

资源的难以复制性是指企业的资源不会很容易地就被竞争对手所复制。因为，一旦企业的资源能够很容易地被竞争对手所复制，那么资源的稀缺性价值就会降低了，而资源所能带来的竞争优势就降低了。资源的模仿成本越高，难度越大，企业资源的潜在竞争优势就越大。企业的资源分析也就在于寻找这些难以被复制的企业资源。

6. 资源的难以替代性

资源的难以替代性是指企业所拥有的资源是难以被其他同类的资源所替代，其具有的能量和价值是独一无二的，企业竞争对手难以用其他的同类资源来替代这类资源，由此，企业拥有了这类资源便可以轻松地获得竞争优势。根据迈克尔·波特的五力模型，当不存在替代公司时候，企业便可以维持其竞争优势。

由此，企业在资源分析中，核心的任务在于了解企业的资源状况，寻找那些企业的独特资源，那些具有稀缺性、难以复制性和难以替代性的资源，就是企业竞争优势的核心所在。

小资料

2011 中国音乐艺术主题酒店金钻奖

2011 年 5 月 15 日，由国家文化部、商务部、广播电影电视总局、新闻出版总署、广东省人民政府、深圳市人民政府联合主办，环球酒店旅行社协办的“2011 全球酒店业文化产业高峰论坛暨第三届中国酒店业‘金樽奖’颁奖盛典”上，维也纳精品连锁酒店喜摘“2011 中国音乐艺术主题酒店金钻奖”。这是维也纳精品连锁酒店在以“音乐艺术”为主题酒店方面所取得的又一个杰出成就。

“金樽奖”组委会给维也纳精品连锁酒店的颁奖词是：“维也纳精品连锁酒店以‘音乐艺术’为主题，并充分彰显音乐艺术主题酒店的特色，突显音乐艺术酒店的魅力，将音乐艺术、建筑艺术、个性化的服务完美统一的音乐主题酒店，堪称业界典范。”

据介绍，从创立之初，维也纳精品连锁酒店就立志要打造一个以“音乐艺术”为主题的国际精品酒店，现在已是全球首家以“音乐艺术”为主题的精品连锁酒店集团。

维也纳精品连锁酒店的整体风格以维也纳音乐艺术为主题，金色的维也纳大厅、欧式的门楼、异国风格的罗马柱、宛然如生的小提琴手雕塑、金碧辉煌的墙壁雕刻，所有的音乐元素环绕着您，让您置身“维也纳”的浪漫欧陆风情之中，体验维也纳音乐的魅力与高贵典雅。

当商旅人士走进维也纳精品酒店时，那高贵典雅、美妙的音乐气息将弥漫在酒店房间内外；同时那气派的雕塑喷泉，欧式的门楼，金碧辉煌的大厅，华美的雕塑，艺术的天穹，使他们仿佛真的置身于世界音乐之都——奥地利维也纳的音乐艺术国度里。

维也纳精品酒店在客房床头柜上安装了音乐助眠系统，分为轻快音乐、助眠音乐、动感音乐、背景音乐和调频收音五个按钮，把客房打造成以音乐助眠系统支持的健康睡眠专家，为入住的商旅人士根据个人喜好选择音乐和提供健康睡眠的独特休息空间。这套系统采用了风靡世界的音乐减压疗程来帮助商旅人士放松、恢复活力、舒展身心。在客房中，通过不断聆听舒缓音乐，使商旅人士最终达到消除压力、滋养平衡身心、迅速入眠的效果，为第二天的旅程和商务出行养精蓄锐。这不仅让商旅人士有五星级酒店的体验，还让他们在音乐方面有一份独特、高雅的音乐艺术享受，使他们在音乐的世界里彻底放松精神，放松身体，放松自己，将所有的烦恼抛在脑后，能在完全放松的情况下安然入睡。

目前，维也纳精品酒店已在全国首家推出了助眠音乐系统的升级产品——体感音乐床垫，并在维也纳精品连锁酒店深圳国际店给部分商旅人士试用，好评如潮，反响非常好。

（资料来源：http://www.17u.cn/newsshow_300 087.html）

第三节　核心竞争力

一、核心竞争力的相关概念

企业的核心竞争力是指那些能够为企业带来竞争优势优异于其他竞争对手的资源和能力，以及资源和能力的配置方式。企业的核心竞争力是企业的独有特性和能力，使得企业在市场竞争中优于竞争对手，也可以反映出企业的独特个性。

核心竞争力最早是 1990 年著名管理专家 C. K. Prahalad 和 Gary Hamel 在他们所著的《The Core Competence of the Corporation》一书中提出的，他们认为核心竞争力是在一组织内部经过整合了的知识和技能，尤其是关于怎样协调多种生产技能和整合不同技术的知识和技能。随后 Lenard-Barton 认为企业核心竞争力是使企业独具特色并为企业带来竞争优势的知识体系。Mever 和 Utterback 认为，企业核心竞争力是指企业的研究开发能力、生产制造能力和市场营销能力，是在产品族创新的基础上，把产品推向市场的能力。

企业的核心竞争力是无形的和复杂的，是在企业不断积累并学习如何利用各种资源和能力的长期过程中形成的，或是与整合多种技术从而创造出一系列新产品的知识，或是创造并运营一个低成本的供应链的技术诀窍，或是加快新产品的推广能力，或是高效的售后服务能力，或是以低成本制造高质量产品的技术。一个企业可以拥有一种或多种核心竞争力。

二、企业核心竞争力的特点

企业的核心竞争力蕴藏在企业的生产、运作之中，是企业以独特的方式建立和发展起来的，并通过整合和有效利用企业的资源和能力产生的。如何识别企业的核心竞争力，并在未来的发展战略中强化这一核心竞争力成为了企业制定战略的核心所在。一般来说，企业核心竞争力具备以下几个特点：

1. 一项独特的能力

企业核心竞争力必须是企业的一项独特的能力，是其他竞争对手所不能拥有或者说只有少数竞争对手能够拥有的能力。只有那些企业独有的竞争能力才能为企业带来持久的竞争优势，一项能力越是独特，越是稀有，其所带来的竞争优势就越大。

2. 难以被模仿的能力

企业的核心竞争力必须是难以被企业的竞争对手模仿的能力，即竞争对手不能够建立起来的能力，或者说需要付出很高的代价才能够建立起来的能力。只有这些难以被模仿的能力方能超越竞争对手为企业带来竞争优势。难以被模仿的能力往往来源于企业自身发展的内部因素，或是由企业发展历史中形成的能力，或者是由于一些模糊性因素构成的能力，或者是由于人与人之间的相互关系等具备社会复杂性的因素形成竞争能力。

3．能够创造出更多的价值

企业的核心竞争力是能够为企业创造出更多价值的能力，具有更多的价值贡献。只有那些能够为企业在面对外部环境的时候通过利用机会、避免威胁创造出价值的能力，才能成为企业的核心竞争力。换句话说，那些无法有助于企业抓住机会、降低威胁，不能为企业带来价值的能力无法成为企业的核心竞争力。

4．不可替代性

企业的核心竞争力还必须是不可替代的，即在市场竞争中这类能力是无法被其他同类的资源或能力所替代，其具有的能量和价值是独一无二的，其他的竞争对手难以用其他的同类资源来替代。由此，企业方能借此获得竞争优势。

5．可持续性

企业的核心竞争力还必须具备可持续特征，即在时间维度上，能够为企业在长时期内创造源源不断的价值和竞争优势。只有那些长时期而不是短期内为企业创造竞争优势的能力才能成为企业所依赖的核心竞争力。因为核心竞争力的关键在于能够持续地为企业创造价值。

三、培育核心竞争力的途径

企业是否具有核心竞争力，是企业能否在激励的市场竞争中生存下去的关键因素。而如何培育企业的核心竞争力成为企业所关心的问题，企业的战略制定所要达到的目标则是获得企业核心竞争力，为企业带来竞争优势。

Kay（1993）提出了企业培育核心竞争力的几种途径：

（1）完善企业架构　完善企业内部或企业周围的关系网络，包括员工之间的关系，与供应商、顾客的关系等与各个利益相关者之间的关系。

（2）提高企业声誉　在竞争市场中，声誉是顾客选择产品的重要因素，企业需提高自身声誉以获得核心竞争力。

（3）增强战略资产　获得企业市场优势是以企业拥有的战略资产为基础的。战略资产可以使企业从市场中的垄断地位中受益，或者使企业增加对供给市场的投入而提高进入成本的方式控制新竞争者的有效竞争，或者使一些企业拥有某种特许权或法规以阻止其他企业与之竞争。

（4）培育创新能力　创新可以提供独特的产品或降低成本，获得竞争优势。

小资料

酒店团购模式

2011年团购市场进入发展快车道，截止到2011年2月，团购网站超过2 612家。以酒店为代表的旅游产品成为旅游业与团购行业的第一接触点。无论是专业的团购网站，如拉手、高朋、糯米，还是如携程、艺龙、去哪儿这样的在线旅游网站，都纷纷搭上“旅游和酒店团购”这班顺风车。前一时期艺旅咨询发布的《2011中国酒店团购市场研究报告》显示，到2011年年底，参与酒店团购的中国消费者将超过1 000万人次，参与团购的酒店数量也将达到3 000家。

作为一种面对价格敏感型散客的销售渠道，团购模式是许多酒店削峰填谷的一种促销与推广手段，可以短期内消化空置房，提高出租率，尤其是在淡季可有效提升入住率。酒店团购降低了部分酒店对原有渠道的依赖性，降低酒店分销渠道集中度，并有效化解了运营风险。此外，酒店团购因价格空间向下扩展，增加目标受众类型，使酒店收益得以提高。

但是，因为行业规范的缺失，酒店团购的发展没有进入良性轨道，而是出现了一些问题：第一个是价格虚高；第二是团购成功并不意味着预订成功，能不能顺利入住无法保障；第三是以虚假数量引诱客人消费。

恶性竞争引发了诸多损害团购发展的短期行为。今年7月，国家旅游局曝光了一系列违规旅游团购的信息。而记者从有关部门获悉，目前围绕酒店团购的投诉正在不断增多。某团购网站营销总监告诉记者，价格与质量难两全，已经成为很多消费者与团购酒店之间的最大矛盾。

到到网总经理吴皓给记者提供了这样一组数据：据到到网对各个酒店团购平台的抽样调查显示，70%的团购酒店都是经济连锁型酒店或无星级宾馆，53%的团购酒店位于二、三线城市，团购酒店在到到网上的平均分值为3.4。“这说明大多数酒店的口碑本身并不是太差，消费者关注低廉的价格和优质的服务。但由于酒店自身的营销渠道有限，酒店信息不透明，造成消费者与酒店之间信息不对称，容易导致消费者对酒店期望过高，一旦遇到不如意之处就会感觉上当受骗。当然，也不排除极个别的酒店，本身的点评和口碑就不好，需要通过团购这个平台来销售房间间夜，从而导致消费者的入住体验相当糟糕。”

此外，团购网的基本盈利模式是，从售出的每笔团购中抽取比例不高的提成，剩下的钱分两次付还商家。由于团购网的抽成比例并不高，需要大量卖出才能积少成多实现盈利，而商家的接待能力有限，难以一下子接纳这么多人团购，这就造成了“区别对待”、“货不对版”等问题。

有分析人士认为，团购网站与酒店对于“薄利多销”的优势心照不宣，但团购也是一把“双刃剑”，暂时获利的快感将会在越来越多的消费者投诉声中消失殆尽，任何产品销售渠道的确立，品牌信誉的培育，都必须以产品质量和服务为根基。同时，为了避免因信息不对称导致网友在团购酒店时遇到尴尬，专家也建议，网友在挑选酒店之前，最好先去专业的酒店点评网站查看点评，以保证消费质量。当“看点评、找优惠”成为众多消费者的新习惯后，就能对团购信息或优惠信息是否属实作出更加客观的评判，同时也能督促商家实践“消费者是上帝”的服务承诺，通过完善服务和改进质量来获取更多的客源。

（资料来源：李玲．低价质劣酒店团购伤不起[J/DL]．迈点网，2011-08-25.）

第四节 价值链分析

一、企业价值链与企业竞争优势

企业的价值链包括企业为顾客创造价值的基本活动和相关辅助性的支持活动。价值链最早是由迈克尔·波特（1985）提出的，一个企业的价值链是由企业内部的一系列创造价值的活动组成的，价值链由主要活动和支持活动两大主要活动组成。企业的不同活动在价值增值过程中的重要性也不同，那些最重要的活动被称为主要活动，与企业的核心能力密切相关。主要活动是指那些为客户创造价值中最重要的活动，支持活动是指那些对主要活动起到促进作用的活动。其中价值链的主要活动包括供应链管理、加工制造、分销、营销与销售、服务。价值链的支持活动包括产品研发与技术系统开发、人力资源管理、一般管理。

价值链分析的目的在于识别企业的最大价值是从哪项活动中产生的，以及在哪里存在追加更多价值的潜能。价值链分析的重要环节是确定产品或服务的价值，通过此环节可以有效甄别导致价值变化的企业成本优势或劣势所在。因为价值链的每一项活动都需要一定的成本，都与企业的一部分资产相关。因此，将企业的经营成本与资产在价值链中的每一项活动中进行分配，可以估测出每一项活动的成本。价值链上的所有活动成本构成了企业的内部成本结构，每一项活动的成本都决定了企业整体成本的竞争力。

由此，价值链分析可以通过比较企业与其竞争对手的某些活动的成本，从而发现企业在哪些方面具有成本优势或劣势。而对于企业来说，关键在于将企业的价值链转为竞争优势。

1）一个企业与其竞争对手相比，能够更好地管理其价值链活动，就使得其能够培养出有价值的能力和潜力，建立起自己的持续的竞争优势。

2）企业的竞争力体现在某些具有竞争重要性的价值链活动中。企业需要找出这些活动，并将一两种价值链活动的精神上升为企业核心竞争力，培育企业核心竞争力，进而获得持续竞争优势。

3）企业需要提高在执行某些重要的价值链活动时所需的知识、能力，发展那些有利于组织战略和竞争力的能力。

4）企业需要采取某种特别形式实施价值链活动，借此形成超越对手的能力，帮助企业获得竞争优势。

二、价值链分析的内容

价值链是指企业将投入转化为顾客所重视的产出的一系列活动链，企业价值链分析在于识别企业的价值链活动，了解企业活动在其产品和服务上增加了多少价值，帮助管理者更好地了解如何有效地并且高效率地组合并协调企业的各种活动，并将企业的价值链转为企业的竞争优势。

由此，企业价值链分析的内容就在于识别企业价值链活动，包括企业的基本活动和支持活动，见图 7-1。

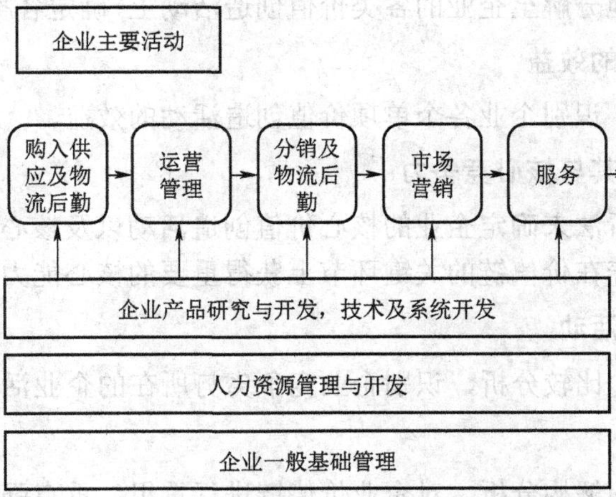

图 7-1　企业价值链活动

1．基本活动

企业的基本活动是指企业经营活动中的核心业务和活动，是与企业价值创造与核心能力密切相关的活动，具体包括：

（1）内部后勤　它是指与接收、存储和分配相关联的各种活动。

（2）生产经营　它是指与将企业的各种投入转化为最终产品相关联的各种活动。

（3）外部后勤　它是指与集中、仓储和将产品发送给买方相关联的各种活动。

（4）市场营销　它是指与提供一种买方购买产品的方式和引导它们进行购买相关联的各种活动。

（5）服务　它是指因购买产品而向顾客提供的、能使产品保值增值的各种服务，如安装、维修、零部件供应等。

2．支持活动

企业的支持活动是指那些支持企业价值创造的辅助活动，是企业的一些职能活动，包括采购、技术、人力资源管理、一般管理。

三、企业价值链分析的方法

企业价值链分析是分解企业从原料采购到服务提供的活动，找到企业价值创造的核心环节，以确定企业的竞争优势和劣势的过程，以及发现企业未来可能的价值追加活动领域。越来越多的企业通过价值链分析来获得和维持竞争优势，其方式是在价值链的不同环节做到高效率和高效能。

一般来说，企业的价值链分析过程涵盖以下几个方面：

1．分解企业价值链创造活动

它是指将企业的经营活动分解为一系列的价值创造活动，揭示出企业价值链，并将企业的活动分为主要活动和支持活动。

2．确定企业各活动的成本

它是指将企业的成本逐一地分解至企业的各类价值创造活动上，确定各类活动的成本。

3．识别企业各个单项活动的效益

它是指运用价值链分析法，识别企业各个单项价值创造活动的效益。

4．识别企业的核心活动及其与核心竞争力

它是指运用企业价值链分析法来确定企业的核心价值创造活动以及核心竞争力。在此环节，企业需要特别关注和培养在价值链的关键环节上获得重要的核心能力。

5．识别企业竞争劣势所在活动

它是指运用价值链分析法，比较分析，识别企业竞争劣势所在的企业活动。

6．企业价值链的重组

它是指根据对企业价值链的解构分析，对企业价值链进行重组，重点强化企业的核心竞争力，在优势环境建立企业核心竞争力，而对于劣势环节的活动可以剥离出企业。

第五节 三元评价法

三元评价法是由蒋运通（2006）提出的，其认为企业的竞争优势的评价和分析需要以顾客为中心，以价值、吸引力、持久力三个因素为核心的三元评价模型来构建，见图 7-2。

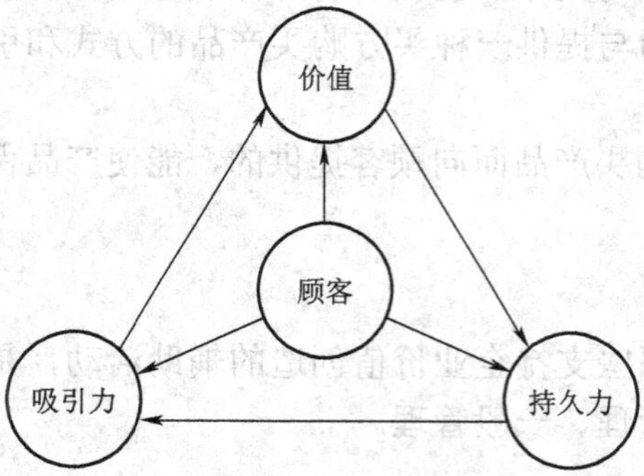

图 7-2 三元评价模型

一、价值

企业存在的前提就在于能向市场、能为顾客提供有价值的产品和服务，能够在日常经营活动中创造出新的价值。能否为顾客提供卓越的价值（Value）是衡量企业竞争优势的前提和关键指标。对于酒店企业来说，其核心的价值则在于能为入驻酒店的顾客提供卓越的酒店住宿服务。

对于酒店企业价值的评价和分析，主要是从以下几个方面来分析：

一是酒店企业是否有与顾客需求相一致的企业资源。企业要能够创造价值，其核心的基础在于企业内部的战略资源，而且这一战略资源应当与市场的顾客需求是相匹配的。

二是酒店企业为市场和顾客提供的价值必须有明确的、具体的内涵，而不是空泛的概念。对于酒店企业来说，必须为市场和顾客提供看得见的实在的服务。

三是酒店企业创造的价值必须优于竞争对手，超越竞争对手。企业要想获得竞争优势，就必须在价值创造方面优于竞争对手，比对手提供更为卓越的价值，如此方能在市场竞争中获得战略优势。

二、吸引力

吸引力（Attraction）是评价酒店企业战略竞争优势的核心要素之一。在酒店企业的经营发展过程中，要想实现酒店企业的发展目标，超越竞争对手，首先需要的是能够在市场竞争中具备吸引顾客的元素，自身的酒店产品和酒店服务能够得到市场的认同，能够吸引顾客。对于酒店企业的吸引力的评价主要表现在以下几个因素：

一是酒店企业是否具备核心的能力，其所具有的能力是否是稀缺的、不可替代的，这关系到酒店企业的吸引力的源泉，唯有具有稀缺性的不可替代的核心能力才能吸引顾客，才能超越竞争对手。

二是酒店企业是否能够有效地将自身的产品和服务向市场传递，向顾客传递企业的价值。而这又涉及企业自身的市场营销活动。

三是市场顾客对于酒店企业的感知度，即市场消费者是否对酒店企业的产品与服务满意，是否能够认识到酒店企业的价值所在。

三、持久力

持久力（Staying Power）是酒店企业竞争优势的重要因素之一。酒店企业能否获得可持续的竞争优势，也是酒店企业与竞争对手竞争的关键。一项竞争优势，如果不具有持久力，不能持续地为企业带来竞争优势，那么也就不能成为企业的竞争优势。对于企业持久力的评价主要从以下几个因素来分析：

一是酒店企业必须努力去了解竞争对手的状况，需要实时动态地掌握竞争对手的竞争优势所在。如此，企业才能在竞争中超越竞争对手，获得竞争优势。

二是酒店企业要不断地突出自身的战略优势和价值所在，借助各种市场营销和企业活动，在市场中留下深刻的印象。

三是需要持续的创新。创新是酒店企业保持持久力和竞争优势的关键所在。企业唯有通过在产品、服务提供和各种活动方面的创新，才能永葆竞争力。

第六节　内部因素评价矩阵

内部因素评价矩阵（Internal Factor Evaluation Matrix，IFE 矩阵）是用来分析企业内部发展因素的又一有力的分析工具，该矩阵是针对企业内部因素的优势与弱势两个方面来进行分析和评估，其结果以矩阵的形式表示出来（如表 7-1 所示）。借助 IFE 矩阵可以帮助企业战略制定者归纳评价企业内部诸如资本、技术、人力资源、管理、地域和营销渠道等方面的信息。

表 7-1 内部因素评价矩阵

	关键内部因素	权　重	评　分	加权评分
优势				
1				
2				
…				
n				
弱势				
1				
2				
…				
n				
合计		1.0		

内部因素评价矩阵具体是从企业内部的优势与劣势两个方面查找出影响企业未来发展的关键因素，并根据各个因素影响程度的大小确定其权重，再根据企业对各个内部关键因素的有效反应程度来对各个内部关键因素进行评价和打分，最后累计算出企业的总加权分数。

IFE 矩阵分析的 5 个步骤：

1）列出在企业内部分析过程中确认的内部因素。因素总数为 10～20 个。因素包括影响企业未来的发展各个主要的内部因素。

2）赋予每一个内部因素以权重，其数值为 0～1，从不重要到重要。权重标志着该因素对于企业在产业中取得成功的影响的相对重要性。优势往往比弱势得到更高的重要性，但弱势因素特别严重时也可以得到高权重。确定恰当权重的方法包括对成功的竞争者和不成功的竞争者进行比较，通过集体讨论而达成共识。

3）按照企业现行战略对各关键因素的有效反应程度给各个关键因素进行评分，范围为 1～4 分。4 代表反应很好，3 代表反应超过平均水平，2 代表反应为平均水平，1 代表反应很差。评分反映了企业战略的有效性，这是以企业为基准的。

4）用每个因素的权重乘以它的评分，得到每个因素的加权分数。

5）将所有因素的加权分数相加，以得到企业的总加权分数。

无论 IFE 矩阵所包含的内部优势与弱势的因素有多少，一个企业所能得到的总加权分数最高为 4 分，最低为 1 分。平均总加权分数为 2.5 分。4 分表示企业在整个产业中处于具有较强的优势定位。

第七节　竞争态势矩阵

企业的竞争优势通常是在与主要竞争对手的比较中展现出来的。因此，在分析企业的竞争优势时，通常也会用到竞争态势矩阵（Competitive Profile Matrix，CPM 矩阵）来分析比较企业的竞争优势。

竞争态势矩阵是用于确认企业的主要竞争对手及相对于该企业的战略地位，以及主要竞争对手的特定优势与弱点，如表 7-2 所示。

表 7-2　CPM 矩阵分析表

关键因素	权重	被分析的公司		竞争对手 1		竞争对手 2	
		评分	加权分数	评分	加权分数	评分	加权分数
市场份额							
价格竞争力							
财务状况							
产品质量							
用户忠诚度							
总计	1.0						

评分值含义：1＝弱，2＝次弱，3＝次强，4＝强。

竞争态势矩阵与企业外部因素矩阵（EFE 矩阵）和企业内部因素矩阵（IFE 矩阵）的权重和总加权分数的含义相同，编制矩阵的方法也一样。但是，CPM 矩阵中的因素包括外部和内部两个方面的问题，评分则表示优势和弱点。它们之间的不同之处在于：

1）CPM 矩阵中的关键因素更为笼统，不包括具体的或实际的数据，而且可能集中于内部问题。

2）CPM 矩阵中的因素不像 EFE 矩阵中的那样划分为机会与威胁两类。

3）CPM 矩阵是基于企业的竞争优势比较而言的，其涉及的竞争企业不仅仅是自身，而是有诸多的竞争对手。

4）CPM 矩阵比较的因素既包括企业的内部因素，也包括企业的外部因素。

5）CPM 矩阵所选择的竞争企业与本企业是在相同的因素上比较的。

6）CPM 矩阵只是利用了企业的部分信息，是在一定程度上描述了企业的相对的竞争态势。

在 CPM 矩阵的具体实施分析步骤方面，基本上与 IFE 矩阵相类似：

1）确定行业竞争的关键因素。

2）根据每个因素对在该行业中成功经营的相对重要程度，确定每个因素的权重，权重和为 1。

3）筛选出关键竞争对手，按每个因素对企业进行评分，分析各自的优势所在和优势大小。

4）将各评价值与相应的权重相乘，得出各竞争者各因素的加权评分值。

5）加总得到企业的总加权分，在总体上判断企业的竞争力。

需要指出的是，CPM 矩阵中的因素的权重和评分的赋值都是带有较强的主观性，在一定程度上是会影响到评价结果的客观性。另一方面，CPM 矩阵的实施有赖于对竞争企业资料的获得，然而，现实的情况是往往难以准确获得竞争对手的相关资料，这在一定程度上限制了该方法的使用。

本章小结

（1）企业竞争优势是指企业拥有的能够使其优于竞争对手的能力。企业竞争优势的基本要素包括卓越的效率、高效的品质、不断的创新以及灵敏的客户响应。

（2）企业资源是企业竞争优势的基础，包括有形资源和无形资源。

（3）企业核心竞争力是指那些能够为企业带来竞争优势优异于其他竞争对手的资源和能力。

（4）企业价值链分析在于识别企业的价值链活动，了解企业活动在其产品和服务上增加了多少价值，帮助管理者更好地了解如何有效并且高效率地组合并协调企业的各种活动，并将企业的价值链转为企业的竞争优势。

（5）三元评价法、内部因素评价矩阵、竞争态势矩阵是企业竞争优势分析的重要工具。

复习思考题

一、分析题

1. 酒店企业竞争优势的含义是什么？
2. 如何培育酒店企业的竞争优势？
3. 如何分析酒店企业的竞争优势？
4. 酒店企业的资源分析主要包括哪些方面？
5. 怎么理解核心竞争力？
6. 如何进行酒店企业的价值链分析？

二、练习题

利用网络资源，以上海锦江之星酒店为例，分别利用三元矩阵法、内部因素矩阵、竞争态势矩阵来分析其内部竞争力。

三、案例分析题

青城山鹤翔山庄

鹤翔山庄位于世界文化遗产、中国道教发祥地之一的青城山景区内，建于距今已有1700多年历史的古道观长生宫遗址。庄内黄墙黑瓦，古木参天。每年春夏之间，数千仙鹤云集于千年桢楠之上，鹤鸣庄幽，具有人鹤和谐相处的自然生态奇观。

1996年以来，鹤翔山庄以独到的经营战略，立足自身深厚的地理、历史优势，深入挖掘道家文化资源，以文兴庄，走出了一条文化创新的路子。鹤翔山庄还利用鹤翔品牌、道家养生理念及酒店服务功能，创新开发了“长生宴”，失传千年的“青城道茶”“鹤翔太极道家养生月饼”和集道家武、医、食为一体的“鹤翔太极养生基地”。鹤翔山庄被誉为“中国道家文化第一庄”，成为国内第一家四星级特色饭店，荣获了“中国商业服务名牌”“首批中国旅游知名品牌饭店”“四川省十佳星级饭店”“中国最佳创意主题酒店”等光荣称号。

不仅如此，鹤翔山庄所确立的不仅仅是中华道家文化第一庄的地位，而是从产业链角度分析，使得鹤翔山庄上升为酒店产业链中的关键环节，更树立了产业链平台“盟主”的核心地位，凝聚和创造了产业链上的一系列特色产品，形成了一个个品牌扩展延伸的亮点。

1．鹤翔长生宴

鹤翔山庄独家开发的道家宴席——长生宴及其三大配套宴席，以其浓郁的道家文化内涵和科学的健康养生理念，2009 年被评为“中国最佳创意生活品牌”。长生宴是按照东晋时期著名的道教首领、“山中宰相”范长生的“药食同源、长生久视”之术，由本庄独家研制而成的养生宴席，距今已有 1 700 多年历史。长生宴以道在养生为主题，依托道家传统养生秘籍，上秉天理，下尝百草，选用八百里青城山的名贵中药材为原材料，开发出了“凤珠献寿”“白果炖鸡”“太极豆花”“川芎锅贴”等逾百种著名菜品。长生宴问世九年来，先后在国际国内美食节和宴席评比中，多次荣获“青城文化餐”“中国名宴”等驰名称号。2002 年，央视著名美食频道专门为长生宴在《开发成功》进行了长达 40 分钟的专题报道。

2．中国美协巴蜀创作中心

中国美术家协会巴蜀创作中心落户山庄，是中国美协在西部地区的首家直属创作机构。中心先后接待了文艺界知名人士和美术家等 300 多人，为山庄留下了数百件珍品。

3．青城茶道

山庄总经理安茂成和省茶文化协会副会长徐金华，遵照中国道教协会前会长傅圆天大师的遗愿携手合作，将我国失传千年的道家名茶“青城道茶”研制成功。

4．道家养生月饼

道家主张食疗食补、健康长寿。“鹤翔太极”养生月饼是根据道家“天地人”的食疗养生秘诀研制而成的。月饼采集天然花果、名贵药材入馅，口感鲜爽，成为山庄产业链上的又一热销产品。

5．鹤翔太极养生基地（现为鹤翔道家养生院）

这是山庄与青城山太极养生专家以道家健体长生之术为本，依托现代医学科技而开发出来的综合康体养生服务项目。

（资料来源：四川鹤翔山庄网站）

思考：鹤翔山庄的核心竞争优势是什么，是如何建构起来的？

第八章

能力分析

战略管理不是一个魔术盒，也不只是一套技术。战略管理是分析式思维，是对资源的有效配置。计划不只是一堆数字。战略管理中最为重要的问题是根本不能被数量化的。

——彼得·德鲁克

你可以梦想、创造、设计并构建世界上最美丽的乐园，但只有“人”才能把这一梦想变为现实。

——沃尔特·迪斯尼

心情舒畅是饭店能提供给员工的最优厚的福利。

——基思·亨斯莱

知识目标

■ 理解酒店能力分析的主要内容。
■ 掌握酒店的人力资源分析。
■ 掌握酒店的市场营销能力分析。
■ 掌握酒店的财务职能分析。

知识要点

本章主要是介绍酒店企业内部分析的另外一个重要内容——酒店企业的能力分析。很好地识别酒店的能力是酒店进行战略管理的前提。酒店能力蕴藏在酒店的主要职能之中，包括人力资源能力、市场营销能力、财务职能能力。掌握如何分析酒店能力、识别酒店能力是酒店战略管理的关键任务。

引导案例

校企合作能否拯救中国酒店教育

如何保证毕业生更好地融入职业生涯，在旅游酒店行业健康成长，校企合作成为一条重要而有效的途径。业内人士认为，尽管当前校企双方都有合作的需求和愿望，但以什么方式进行合作，如何建立合作的长效机制，却是困扰双方的难题。

“一方面，企业需要大量人才；另一方面，学校不能提供企业需要的人才，这就是一种结构失衡。”海南呀诺达雨林文化旅游区副总经理廖文辉表示，旅游专业毕业生不适应企业需要的一个重要原因是，部分院校缺少积极、主动与企业沟通的意识，没有根据企业、市场的需求调整专业设置。

北京联合大学旅游学院学生处李帆老师建议，旅游院校应加强以下措施：一是调整培养目标，优化专业方向；二是加强专业教师对学生的学业指导；三是创新实践教学模式；四是广泛开展国际交流与合作；五是加强毕业生的职业素质教育；六是加强个性化的一对一的就业指导。

中青旅客户服务中心总监张华表示，优秀的企业由于生存发展的压力，在实践中总会超越传统知识，掌握领先于行业的一些新知识，这些经验需要共享，以推动行业发展。因此，院校要打破陈旧观念，不能孤芳自赏，要主动“走出去”，与企业“挂钩”。院校不能因为做一个政府课题，带一群学生到企业调研就觉得可以了，要与企业合作办学。企业可成立培训组织，不光对企业员工培训，也对院校师生进行培训。企业要抽调专业人士，对学生进行培训，讲他们在学校里看不到、听不到的东西，使他们了解行业、企业的现实情况和运营过程。

“作为政府和旅游主管部门，有责任为校企合作提供帮助和支持，这有利于整个行业的发展和提升。”张华建议。

华侨大学旅游学院孙娟娟老师介绍，近年来，华侨大学旅游学院与当地旅游企业在学生就业、课程改革、人才培养模式改革、人才梯队建设等方面进行深入合作，已形成“互利多赢”局面。“学院与厦门海悦酒店、泉州酒店、泉州悦华酒店、福州西湖大酒店等数十家知名酒店签订校企合作协议，为毕业生提供了近百个就业实习岗位。在这些企业实习的学生可以优先进入该企业工作，大大提高了毕业生的就业率。”

西溪湿地人力资源部总监余世勇介绍，2005—2007 年，西溪湿地正式员工保持在 300 人左右，其中 75%为蒋村当地的原住民，15%为外来务工人员；工作人员年龄偏大、文化程度低，具有大专以上学历的不足 30 人，取得相关专业证书的人员不足 5 人，管理人员中具有景区管理经验的只有 4 人，且大多数员工是初次就业，从业经验、服务技能以及服务意识都相当薄弱。

“校企合作是西溪湿地人力资源管理工作的最大亮点。景区主要和杭州师范大学、杭州万向职业技术学院、浙江旅游职业学院等多家院校合作，主要合作内容为管理层的培训、服务型人才的培养等。”余世勇说，在产、学、研一体化方面，景区和浙江旅游职业学院一起成立了西溪学院，在讲解员、营销人才、策划人才、管理人才等方面，开展全面、深入、长久的合作。目前，西溪湿地员工队伍已达到 700 余人，高等学历的占了近 40%。

校企合作任重道远

全方位、多层次的校企合作已经在全国各地展开，包括建立人才开发培养基地、订单式培养、共建企业学院、引入智力资源参与企业改革等各种方式层出不穷。

旅游专业教师下企业挂职锻炼成为校企合作的一个重要模式。业内人士分析，由于旅游院校教师很多是从院校到院校，缺乏实践经验，在教学中遇到相关的专业问题时往往力不从心，很难把旅游现象或案例有机地融入课程教学中。知识结构不合理导致的以学科知识代替专业能力的现象，严重影响了教师队伍的专业化程度。海南经贸职业技术学院自 2009 年 9 月开始，派遣旅游管理系酒店管理教研室教师赴海南星级酒店挂职锻炼，使院校老师熟练掌握市场前沿的职业技能，教学更贴近实际。

订单式培养是保证毕业生就业的一大法宝。重庆新世纪游轮股份有限公司通过校企合作，建立世纪游轮精品班，结合行业特性和实际编写专业课教材，培养内河游轮服务和内河游轮管理专业人才，实现企业与学校之间的无缝对接，订单式培养的人才无需再培训便可直接上岗。

2010 年 9 月，国务院学位委员会批准在 56 所高等院校开设旅游管理硕士专业学位（MTA）。据北京第二外国语学院招生说明，MTA 教育将实现“双师制”，即由院校导师和旅游企业高级管理人员共同培养，招生对象主要面向旅游企业中高层管理人员，这是一次建立与国际接轨并具有中国特色高层次应用型人才培养模式的探索。

（资料来源：班若川，徐万佳，校企合作能否拯救中国酒店教育[N]．中国旅游报，2011-08-30）

第一节 企业能力

能力是指企业所拥有的特性，是将诸多的资源整合运用以完成特定活动的能力，当企业将资源按照一定的方式合理配置起来完成企业某项任务的时候，企业的能力就产生了。酒店企业的能力是指酒店企业在生产经营中具备的选择和利用资源，使得企业价值不断增加的技能。

一、酒店企业能力的几个方面

从酒店企业的能力构成内容来看，酒店企业的能力主要包括创新能力、资金管理能力、组织管理能力、外部协调能力和内部凝聚力。

1．酒店企业的创新能力

酒店企业的创新能力是指酒店企业在设计、提供、营销具有成本和质量优势的服务产品方面的能力，包括产品与服务的设计能力、提供能力和营销能力。

1）酒店产品与服务的设计能力是酒店管理者在战略思考过程中提出的，体现在酒店的外形、风格、特色与基本功能等方面，包括酒店企业的功能设计如酒店布局、酒店功能的衔接与兼容，也包括酒店企业的装修风格方面的设计能力。更为重要的设计能力还体现在酒店企业在产品与服务的功能和服务规范方面的创新能力，如何能够在研究顾客需求的基础上，进行产品设计与组合，进行酒店服务模式的创新。

2）酒店产品与服务的提供能力是指酒店企业如何满足顾客的需求，如何获得顾客满意的能力。这表现在酒店企业能够发现顾客需求的能力，能够提供规范服务的能力，能够提供个性化服务的能力。如何发现和了解顾客的需求是酒店企业产品与服务提供能力的前提，这要求酒店企业有敏锐的观察力和细致的研究与调查。个性化的服务能力则要求酒店企业能够做到服务的针对性、灵活性，做好企业的市场细分工作，提出定制化的个性化的酒店服务。

3）酒店产品与服务的营销能力是指酒店企业能够获得市场认可的能力，即能够获得顾客接受其服务的能力，主要体现在酒店企业的营销理念、营销战略和营销策略方面。

2．酒店企业的资金管理能力

酒店企业的资金管理能力是指酒店企业对财务资源的运用能力，包括酒店企业的融资能力、偿债能力、运营能力和获利能力四个方面。

1）融资能力是指酒店企业在现代资本市场上如何通过各种融资渠道获得资本的能力，常见的酒店企业融资途径包括国家投资、银行贷款、发行债券、发行股票、融资租赁和商业信用。

2）偿债能力是指酒店企业能否偿还短期债务和长期债务的能力。根据企业短期债务和长期债务的不同可以分为酒店企业的短期偿债能力和长期偿债能力。

3）运营能力是指酒店企业日常经营的资金运营效率，反映企业使用现有资金的效率与有效性。

4）获利能力是指酒店企业在利用现有资源获取收益的能力，常用的指标有营业利润率、净资产收益率等。

3．酒店企业的组织管理能力

酒店企业的组织管理能力是指酒店企业组织资源、整合资源、运营企业的能力。酒店企业的组织管理能力包括企业的决策能力和执行能力。

企业的决策能力是指企业识别企业外部机会，利用自身优势，抓住机遇，最大化地利用企业资源的筹划能力。企业的决策能力取决于企业内部的决策机制是否民主，决策方法是否科学，决策水平是否足够。

企业的执行能力是指企业实施战略的能力，即将企业各种决策付诸行动的能力。任何一项战略无论多么完美，最终都依赖于企业强有力的执行力。企业内部的执行力的强弱受到企业内部的组织结构、企业内部的行事规则以及企业管理者的个人领导能力等多方因素的影响。

4．酒店企业的外部协调能力

酒店企业的外部协调能力是指酒店与企业外部环境中的各个利益主体之间的协调能力，即酒店处理企业外部关系能力，强调的是企业的沟通和协调能力，主要表现为利益协调能力、目标协调能力和行为协调能力。

1）利益协调能力是指酒店与外部的相关利益主体之间在利益协调方面的能力。不同主体之间的核心关系在于利益的关联，酒店企业利益协调能力的核心也就在于如何能够与各个外部主体就相互之间的利益达成共识，寻找到共同的利益平衡点和分配方式，以实现各方利益的实现和共享。利益协调能力的高低决定了企业的未来持续发展能力。

2）目标协调能力是指酒店在追求和实现自身企业发展目标的同时，如何能够将企业的目标与其他外部利益主体的目标进行融合，如何处理好各自利益主体的目标之间的矛盾和不平衡，以使得各方的目标能够相互统一，达成一致，以建立起稳定的合作关系，为企业的发展创立良好的外部环境。例如，在酒店目标与社会公众目标方面，现实的发展越来越强调企业需要将社会责任纳入酒店的目标之中，履行一个良好公民的责任，推动社会的良性发展。

3）行为协调能力是指酒店在与外部的相关利益主体之间的合作、沟通互动过程中，围绕共同的利益目标，协调与各个利益主体之间的行动和行为，建立起涵盖产品开发、品牌推广、市场营销等协同的行动机制，从而有效整合企业内部与外部资源，通过获得最大化协同效应实现共同利益和目标的能力。行为协调能力涉及企业自身参与整合外部资源的整合与协调能力，也涉及企业整合多元外部主体行为的能力，包括在行为过程中处理冲突的能力，最大化激励外部主体行为的能力，以及调动各利益主体参与并达成共同目标的能力。

5．酒店企业的内部凝聚力

酒店企业的内部凝聚力是指酒店企业能够通过各种努力，利用各种方法，团结酒店企业各个部门和企业员工，形成凝聚力的能力，也反映出企业对于企业和员工的影响力。企业的内部凝聚力关系到企业的内部成长和发展问题，关系到能否调动企业的发展动力，是企业的关键能力之一。企业的凝聚力主要表现在以下几个因素：

1）企业的发展潜力。这关系到酒店企业能否给予员工更多的上升空间和发展潜力，空间越大，潜力越大，企业的凝聚力就越大。

2）企业的工作环境。好的工作环境和工作氛围能够为企业员工带来更多的归属感和更理想的工作情绪，进而增强员工的工作积极性。

3）企业文化。酒店企业内部自身的工作方式、行为态度和精神表现，决定着企业的发展态势，也影响着员工的行为，是关系企业凝聚力的重要因素。

酒店企业的能力是企业发展的核心所在，王云杰（2006）提出了企业能力的评价体系，其认为企业能力主要体现在市场、技术和管理三个层面，由此建构了一套评价指标，如表 8-1 所示。

表 8-1 企业能力评价指标体系

一级指标	二级指标	三级指标
核心市场能力	环境协调能力	市场环境适应能力
		主营业务市场定位
		公共关系协调能力
	市场营销能力	核心产品品牌声誉
		核心产品市场潜力
		核心产品促销效果
核心技术能力	技术开发能力	年科技立项数与专利数
		核心技术领先程度
		核心技术开发费用
	技术整合能力	研究合作能力
		新技术年吸收转化率
	技术运用能力	核心产品生产能力
		新产品投放市场率
	技术扩散能力	核心技术延伸领域数
		产品差异化程度

（续）

一级指标	二级指标	三级指标
核心管理能力	战略管理能力	战略分析能力
		战略选择能力
		战略实施能力
		战略评价能力
	组织管理能力	组织间的和谐度
		组织工作效率
		组织界面管理能力
	财务管理能力	财务决策能力
		财务控制能力
		资本运营能力
	人力资源管理能力	选人能力
		育人能力
		用人能力
		留人能力
	企业文化管理能力	核心价值观认同度
		文化与企业战略匹配度
		文化与组织要素匹配度
	信息管理能力	信息获取能力
		信息处理能力
		信息共享能力
		信息网络状况

二、酒店企业能力的几个维度

从酒店企业能力的构成维度来看，企业能力的重要来源在于企业的各个职能层面，包括人力资源管理能力、市场营销能力和财务管理能力等。企业的能力是企业自身可以控制的因素，而且包括人力资源管理能力、市场营销能力、财务管理能力等在内的企业能力是企业竞争优势所在。

企业职能活动是企业核心价值链的创造活动所在，也是企业竞争优势的源泉。企业战略目标的实现依赖于企业内部各个职能的实施。企业任何战略的实施都必须获得职能战略的配合和支持，执行得力的职能战略为企业带来具有支撑竞争价值的能力和优势。不同职能部门的主要任务不同，关键的变量也不同，不同职能战略的侧重点也不同。人力资源管理、市场营销、财务则是企业的核心职能。

第二节 人力资源分析

一、人力资源是企业竞争优势的源泉

任何企业都是由一定数量和结构的人构成的，人力资源是企业的关键资源与核心的资源投入，是企业竞争优势的核心源泉。

人力资源影响到企业的绩效，关系到企业战略的实施。酒店企业的核心在于为旅游者提供服务，而员工直接参与到酒店服务的全过程，为顾客提供面对面的高接触的服务。酒店企业内部人力资源的水平直接关系到企业的绩效水平。

二、人力资源管理职能是企业的重要职能

企业人力资源职能是指为了推动企业战略实施，完成企业战略任务和目标，围绕企业战略，结合企业外部环境变化和内部人力资源的状况，进行企业人力资源资源规划，实施招聘、选拔、培训等企业人力资源管理活动，为企业战略的实施提供相匹配的人力资源。

企业人力资源职能的核心在于依据企业战略，分析确定企业未来的人力资源需求和供给，并通过各种人力资源管理活动，合理地获取、开发、配置企业内部人力资源，使得企业内部的人力资源与战略实施任务相匹配，推动企业战略的实施。

企业人力资源职能是企业内部价值链创造环节中的一环，企业价值创造活动的开展都是在人力资源管理的基础上进行的，企业人力资源职能也成为企业战略实施中的中心活动。

三、企业人力资源职能分析

企业人力资源职能的首要任务是进行企业人力资源评估，掌握企业内部人力资源状况。企业人力资源评估是指对旅游企业内部现有的人力资源的数量、结构及员工技能与能力的调查和研究，重点评估旅游企业内部人力资源在新的企业战略实施方面的能力，确定企业中的人力资源是否有能力实施既定企业战略，识别企业内部人力资源的缺口并制定相应的人力资源战略。

人力资源评估的内容主要包括：

1）企业内部人力资源的规模和数量，包括企业不同部门、岗位、技能类型、等级的人力资源数量，不同服务年龄的员工数量结构，不同性别的企业员工数量等。

2）企业内部人力资源的成本结构，包括企业员工的年薪、奖金等福利薪酬结构。

3）企业内部人力资源招聘和选拔制度的有效性。

4）企业内部人力资源培训和职业发展路径的有效性。

5）企业内部人力资源开发途径的有效性。

6）企业内部人力资源激励体系的有效性。

小资料

洞 察 力

当饭店评估其价值时候，不能只考虑土地、建筑物和利润，还必须将人力资产计算在内，这种情况在买卖饭店的时候经常发生。一般来说，人力资产评估需要 2～3 天的时间，需要收集一下信息：

1）执行委员会每个成员的背景情况，如所受教育、参加过的培训，以及职业生涯等。

2）对执行委员会的领导风格进行评价。委员们是否齐心协力、相互支持？谁不够合作？是否支持他们的经理？

3）总经理具有何种领导风格？他是否能调动每个人的积极性？他是否扮演了支持者和鼓励者的角色？

4）服务顾客与成本控制的平衡点在哪里？

5）员工的士气是高还是低？

6）员工接受过何种培训？

7）员工绩效审核是否起到了积极作用？

8）餐饮经营状况如何？怎样设计菜单？怎样控制成本？

9）顾客满意度调查的结果如何？顾客有哪些抱怨？

通过对人力资产的评估，饭店会对其管理系统的长处和弊端有一个清楚的认识。如果人力资产没有得到充分的利用，就会影响到饭店的售价。这样做还能够比较出被出售饭店与购买方在管理理念上的不同。

（资料来源：转引自艾弗森．饭店业人力资源管理[M]．张文，等译．北京：旅游教育出版社，2003．）

第三节　市场营销能力

任何一个企业战略的最终目标都是为了能够在竞争性市场中创造价值并获得利润。企业所生产出的产品和服务唯有在市场中获得认可才能实现自身价值的创造，完成惊险的一跳，而这惊险的一跳则依赖于企业市场营销职能这一关键环节。市场营销职能是旅游企业价值创造活动的核心环节，是实现企业产品价值，完成企业价值创造活动链条循环的关键。

小资料

酒店营销案例

1．喜来登酒店

喜来登酒店是美国国际电报电话公司的子公司，是世界上最大的国际酒店联号之一，1937年由欧内斯特·亨德森创建。喜来登酒店的系列营销策划包括：降低房价，免费提供停车场，喜来登国际俱乐部，喜来登公务旅行者计划，喜来登家庭旅行计划，政府价格，退休人员计划，设立团体客房可用银行，喜来登金证书，对航空公司与旅行社职员50%优惠，无烟客房，残疾人客房，喜来登塔。

2．Abbey Group Resorts

为了吸引和鼓励会议策划者与参会者作为休闲客人再次光临，酒店创建了一个“送还特殊价值计划”的新促销活动，许诺参加会议者在一年内再次惠顾同一酒店可以享受曾付过的团体价格，这种营销方式既为目前的客人创造了价值，又使得会议策划者能随机增加会议出席者人数，很快得到会议组织者的认同，在方案刚实行了很短一段时间里，就有 50 多名客人参加了进来。

3. **Travelodge**

创建了一个顾客忠诚方案，把目标市场锁定在休闲客人和老年人，通过制作可分开的塑料 ID 卡的会员表，使得客人很容易地加入到常客档案中，并制作了容易填写的表格、礼品目录以便客人在闲暇时间填写。忠诚奖励的门槛很低，客人只需要住 3 夜积 250 分就可以享受贵宾待遇，客人积分到 750 分的时候，酒店就会寄一张注有客人名字的饰金会员卡，以表明客人已成为了酒店的 VIP 客人，这些金卡可享受诸如免费打地方电话、定期收到不同赠品等特殊优惠。此外，酒店针对目标市场的客人每年审核更新物品目录，以确保物品的时尚性，方案有效建立了经济档次的顾客忠诚度。

（资料来源：邹统钎．酒店经营战略[M]．北京：清华大学出版社，2005.）

一、市场营销职能是企业的重要职能

市场是指具有相近的现有或潜在的消费者群体的集合。市场营销职能则是指企业在特定的时间和资源条件下，识别和分析市场机会，确认、预见和创造企业目标市场，并借助各种市场营销策略来实现企业自身市场目标，提升企业市场竞争力，获取成长和发展的竞争优势。

企业市场营销职能包括对企业市场的调研、分析，研究和选择目标市场，进行市场的细分，进而确定企业自身的目标市场定位，并组合各种市场营销方法，充分利用自身的产品和资源满足游客的市场需求，强化企业自身的市场适应力和竞争力。基本的市场营销职能包括市场细分、产品定位、目标市场定位和营销战略等。

市场营销是企业竞争优势的源泉之一，在竞争性的市场环境中，旅游企业生存的条件在于能否获得市场的认可，企业能否实现自身价值的核心在于市场营销职能的执行。

小资料

酒店网络营销

2010 年携程和艺龙的预订酒店间夜数分别为 1 650 万和 540 万，较上年增长 26%和 15%。同期北京市场星级饭店的住宿者人天数却比上年下降 3%。在线市场的增长率是整体市场的 5～8 倍。该市场虽然在酒店中的所占比重较小，但是增长率是最快的一个细分渠道。开展以网络订房为基础的电子商务已成为酒店业经营的一种必然趋势。为了提高网络订房的管理效率和实际效果，最关键的就是网络营销。酒店网络营销的几大趋势：

1．个性化关怀，优化着陆页面

着陆页（有时被称为首要捕获用户页）就是当潜在用户点击广告或者利用搜索引擎搜索后显示给用户的网页，在互联网营销中，着陆页的作用往往被忽略。清华大学总裁班特聘网络营销专家刘东明提到，很多成功的电子商务网站都采用了个性化的着陆页面设计，酒店产品也是个性化消费品，不同的年龄段，不同的住宿动机，不同的阶层对客房的要求是有所差别的，酒店应该针对不同的目标客户群体设计不同的着陆页风格。例如，对于价格重视型的顾客可以专门设计一个链接介绍酒店价格折扣以及与其他酒店相比所具有的价格优势，也可以适当地运用其他一些优惠措施。

2．巧妙设置网络定价，消化库存

酒店客房是最容易“变质”的商品，因客房产品不能库存，它在规定的时间内卖不出去，当天的效用、价值就自然失去，既损失了成本又损失了利润，具有价值补偿易失性的特点。调查显示，设施、价格、交通、服务和卫生是用户对酒店最为关注的因素。其中设施是用户关注度最高的因素，而价格是影响用户选择哪家酒店的关键要素。刘东明表示，具有良好网络营销意识的企业应巧妙设计网上价格，通过网络将酒店的新资料和促销信息方便、快捷地发布出去，触及到全球客源市场和更多的销售渠道，这就大大减少了客房产生“库存”的风险，可以引导和培育更多的潜在消费群体，而且即时在线服务，也大大提高了客人对酒店整体服务的满意度，塑造了良好的网络口碑。

3．我的选择你做主，口碑营销是关键

“试睡试床”活动的火爆，显示酒店评论的重要性。网友评论实际上是一家酒店口碑的直观又客观的反应。面对日益激烈的竞争，酒店业越来越重视入住者的评论，因为往往入住者的评论常常成为影响酒店口碑及形象的重要因素。刘东明表示，网友的一条恶评甚至会成为酒店的一次形象危机。面对危机，有些酒店会试图将负面投诉内容删除，这样的解决方式看似利落却后患无穷。公开道歉并提出合理补救措施，可以直接呈现出酒店的态度与服务素质，众人首先对酒店服务就有了好印象。酒店工作人员及时在网上向客人致歉并作出补偿的行为，更容易被顾客接受，而且致歉中透露出的酒店位置、设施、近期优惠活动等相关信息，还能引起查看者的兴趣。因此，营造良好的网络口碑至关重要。

（资料来源：http://www.17u.cn/newsshow_301854.html）

二、企业市场营销职能分析

企业市场营销职能战略的核心在于分析和识别市场机会，把握企业外部市场环境的变化，并依据企业产品和发展战略，确立企业的市场定位和发展战略，实施企业的市场营销战略。

基本的市场营销职能包括市场细分、产品定位、目标市场定位、营销战略等。

1．企业市场细分分析

市场营销职能的核心在于酒店企业如何正确识别旅游市场，满足不同的旅游市场需求。因此，首要的任务就是依照企业战略，进行市场细分，确立符合企业的最佳的市场细分战略。

（1）市场细分定义　市场细分是指依据顾客需求和购买习惯的不同，按照一定的划分标准，将整体企业市场划分为若干个不同类型的细分市场。

现实中，任何完全相同的市场是不存在的。企业只有充分认识不同的细分市场，进而从中选择自身的目标市场，并进行有针对性的营销活动。市场细分针对不同游客采取不同的营销资源的配置，通过识别特殊的细分市场，使企业利用有限的资源进行经营，开辟新的市场，并针对特定的市场群体进行营销，而无需进行大批量的分销和大规模的广告销售便能建立一定程度的垄断力量。

（2）市场细分变量　面对一个广阔的异质的市场，进行正确的市场细分是极为必要的，其中确定一个市场细分的标准又是关键。通常市场的细分标准多样，按照不同的标准可以分割出不同的市场，大致的变量分类：

1）顾客的人口统计变量：年龄、性别、收入、教育水平、家庭生命周期（单身，年轻夫妇无孩子，家庭有小孩子，家庭有大孩子，中年无孩子，退休夫妇，单身退休夫妇）。

2）顾客行为变量：顾客购买旅游产品的行为特征，如购买目的、服务购买特征。

3）顾客的心理变量：社会阶层，生活方式，个性特征。

4）顾客的地理变量：消费者的地理区域，产品购买区域，顾客来自哪里。

2．产品定位

产品定位是指酒店如何使自身酒店产品能够被客源目标市场的顾客所认知的过程，即如何确立酒店产品与其他酒店竞争者之间的差异性和在顾客心中的地位和形象。产品定位是酒店市场营销职能的重要环节，其核心在于努力使得酒店产品和酒店能够在顾客心中留下一个良好的形象，并能够被目标客源市场所吸引。

产品定位核心在于将酒店产品和酒店的目标市场相匹配，通过借助对客源市场的分析和对竞争对手的酒店产品的分析，寻找到一个可能的客源市场空隙，即还没有其他的酒店进入的市场，以在其中确立酒店企业自身产品的定位，使之区别于其他酒店所提供的产品和服务。而实际上，现实的客源市场机会也总是存在于那些空隙市场或者是空白的客源市场之中。

小资料

上海莫泰的莫泰 268、约泰 QQ 和驿居

上海莫泰通过对消费者的需求分析，进行市场细分，相继推出莫泰 268、驿居和约泰 QQ 等产品，这些产品都有着自己的定位和特色。

莫泰 268：2005 年 1 月，莫泰 268 产品创立，定位于商务客人，是首家商务自助式酒店，以时尚、静谧、简约和温馨为特征，时尚、明快的颜色和多样化的房型让客人产生富有文化冲击力的视觉享受，客人一卡制独享休憩空间，完备的商业设施、自助家居化的厨房、亲切的微笑、家居化的装潢让客人感受到家的温馨。

约泰 QQ：2006 年 4 月，约泰 QQ 新概念酒店问世，定位于时尚小白领、背包族客人群体，是一种与传统宾馆迥异的新概念宾馆，是世界上极为激进的宾馆概念。比如，它一改传统的外开窗为内开窗，即窗户朝向走廊而开，通过走廊内的反射机制和照明作用使得房间内自然被照亮。

驿居：2006 年 9 月，驿居产品创立，定位于高端商务客人，其以清新淡雅风格为特色，驿居设计的风格让每位客人都耳目一新，从大堂到餐厅，从走廊到客房处处都可以见到“圆”的设计，处处凸显出设计者对中国“圆文化”的运用。

（资料来源：谷慧敏，田桂成．饭店集团案例库（中国卷）[M]．北京：旅游教育出版社，2008.）

3. 目标市场定位分析

市场职能需要做的是如何在这些细分市场中判别不同市场的吸引力，确定企业自身的目标市场，即哪部分市场是企业重点关注的核心市场。企业目标市场的定位需要考虑以下几个因素：

（1）市场发展规模　不同的细分市场具备不同的规模，或大或小。一些大众市场规模极大，而一些特殊兴趣的小众市场规模则相对较小。企业需要充分衡量市场规模的大小。

（2）市场增长率　市场增长率衡量的是市场的增长潜力，即该市场是否能够为企业的发展提供机会。企业需要判别这是一个处于成长期的市场还是一个成熟期的市场。

（3）市场集中度　市场集中度衡量的是市场的结构特性，即该市场中占据主导企业的数量及其在市场中的份额。

（4）市场的可进入性　市场的可进入性考量的是企业能否顺利地进入这个细分市场，能否获取充分的信息。

4. 营销战略分析

企业在确立了自身的目标市场定位后，接下来需要做的是，如何针对目标市场和产品进行营销，获得市场的认可，提升企业的市场份额，这成为了企业市场营销职能战略实施的关键所在。

企业目标市场营销则是组织企业内部的营销资源，围绕企业产品、分销渠道和促销活动等，制定相应的企业营销计划和预算，以获得更多的市场份额。

（1）无差异营销　忽视细分市场的差异，采用标准化的营销方法和措施。

（2）差异营销　针对不同的市场，用不同的方法营销，一部分具有共同特征的旅游市场进行标准化的营销，另外一部分则是采用细分的差异化的营销。

（3）集中营销　集中精力在某个单一的细分市场。企业将所有营销资源都集中到一个小的细分市场范围内，放弃了大部分市场。集中营销要求企业对顾客有着更深入的认知。

（4）定制营销　集中于个体消费者的需求上，针对其个体定制专门的营销方案，以更好满足个体需求。

小资料

酒店社会媒体营销的十大技巧

1. 开通博客

酒店经营者通过博客来发布当地活动、景点、餐厅、购物、夜生活等信息。这让酒店可以为客人提供很多额外的信息。此外，酒店也可以将这些源源不断的内容延伸到脸谱（Facebook）和推持（Twitter）上。

2. 主动出击

管理好酒店的在线声誉，邀请客人在 Trip Advisor、Yelp 等其他评论网站发表评论。确保酒店对所有评论及时作出反应，以及在这些网站上及时更新酒店的资料（描述、照片和联系方式等）。

3．邀请客人参与

邀请客人加入酒店的脸谱（Facebook）页面（通过电子邮件），并邀请他们发布酒店及旅途的照片。Panoramia 就是一个很好地让客人发布照片的网站，因为它与谷歌地球（Google Earth）和谷歌地图（Google Maps）链接。

4．与当地公司和景点建立链接

在酒店推特（Twitter）或脸谱（Facebook）帖子里链接当地公司和景点（通过使用"@+公司名称"的格式）。这能提高酒店的在线互动，以增强影响力。

5．奖励机制

适当的奖励是完成工作的推动力。激励措施使人们跃跃欲试。例如，给获得当月最佳照片的客人提供免费的周末住宿，等等。

6．鼓励网上签到

基于地理位置的签到网站如 Four Square 或 Gowalla 能够帮助酒店增加曝光度，并促进酒店的餐饮销售。酒店可以给通过网上签到来酒店入住的客人提供一杯免费的鸡尾酒，或者是一晚免费的客房升级（根据实际情况），或免费的延迟退房等。

7．加入有趣的视频

发现目的地有趣的视频，酒店营销人员就可以把它们加入酒店的 YouTube Channel 来创建一种视频导游，并赞美"视频创造者"，告诉他们你把视频放在酒店的官方网站上。

8．回收利用

重新利用社交网络的相关内容。关于酒店的积极评论应该贴在推特（Twitter）、脸谱（Facebook）以及博客文章里。酒店可以从 Picasa、Flickr 和 Panoramia 收集所有客人的照片，把它们放在脸谱（Facebook）的同一个相册里。

9．年轻的团队

招募一个精通互联网的年轻人来负责社会媒体工作。他们通常能够快速浏览并学习别人好的做法。他（或她）跟年轻客人交谈时比较个性化，这一点很重要。

10．展示你幽默的一面

有趣且富有个性。比起正式传统的做法，幽默的做派更胜一筹。消费者在脸谱（Facebook）上最后真正点击或阅读的文章是什么？肯定是有趣或原创的文章。

（资料来源：http://www.17u.cn/newsshow_301303.html）

三、市场调研方法

酒店企业市场职能需要对企业的市场环境有清晰的了解，因此必然需要定期或不定期地进行市场的调研，摸清市场的情况。由此，市场调研方法则成为酒店企业市场营销职能常用的方法之一。

市场调研方法是通过系统地设计相应的问卷，收集关于企业的市场信息数据，并撰写报告分析企业面临的特定的外部市场环境的过程，其目的在于为企业的决策者提供必要的市场信息，了解企业的外部市场情况和数据。

市场调研是企业获取信息和数据，进行战略制定的重要的工具和依据。如果缺少客观、翔实、准确的信息和数据，即使具有良好的战略直觉的企业家，也难以为企业作出准确的战略决策和判断。

一般来说，市场调研主要包括国内外市场环境的调查、顾客情况调查、市场营销因素调查、市场需求容量调查以及竞争者情况调查等。

市场调研方法的步骤主要包括以下几个方面：

1．确定企业战略决策问题和调研的目标

任何的市场调研都必须是基于一定的目标的，具有鲜明的目的性，以此期待通过市场调研来解决某个问题，为企业的战略决策提供帮助。因此，对于任何市场调研来说，首先必须明确战略决策的问题，明确要解决什么问题，将战略目标转为市场调研的问题。

2．拟定市场调研方案和调研计划

在明确了市场调研的目的之后，企业必须详细地拟定市场调研方案和调研计划，根据由决策问题转化而来的市场调研问题，确定市场调研所需要获得的信息，明确市场调研需要关注的几个问题，确定这些信息需要如何获取，需要运用到那些调研方法，需要运用到哪些分析方法。据此，企业进一步明确市场调研的时间安排和调查步骤，组织安排好参与市场调研的人员和相应的分工安排。

3．收集调研信息

在市场调研方案形成之后，下一步需要做的是如何用最有效的、最经济的方法来获取想要的市场信息。常用的市场调研方法包括二手资料法、实地调研法、问卷调查法、深度访谈法、德尔菲调查法、实验法、专题讨论法、实地参与法。

4．分析和处理调研信息

信息搜集和获取之后，调研人员需要采用各种数据处理和分析方法，对数据和信息进行处理，以提取出有效的信息和发现相应的规律。通常应用到的数据分析方法有定性分析方法和定量分析方法。

定性分析方法主要是依据日常的经验、常识、发展规律、逻辑推理、因果关系、现有理论等来推断出结果。

定量分析方法则是运用数学统计方法，借助一些定量软件工具如 SPSS、EVIEWS 等来辅助分析。它主要包括统计分析和非统计分析，常用的方法如描述性统计、参数假设检验，回归分析、因子分析、主成分分析、聚类分析、非参数统计分析等。

5．撰写市场调研报告

市场调研的最后一个步骤则是根据对数据分析与处理的结果，总结分析的规律，评估市场调研分析的结论，作出关于企业市场的判断，为企业战略决策提供一种参考依据，并提出相应的建议和方案。

小资料

酒店博客营销

博客营销是指通过博客网站或博客论坛接触博客作者和浏览者，利用博客作者个人的知识、兴趣和生活体验等传播商品信息的营销活动。现如今，博客营销已经成为酒店营销的重要方式，洲际酒店是这一领域的领先者。

2008 年 1 月，洲际酒店集团利用一个私人在线社区，在一个在线协作空间里了解客户的旅行习惯和喜好。自 2007 年 4 月起，该酒店已经针对其最忠诚、消费最高的美国客户试验一个高度互动的网站。来自参与者的快速反馈极大缩减了洲际酒店新产品投向市场的时间，而节省的市场研究和市场利用成本高达 90%。

酒店客户可以通过 5 种不同途径发表意见、建议和提问，包括通过调查、聊天室和具体主题的讨论区，集中探讨客户需求和体验的调查，可以配合多选答案或开放式答案。洲际酒店的常客可以登录 Priority Club Rewards 网站，输入最多 10 个奖励号码以印在他们的卡片背后。

洲际酒店的成功，证明酒店博客营销的市场已经成熟，酒店营销的重点将转移到网上，博客营销则是重中之重。

（资料来源：http://www.chinavalue.net/Article/Archive/2008/1/23/96749.html）

第四节 财务职能

财务职能是企业的另一核心职能，特别是在现代社会之中，企业的财务职能日益增强。无论企业规模的大小，财务职能必在企业中占据重要的地位，任何企业战略都将体现并落实在具体的财务职能上，企业战略的核心也就在于对财务资金的获取和再利用。

一、财务职能是企业的核心职能

对于任何企业来说，财务职能都是企业的核心职能。企业财务职能是企业内部有关企业财务资源的再配置，是关于企业资金的筹集、分配和管理运营。财务资源如同企业的其他资源一样，是企业发展的必要投入之一，因此，如何以最低的成本获取资金，以最有效的方式配置财务资源，以配合和支持企业战略的实施则是企业财务职能的重要任务。具体说来，企业财务职能包括企业资金筹集、资本投资等财务预算和资金管理方面的内容，涉及的是企业能否为战略实施获得所需的资金，为企业战略提供可靠的、稳定的资金保障，是否有有效的财务预算程序来分配财务资源，是否有有效的资金管理来实现财务资金的最大化利润。

二、企业财务职能分析

企业财务职能战略涉及的是对财务资源这一稀缺性资源的有效管理和配置的问题，一方面是如何能够在企业战略实施过程中从竞争性的市场中为企业获得适时的低成本的资金保障；另一方面则在于如何能够有效地对企业财务资源进行有效的配置，推动企业战略的实施。财务预算、财务融资、财务分析等是企业财务职能战略实施的几个关键要素。

1．财务预算

财务预算是基于企业战略发展需求而对企业财务自由的一种配置计划，涉及企业资源的获取和有效利用与管理，涉及企业财务资源在企业内部不同项目、产品、部门和活动之间的分配和再分配。企业借助财务预算，整合各个部门之间的财务需求和资金管理，并将企业的战略目标分解至各个部门，控制和推动企业整体战略的实施。

不同的企业因企业战略的不同有自身不同的财务预算。其财务预算既可以是月度的财务预算，也可以是年度的财务预算，甚至是更长远的财务预算。而从内容上看，企业的财务预算包括现金预算、经营预算、销售预算、盈利预、支出预算、分部门预算等。

2. 财务融资

企业财务融资的基础在于围绕企业战略，在企业财务预算的基础上，选择可靠的、及时的、有效的融资渠道和融资结构，为企业提供资金保障。企业财务资源同其他稀缺性资源一样，可以从竞争性市场中获取，但同样有着资金成本，既包括资金所有者希望得到的期望收益也包括企业获取资金时的各种成本。由此，企业资金的成本也是企业财务融资的考虑因素。通常，权益融资、负债融资、商业信用是企业基本融资渠道。

1）权益融资。它是通过增资扩股来获得资金。

2）负债融资。它是通过银行贷款、发行债券来筹集资金。

3）商业信用。它是通过调整与供应商及顾客的信用条件来改变企业资产和销售结构进而改变企业的资金需求。

3. 财务分析

企业财务分析是指借助各种分析方法和工具，对企业战略实施过程的财务状况进行评估，主要包括比率分析、纵向分析和横向分析等。

（1）比率分析　比率分析是财务分析中的重要分析工具，是全面衡量和分析企业财务状况的方法，其借助企业财务数据来反映企业战略实施中的运营状况。

1）反映酒店盈利能力指标。

① 净资产收益率。它是指酒店一定时期内的净利润同平均净资产的比率，充分体现了投资者投入企业的自由资本获取净收益的能力，突出反映了投资与报酬的关系，是评价酒店资本经营效益的核心指标。其计算公式为

净资产收益率=净利润/净资产

② 总资产报酬率。它是指酒店一定时期内所获得的报酬总额与资产总额的比率，其中报酬总额由利润总额和利息支出两部分组成。总资产报酬率表示酒店包括净资产和负债在内的全部资产的总体获利能力，是评价酒店资产运营效益的重要指标。其计算公式为

总资产报酬率=（利润总额+实际利息支出）/资产总额

③ 销售（营业）利润率。它是指酒店一定时期内营业利润同营业收入净额的比率。其计算公式为

销售（营业）利润率=营业利润/营业收入净额

④ 成本费用利润率。它是指酒店一定时期内营业利润与成本费用总额的比例，表示酒店为取得利润而付出的代价。其计算公式为

成本费用利润率=营业利润/营业总成本

2）反映酒店资产运营能力指标。

① 总资产周转率。它是指酒店一定时期内营业收入净额同资产总额的比率，是综合评

价酒店全部资产经营质量和利用效率的重要指标。其计算公式为

总资产周转率=营业收入净额/资产总额

② 流动资产周转率。它是指酒店一定时期营业收入净额同流动资产总额的比率。其计算公式为

流动资产周转率=营业收入净额/流动资产总额

③ 应收账款周转率。它是指一定时期内酒店营业收入净额同应收账款余额的比率。其计算公式为

应收账款周转率=营业收入净额/应收账款余额

3）反映酒店偿债能力指标。

① 资产负债率。它是指酒店一定时期内负债总额同资产总额的比率，是评价酒店负债水平的综合指标。其计算公式为

资产负债率=负债总额/资产总额

② 流动比率。它是指酒店一定时期内流动资产同流动负债的比率，用以衡量酒店短期债务偿还能力。其计算公式为

流动比率=流动资产/流动负债

③ 速动比率。它是指酒店一定时期的速动资产同流动负债的比率，用以衡量酒店的短期偿债能力。其计算公式为

速动比率=速动资产/流动负债

④ 长期资产适合率。它是指酒店所有者权益与长期负债之和同固定资产与长期投资之和的比率，从酒店资源配置结构方面反映了酒店财务结构的稳定程度以及财务风险的大小。其计算公式为

长期资产适合率=（所有者权益+长期负债）/（固定资产+长期投资）

4）反映酒店发展能力指标。

① 销售增长率。它是指酒店本年度营业收入增长额同上年营业收入总额的比率，是评价酒店成长状况和发展能力的重要指标。

② 资本积累率。它是指酒店本年所有者权益增长额同年初所有者权益的比率，表示酒店当年资本的积累能力，是评价酒店发展潜力的重要指标。

③ 总资产增长率。它是指酒店本年总资产增加额同年初资产总额的比率，用以衡量酒店本期资产规模的增长情况，评价酒店经营规模总量上的扩张程度。

（2）纵向分析　纵向分析是指在旅游企业战略实施中，分析企业战略实施周期内各年度的财务状况，以识别企业战略实施中各个时期的财务数据变化，用以判断企业战略实施过程中企业的财务业绩以及未来的发展趋势，为企业战略的实施和调整提出参考意见。

（3）横向分析　横向分析是指在企业战略实施过程中，将企业与同行业的企业，特别是竞争对手与行业的领先者进行横向的比较分析，以期发现和校正企业发展的各种问题和不足。

本章小结

（1）能力是指企业所拥有的特性，是将诸多的资源整合运用以完成特定活动的能力，

当企业将资源按照一定的方式合理配置来完成企业某项任务时，企业的能力就产生了。

（2）人力资源是企业的关键资源与核心的资源投入，是企业竞争优势的核心源泉。企业人力资源职能的首要任务进行企业人力资源评估，掌握企业内部人力资源状况。

（3）企业市场营销职能包括对企业市场的调研、分析，研究和选择目标市场，进行市场的细分，进而确定企业自身的目标市场定位，并组合各种市场营销方法，强化企业自身的市场适应力和竞争力。基本的市场营销职能包括市场细分、产品定位、目标市场定位、营销战略等。

（4）企业财务职能战略涉及的是对财务资源这一稀缺性资源的有效管理和配置的问题。财务预算、财务融资、财务分析等是企业财务职能战略实施的几个关键要素。

复习思考题

一、分析题

1. 如何分析酒店企业的能力？
2. 酒店企业人力资源分析的主要内容是什么？
3. 酒店企业市场营销职能的主要内容是什么？

二、练习题

以一家你熟悉的酒店企业为例，分析该酒店企业能力，并对其作出相应的评价分析。

三、案例分析题

如家酒店的服务营销

在竞争激烈的酒店行业，如家作为中国经济型酒店行业的领先者，从2001年的11家酒店，到2008年2月签约464家酒店。截至2011年第一季度，如家拥有开业酒店848家，客房数量为97 321间，位居中国经济型连锁酒店第一。如家成功的秘诀绝不仅仅是发现了经济型连锁商务酒店这一巨大的市场空缺。从某种意义上讲，服务营销战略是如家不可战胜的法宝。

1．市场定位

价格、舒适对顾客来说同样重要，找到合适的平衡点，就能提升酒店服务的性价比，更好地满足客户的需求。如家把目标顾客定位为中小企业客户，并为其提供质优价廉的服务。其所倡导的“五星服务，四星大堂，三星品质，二星价格”深深吸引了大批的消费者。目前如家已拥有150万个会员，且忠诚度极高，会员对总利润的贡献达到了52%。

2．低成本原则

为了能够在两星的价格下提供高品质服务，如家可谓“锱铢必较”。如家硬件的标准化、低成本已经为业界和消费者所熟悉。扁平的组织结构要做到人力资源的低成本、高素质，如家的第一个秘诀是削减组织层级，打造一个“经济型”的组织结构。

3．以情感营销取胜

如家的情感营销不仅体现在品牌命名，也渗透到每个服务细节。“如家”就是要让顾客感受到“家”的温馨、整洁与舒适，这种命名容易使消费者产生积极的品牌联想。同时，如家对细节的关注，也让顾客时时感受到被重视与关怀。例如，如家推出的“书适如家”服务，在客房摆放精心挑选的畅销经济管理类书籍，顾客可以随意翻看，如果喜欢还可以购买。

具体来说，如家的服务营销策略体现在以下几个方面：

1．产品策略

如家使用分体式空调，冬天使用暖气，只建占地50～100平方米的小餐厅，把更多的空间变成客房，餐厅不对外服务。甚至如果附近有餐馆，干脆就把餐厅省了。对于要住好几天的顾客并不天天更换牙刷。

2．低价策略

规模经营，平民路线，如家把它的这种价值观深深地嵌入每一个细节之中。从高层管理者到普通员工都最大限度地发挥其作用，以减少其费用，在保证服务质量的前提下，在非关键的方面也尽可能节约。该花钱的地方绝不吝啬，该砍下的成本也绝不手软。

3．促销策略

如家在酒店外表的装扮方面独具一格，黄色的外表，给人以醒目的感觉，易于消费者发现。同时如家根据不同的地区，不同消费人群，不同时期开展不同的消费活动。例如，在“五一”时期，针对大学生消费人群，采取半价的促销策略。

4．人员策略

“以人为本，员工第一”的原则是服务业公认的原则。如家同样坚守这一“以人为本”的原则。如家非常注重企业文化的建设，尊重员工的意见，把对员工的关心落实到实际行动中。“草根会议”营造沟通氛围的管理员工关系。如家有本专门的内部刊物，叫做《如家人》，大量稿件都是来自一线员工，记录新店开张的紧张和压力，分享同事互助的感激之情，这些都折射出如家内部平等亲密的氛围。

5．服务过程

如家始终坚持标准化服务，服务只有标准化了，服务的质量才能统一，如家的标准化的目标就是建立一个有效的管理系统。如家提出了“外部五角”“内部三角”的理论。外部五角是指行业、产品、价格、服务和营销，它们是显形的，可以被看到和复制的；内部三角包括人力资源、管理系统和核心竞争力，有效地管理管理层、员工以及顾客，这些是隐形的，是看不到也难以复制的部分。

（资料来源：李欢，如家快捷酒店服务营销策略，2011年）

第九章

SWOT 分析

对于一家特定的公司来说，最优的战略从根本上来说像是一幢很独特的建筑，它反映了公司所处的具体环境。

——Michael E. Porter

参与市场竞争就像参加一场战争。您会遭受伤害和伤亡，最好的战略才能取得胜利。

——John Collins

竞争的奥秘在于以己之强，攻敌之弱。

——Bruce Henderson

最能够使你精神振作的，莫过于面对虎视眈眈的竞争者。

——Wayne Calloway

知识目标

- 理解 SWOT 分析的基本原理。
- 掌握如何进行 SWOT 分析。

知识要点

本章核心是介绍酒店战略分析的有力工具——SWOT 分析方法。SWOT 分析方法是对酒店内部优势与劣势、外部机会与威胁进行详尽分析的有力工具，便于酒店管理者全面掌握酒店的内外部形势，为战略的制定奠定基础。

引导案例

20 年后的酒店房间可以提供哪些体验

英国的廉价酒店连锁 Travelodge 委托未来学家 Ian Pearson 来预测 2030 年客人可能会在酒店房间内有哪些体验。这项为期 6 个月的研究，内容包括“技术对酒店平均入住时间将会有什么影响”和“20 年后哪些类型的设备将应用于酒店”。

前英国未来关注者（目前是咨询师）Pearson 说：“不可避免的，未来的酒店客房将从根本上与现在不同。为满足客人的多种需求，未来的酒店业主可以通过技术应用扮演不同的角色，如私人礼宾、生活时尚导师、健身教练、心理学家以及医生。”

未来的酒店客房可应用的技术见图 9-1。

图 9-1　未来的酒店可应用的技术

图中技术的应用可实现的功能如下：

① 覆盖整个墙壁的交互式视频面板。在 2025 年，增强现实感，使用计算机图像覆盖视角，以放大客人看到的现实。这使酒店整面墙壁和家具可以交互式显示。

② 从家到“家”：3D 房间布置图像。客人能够从各种布置中作出选择，并且寂寞的商旅客人还能看到家庭的虚拟图像。

③ 3D 音效，数字化房间隔音效果。平板音箱使客人可以选择环绕的声音。比如，海洋的声音有助于他们入睡。

④ 从客人自己的家上传的虚拟灯光选择。情境下的灯光将营造一种宾至如归的氛围。

⑤ 医学睡眠监测。具有电响应组织的睡衣和麦克风能够测量皮肤电导率（指示压力或放松状态）、脉搏、血压和心率。

⑥ 根据夜晚实时监控，提供饮食建议。一些医疗状况可以通过简单的传感器来监察。这些连接皮肤或组织的传感器甚至可以监察客人睡觉时的气息。客人醒来时会看到一份关于医疗状况的报告，（报告）包括建议进食量等。

⑦ 自动按摩去压枕头。一次温柔的头部及颈部按摩帮助客人安然入睡。

⑧ 通过数码小首饰上传及下载。到 2035 年手机将绝迹，小巧的数码首饰将满足客人的所有移动及 IT 需求。

⑨ 最佳睡眠周期提醒。睡眠周期提醒将通过监控人体大脑电活动，确认唤醒客人的最佳时间——让他（她）醒来时格外精神，而不是醒来几分钟又进入新的睡眠周期。

⑩ 个人联系："Pillow Talk"。到 2035 年将以一系列软电子产品以及微型话筒装入枕头，来检测脑、REM 和睡眠活动，使得独自在外的旅行者能够和家人聊天。

⑪ 和家人的视频聊天。跟家一样的 3D 虚拟空间可以使客人自由自在地与家人沟通。一个在外出差的客人能够感到"他们和家人在一起"。如果他们想的话，甚至睡觉时也能看到伴侣就在身边。

⑫ 虚拟办公室和多路会议室。虚拟技术使商务旅客的酒店房间变成他们的工作室，（房间）墙壁则变成有摄像机功能的视频监视器。

⑬ 增强现实感的室内健身接口。在 2035 年网络将在酒店房间扮演极其重要的角色。在那里（酒店房间）客人可以在虚拟的私人教练指导下进行锻炼。

⑭ 互动游戏和健身。客人还可以邀请来自数字电影和游戏中的人物，与他们分享自己的房间。

⑮ 在线预订与购买。墙壁上可以看到商店的内部，客人可以直接在他们房间购物或通过墙上网络查询股票价格。

（资料来源：Ian Pearson. 20 年后的酒店房间可以提供哪些体验[J/OL]. 同程网，[2011-06-13]. http://www.17u.cn/newsshow_300673.html）

第一节 原 理

一、SWOT 分析

SWOT 分析是 20 世纪 80 年代初提出来的一种能够较客观而准确地分析企业内部和外部态势的工具与方法。SWOT 分别是优势（Strength）、劣势（Weakness）、机会（Opportunity）、威胁（Threat）四个词的英语单词的首字母。

SWOT 分析主要是通过分析企业的内部优势与劣势、外部机会与威胁，从而明确企业所处的状态，为企业的战略制定提供信息基础。其中优势与劣势是基于组织内部环境分析得到的，机会与威胁是基于组织外部环境分析得到的。

1．优势（Strength）

优势是指企业相对于竞争对手所拥有的强项，表现为：

（1）资源方面　有形资产优势（资金、原材料、先进的生产线和生产设备）；无形资产优势（品牌、商誉、人力资源）。

（2）能力方面　技术开发能力；先进生产能力；分销能力；售后服务能力。

2．劣势（Weakness）

劣势是指企业相对较竞争对手所拥有的弱项，表现为：

（1）资源方面　企业存在着不足的资源。

（2）能力方面　企业在某方面的能力不强。

3．机会（Opportunity）

机会是指那些存在于外部环境中的有利于企业发展的方面，如果能够开发出来，便能帮助企业获得竞争优势的情形和条件，表现为：

1）市场扩大，客户群增大。

2）市场进入壁垒低。

3）出现有利于自己的宏观政策。

4）竞争对手实力降低。

5）供应商实力降低。

4．威胁（Threat）

威胁是指企业外部环境可能妨碍企业获得竞争优势的情形和条件，不利于企业发展的方面，表现为：

1）出现新的实力强的竞争对手。

2）替代品抢占市场份额。

3）行业发展受限，市场增长缓慢。

4）宏观政策的不利调整。

5）客户和供应商的谈判能力增强。

二、SWOT 分析的优势与劣势

SWOT 分析方法是企业内部因素和外部因素分析的有力工具，但也存在着相应的劣势与不足。

1．优势

SWOT 分析方法有助于识别企业的资源优势与竞争能力、资源优势与竞争缺陷、市场机会、影响企业未来利益的外部威胁，为组织制定未来战略提供平台。

1）在形式上，SWOT 分析法表现为构造 SWOT 结构矩阵，并对矩阵的不同区域赋予了不同战略意义，指明了企业相应的战略选择。

2）SWOT 方法体现了用系统的思想将这些似乎独立的内部因素和外部因素相互匹配起

来进行综合分析，能够帮助企业识别大量的因素，使得企业战略计划的制订更加科学、全面。

3）SWOT 分析方法直观，使用简单，即使没有精确的数据支持和更专业化的分析工具，也可以得出有说服力的结论。

4）SWOT 分析方法用途广泛，既可用于行业分析，又可用于企业个体分析。

2. 劣势

SWOT 分析方法也存在一些不足之处，主要表现在：

1）SWOT 分析方法属于定性研究，需要主观判断，带有相对的主观性特征。

2）SWOT 分析方法相对来说分析简单，并没有提供制定战略的精确信息。

第二节　实　施

一、SWOT 分析法的步骤

1. 分析步骤

SWOT 分析方法的主要步骤如下：

1）列出企业的关键外部机会。

2）列出企业的关键外部威胁。

3）列出企业的关键内部优势。

4）列出企业的关键内部弱点。

5）确定标准，对这些内部和外部因素进行评价，判定优劣势的大小和外部环境的好坏。

6）形成一个 SWOT 分析表。

7）将内部优势与外部机会匹配，将结果的优势　机会战略填入格中。

8）将内部弱点与外部机会匹配，并记录得出弱点　机会战略填入格中。

9）将内部优势与外部威胁相匹配，并记录优势　威胁战略填入格中。

10）将内部弱点与外部威胁相匹配，并记录弱点　威胁战略填入格中。

2. 主要关注点

在使用 SWOT 分析方法时，需要关注以下几点：

1）在分析各种内部和外部因素的时候，尽量省去过多的细节，以便突出关键要点。

2）在选择各种因素的时候，许多因素尽可能是相关的而不是孤立的。

3）不可以只关注能被测量的刚性事实，柔性因素如组织文化和管理者才能也是很重要的，同样需要给予关注。

4）对于各个要素的说明要具体，评价要客观真实。

二、SWOT 分析图及相应战略选择

如图 9-2 所示，将企业的内部优势、内部劣势、外部机会、外部威胁等相关因素分别放置在 SWOT 分析图，可以制定出四类匹配战略：

（SWOT）	内部优势（S）	内部劣势（W）
外部机会（O）	（SO 战略）第Ⅰ象限 依靠内部优势 利用外部机会	（WO 战略）第Ⅱ象限 利用外部机会 克服内部劣势
外部威胁（T）	（ST 战略）第Ⅳ象限 依靠内部优势 规避外部威胁	（WT 战略）第Ⅲ象限 减少内部劣势 规避外部威胁

图 9-2 SWOT 分析图

1．SO 战略

若企业处于第Ⅰ象限，表明企业外部有众多机会，又具有强大内部优势，宜采用发展型战略（SO 战略），即充分发挥企业内部优势、利用企业外部机会的战略。所有的管理者都希望自己的企业处于这种状况。这样可以利用自己的内部优势去把握和利用外部趋势和事件所提供的机会。当企业存在重大弱点时，将努力克服这一弱点而将之转变为优势。当企业面临威胁时，将努力回避威胁集中利用机会。主要的战略包括一体化、多元化、合资经营。

2．WO 战略

若企业处于第Ⅱ象限，表明企业外部有机会，但内部条件不佳，宜采取措施扭转内部劣势，可采用先稳定后发展战略（WO 战略），此战略的目标是通过利用外部机会来弥补内部弱点。

3．WT 战略

若企业处于第Ⅲ象限，外部有威胁，内部状况又不佳，应设法避开威胁，消除劣势，可采用紧缩战略（WT 战略），这是一种旨在减少内部弱点，同时回避外部环境威胁的防御性战略。一个面对大量的外部威胁和具有众多内部弱点的企业的确处于不安全和不确定的境地，这样的企业面临着被并购、宣告破产的威胁，不得不为自己的生存而奋斗。

4．ST 战略

若企业处于第Ⅳ象限，拥有内部优势，而外部存在威胁，宜采用差异化，强势更强，分散风险，寻求新的机会（ST 战略），即利用本企业的优势回避或减少外部威胁的影响。

本章小结

（1）SWOT 分析主要是通过分析企业的内部优势与劣势、外部机会与威胁，从而明确企业所处的状态，为企业的战略制定提供信息基础。

（2）SWOT 分析提供了酒店发展的四类战略，即 SO 战略、WO 战略、ST 战略、WT 战略。

复习思考题

一、分析题

（1）什么是 SWOT 分析方法？

（2）SWOT 分析方法的优势与劣势是什么？

二、练习题

以一家你熟悉的酒店为案例，利用 SWOT 分析方法对酒店进行详尽的分析，并在课堂上向大家展示您的分析结果。

三、案例分析题

广州花园酒店发展分析

广州花园酒店从 1985 年开业至今，享誉中外二十载，是目前国内最具规模的五星级商务酒店之一。其诞生和发展，得到了中央、省市各级领导和港澳、海内外知名人士的热心扶持，被誉为是改革开放的硕果、中外合作的典范。1982 年由廖承志、利铭泽倡议兴建广州花园酒店，广州岭南置业公司与香港花园酒店有限公司合作经营，2006 年 9 月重新装修。

1．**优势分析**（S）

（1）地理位置　广州花园酒店位于广州市环市东路繁盛商业区之心脏地带，是四通八达的交通汇点。酒店每天提供数十趟穿梭巴士往返白云国际机场和火车站。地铁五号线在酒店门前成为连接广州至东莞的枢纽站。

（2）完善的基础设施

1）客房。酒店分酒店大楼和花园大厦两座 Y 型大楼，占地面积 4.8 万平方米，建筑面积 17 万平方米。酒店大楼有 30 层、高 107 米，顶楼设有广州最大的旋转餐厅，有客房 1 112 套；拥有高级客房、精英客房、豪华客房、行政客房、豪华套房、行政套房、总统套房。

2）餐饮。广州花园酒店有：供应各种各样的驰名粤式小吃及菜肴的荔湾亭；“国家特级酒家”“广州十大明星餐饮企业”之称的桃园馆；供应自助早餐、下午茶、自助晚餐及夜茶的凌璇阁；供应精致的正宗法式菜肴的名仕阁。

3）康乐及会议设施。广州花园酒店设有各种康乐设施：室外游泳池、健身室、桑拿浴室、网球场及壁球室，国际名牌商场、健康及美容美发中心等。

（3）良性的品牌经营　广州花园酒店现成为中国国家旅游局正式授予的白金五星级饭店，为酒店的发展树立了新的里程碑。此奖项是中国旅游饭店业的最高级别。

（4）鲜明的市场定位　作为广州市内高档商务型酒店，广州花园酒店的客人 90%都是商务客，其中“回头客”占了 46%～50%。因此，挖掘商务客源市场，进一步改造酒店的商务设施已提上该酒店的议事日程：瞄准高端消费群体—— 国内标准团队、境外旅游团队、高档的商务散客，并根据不同的市场、不同环境和不同销售季节及时调整销售方向和销售策略。

2．**劣势分析**（W）

（1）信息沟通系统不完善　花园酒店虽有自己的主页，但是主页信息不完善，官网上没有设置大众服务栏目，没有设立一个反馈意见平台，没有给顾客提供一个一对一的、即时的网上交谈平台。

（2）客房设施相对香格里拉等其他五星级酒店差一点　广州花园酒店的电视频道很少，而且大多不清楚，客房没有沿海小城市的五星级酒店大，卫生间小且装修老旧，宽带速度慢且不稳定。

3．**机会分析**（O）

（1）广州各行各业的发展　广州的商业网点多、行业齐全、辐射面广、信息灵、流通渠道通顺。全市拥有商业网点10万多个，为全国十大城市之冠；交通运输业的不断完善，旅游人数剧增。

（2）广肇城际轻轨交通项目的签订　广佛肇城际轻轨在2012年底建成通车，这大大刺激了沿线广州段旅游，未来几年中，广佛肇轻轨、贵广铁路、南广铁路都途经广州，将给花园酒店带来巨大的市场发展潜力。

4．威胁分析（T）

（1）新兴酒店　新兴的高档酒店把矛头指向商务休闲，并在硬件设计上强化了会议接待功能，从而在某一程度上与会展酒店的目标市场重合，酒店将步入微利阶段。

（2）各大酒店的抢滩登陆　例如，一家有着30年服务经验的知名酒店“白云宾馆”，去往火车站、会展中心只需短暂车程。

（3）针锋相对式的营销策略　针锋相对式的营销策略势必成为后起之秀最好的参照物，在僧多粥少的情况下，强劲的竞争者将采取针锋相对的营销策略，在开发新客户时推出层出不穷的优惠方案。

（资料来源：http://blog.sina.com.cn/s/blog_7084ddc00100sl8s.html）

思考：依据SWOT分析方法，广州花园酒店未来的发展战略该怎样选择？

第十章

酒店竞争战略

竞争战略没有定规。这意味着要以不同的方式开展价值链上的各项活动，或者开展与竞争对手不同的活动，为顾客提供独特的价值组合。

——迈克尔·波特

战略就是分析、检验、学习，然后再检验。

——Ian C. McMillan，Rita Gunther McGrath

战略的核心在于以快于竞争对手模仿您今天所采取的战略的速度为自己创造明天的优势。

——Gary Hamel，C. K. Prahalad

通过多元化达到出众的表现，绝大多数情况下是建立在关联性基础上的。

——Philippe Very

让你的公司的每一个业务都成为行业第一，不要留下失败业务。

——杰克·韦尔奇

知识目标

- 理解酒店竞争优势与酒店竞争战略之间的关系。
- 理解成本领先战略。
- 理解差异化战略。
- 理解集中化战略。
- 理解多元化战略。
- 理解蓝海战略。

能力目标

本章的核心是介绍酒店面临的竞争战略选择。酒店的竞争战略的核心在于能够为企业带来竞争优势。一般的竞争战略包括成本领先战略、差异化战略和集中化战略。此外，多元化战略也是酒店企业的重要竞争战略类型。对于酒店企业来说，核心是找到一个适合企业的战略。

引导案例

西南航空公司的低成本领先战略

西南航空（Southwest Airlines）是美国一家总部设在得克萨斯州达拉斯的航空公司。西南航空公司以“廉价航空公司”而闻名，1971年6月18日由罗林·金与赫伯·凯莱赫创建。首航从达拉斯到休斯敦和圣安东尼奥，是一个简单配餐而且没有额外服务的短程航线。

西南航空公司是自1973年以来唯一一家连续盈利时间最长的航空公司。2001年“9·11事件”后，几乎所有的美国航空公司陷入了困境，而西南航空公司则例外。2005年，运力过剩和史无前例的燃油价格让美国整个航空公司行业共亏损100亿美元，达美航空公司和美国西北航空公司都是同年申请破产法保护，相比之下，西南航空公司则连续第33年保持盈利。

西南航空公司是以低成本战略赢得了在美国航空业日渐衰退的大环境下的大胜利。它的胜利在于另辟蹊径去占领别人不屑去争取但是却是潜力巨大的低价市场。西南航空公司的低成本战略来源其高效的成本控制能力，主要体现在以下几个方面：

1．选择单一的标准机型

西南航空公司的141架飞机全是耗油少的波音737，全公司只需要一个维修厂、一个航材库，一种维修人员培训、单一机型空勤培训学校，可以有效降低库存成本、培训成本等；同时可以实施大批量的采购，获得较高的采购折扣率，从而降低了飞机的采购价格，控制了原始成本。统一机型为公司的标准化管理提供了基础，既降低了公司的管理和运营成本，又提高了管理和服务的质量，有利于公司控制自己的经营品质，塑造自己的品牌形象。

2．点对点直航

点对点直航，即选定两个旅客来往频繁的城市，确定往返航班。这不仅降低了管理成本，同时也使快速离港和飞机上限量供应等低成本运作具有可行性。同时，西南航空公司的飞机选择中等城市和二流机场降落，有效降低了运营成本。西南航空公司从创业伊始，就成功进行了差异化的定位。正如总裁凯勒尔所说：“我们选择了独特而又恰当的市场定位，我们是世界上唯一一家只提供短航程、高频率、低价格、点对点直航的航空公司。”从开业的第一天起，西南航空公司就认为低价和优良的服务会开拓更多的市场，并以此向大公司的高价策略提出挑战。

3．减少顾客订票等的中间环节

西南航空公司通过电话或网络订票，以信用卡方式支付，不通过旅行社售票，避免代理环节的费用开支，同时也不提供送票上门服务。

4．保持地勤人员少而精

飞机降落以后，需要当地机场的地勤人员提供飞机检修保养、加油、物资补给和清洁等工作。在西南航空公司，每架飞机仅仅需要9名员工就可以开航。这比其他航空公司几乎少用一倍的员工。

5．高的轮转效率

西南航空公司有最短的航班轮转时间，每架飞机每天11次起落，航班轮转时间仅为 15 分钟，是世界航空界的最短纪录，其他航空公司需要 1 小时。

6．在顾客认可和接受的条件下，削减了一些服务项目

针对短程特点，西南航空公司只提供软饮料和花生米，而不是像其他公司一样提供昂贵的配餐。而这些对于商务人员来说是足够的，因为他们只需要简单的机上服务。

（资料来源：刘松．西南航空公司的低成本领先战略[J].企业改革与管理，2006（9）

第一节 竞争优势分析

一、竞争优势

企业的竞争优势是指企业拥有的能够使其优于竞争对手的能力。竞争优势意味着企业在市场竞争中的优势地位，能为企业带来卓越的盈利能力。

如何确定和分析企业的竞争优势是酒店企业制定竞争战略的关键任务。通常采用一些定量方法来评价和确定企业的竞争优势，将企业在每一个行业关键成功因素方面和每一个对竞争有重要意义的资源和能力方面，与竞争对手进行比较，评价企业与竞争对手之间的强弱关系，具体步骤如下：

1）列出一系列酒店行业关键成功因素和影响酒店竞争优势与劣势的最显著的指标。

2）根据每一个指标因素对酒店企业与其他竞争对手排序，评分赋值 1～10。

3）将各个变量因素的总分加总，得出每一个竞争对手的竞争优势得分。

4）根据优势评估，做出有关企业竞争优势与劣势的结论。

酒店企业通过竞争优势的评估，可以得出有关企业的竞争地位和竞争优势的重要结论，通过逐项因素、逐项能力地反映酒店与其竞争对手的相对地位，得出酒店在哪一个领域的竞争力强，哪一个领域的竞争力弱，进而确定酒店的竞争优势所在。

二、竞争优势与酒店战略

面对一个竞争变化的动态环境，企业的竞争优势也随时处于变化之中，企业需要不断地调整企业战略来应对变化，维持和获取企业的竞争优势。

好的酒店战略的核心在于其能为酒店带来和维持酒店的竞争优势。因此，一方面酒店需要时刻地关注企业的竞争优势，关注酒店内外部环境的变化，制定新的酒店战略以维持和获取酒店竞争优势；另一方面，酒店在战略的选择和制定方面，也需要参考和依据自身的竞争优势情况，选择那些能够维持和获取竞争优势的战略。

第二节 竞争战略类型

一、一般竞争战略

一般竞争战略是由著名管理学家迈克尔·波特提出的。迈克尔·波特认为，企业的竞争优势来源于最好地适应企业竞争环境的一般战略的选择，然后组织企业价值创造活动来支持已经选择的战略。迈克尔·波特强调，战略制定者需要进行成本收益分析，以评估企业现有的和潜在的经营单位的分享机会的情况，通过降低成本或提高差异化，共同行动与分享资源可以提高企业的竞争优势。

由此，迈克尔·波特认为，一般竞争战略是指那些能够为企业带来竞争优势的战略，这些一般竞争战略根据企业定位的市场目标的宽与窄，企业所寻找的竞争优势是与低成本相关还是与产品的差异化相关，可以分成三个基本竞争战略，分别为成本领先战略、差异化战略和集中化战略，见图 10-1。

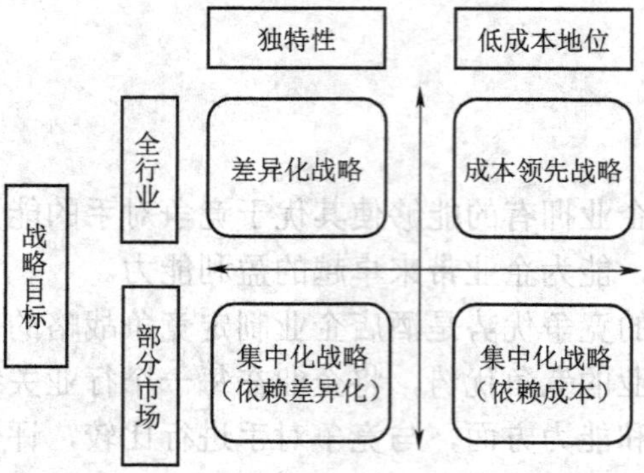

图 10-1　迈克尔·波特的一般竞争战略

二、成本领先战略

1. 基本概念

成本领先战略是指企业通过有效途径降低成本，使企业的全部成本低于竞争对手的成本，甚至是在同行业中最低的成本，进而获取竞争优势的一种战略。

成本领先战略的关键在于设法建立一个单位成本比竞争对手更低的成本结构，强调以很低的单位成本价格为价格敏感的用户生产标准化的产品。

对于低成本战略来说，其目标是寻求比竞争对手低的成本结构，获得低成本领先，与此同时，企业必须认真考虑哪些在购买者看来是至关重要的特色服务。因为如果一种产品没有特色，同样会削弱而不是加强其竞争力。

如果一个企业能够取得并保持全面的成本领先地位，那么它只要能使价格相等或接近于该产业的平均价格水平就会成为所在产业中高于平均水平的超群之辈。当成本领先的企业的价格相当于或低于其竞争厂商时，它的低成本地位就会转化为高收益。

2. 获取成本优势的途径

成本领先战略的核心在于以实行低成本结构为主要目标的商业模式，来获得低成本领先，从而维持竞争优势，这之间的关键在于企业如何能够获取成本优势。企业获取成本优势的主要途径如下：

1）实行比竞争对手更有效地完成酒店内部价值链活动，更好地管理可能降低价值链活动的成本因素。

2）整合酒店的价值链，包括：完全忽略高成本的价值创造活动；实行产品的再设计；酒店服务流程的再设计；降低企业的劳动力成本。

3）控制成本的驱动因素，包括：实现规模经济分摊固定成本、学习及经验曲线；降低关键资源的投入成本；提高企业的生产能力的利用率；加强与企业价值链的其他活动联系，与企业其他组织部门共享机会，垂直一体化或外包，战略选择与运营运作决策。

4）利用新技术，重塑企业价值链。比如：转向对电子商务技术的利用；采用直接针对最终用户的销售方法；简化产品设计；取消附加的产品或服务；转向更简单资本密度更低的技术过程；避免使用高成本的材料；重新布置各种设施。

5）塑造低成本的酒店文化：酒店员工广泛参与成本控制，限制管理人员的额外福利。

6）有效分摊酒店的多种成本因素：考虑配比原则，合理分摊相关成本。这些成本包括与新产品开发或现有产品调整相关的研究与开发成本、劳动成本、能源成本和货运成本等。

3．成本领先战略的优势

成本领先战略的核心优势在于其领先的成本结构，使其能够获得高于竞争对手的利润，进而获取竞争优势，具体说来，其主要的竞争优势包括：

1)在酒店行业内部，具有低成本地位的酒店仍可以获得高于行业平均利润水平的利润，使其在战略上有更多的主动权。

2）面对强有力的购买商要求降低产品价格的压力，处于低成本地位的酒店企业在进行交易时会握有更大的主动权，可以有效地防御来自购买商的讨价还价能力。

3）当强有力的供应商抬高企业所需资源的价格时，处于低成本地位的酒店企业可以有更多的灵活性来解脱困境。

4）酒店建立起的巨大的生产规模和成本领先地位，使欲加入该行业的新进入者望而却步，形成进入障碍。

5）在与替代品竞争时，低成本的企业往往比行业中的其他企业处于更有利的地位。

6）忽视酒店产业内众多的细分市场，定位于吸引普通顾客，避免为不同的细分市场生产差异化产品的高昂成本。

4．成本领先战略的劣势

成本领先战略致力于减少酒店企业的成本结构，相应地也存在着一定的战略劣势和风险，主要包括：

1）酒店企业的技术进步和突破可能使低成本战略失效，给竞争对手以低价进入市场的机会。

2）容易产生盲目性。由于采用成本领先战略使酒店企业的力量集中于降低产品成本，而使其丧失掉预见产品市场变化的能力。

3）酒店企业为了赢得总成本最低，往往要求每个部门、每个环节都以同样比例降低成本。事实上，在酒店企业中有的部门增加投入反而会引起总成本的下降。一个酒店企业要赢得总成本最低，通常要求有较高的购买先进设备的前期投资、激进的定价和承受初始亏损的能力，以获取较高的市场份额。

4）行业内的竞争者可能会模仿酒店企业，压低整个酒店产业的盈利水平，进而使得本酒店失去成本优势。

5）酒店消费者的兴趣可能会转移到价格以外的其他产品特征上，使得本酒店失去市场地位。

5．成本领先战略的适用情况

成本领先战略并非适用于任何企业，成本领先战略的实施是有一定的适用条件的，主要的适用条件包括：

1）企业所处产业的产品基本上是标准化或同质化的，现有企业之间的价格竞争非常激烈。

2）购买者不在意产品品牌之间的差异，产品基本上是同质的。

3）多数顾客使用产品的方式相同，具有巨大的共同需求。

4）消费者的转换成本很低，消费者对于价格较为敏感，市场中有很多对价格敏感的顾客。

5）所销售的产品虽然低价但是品质是有保证的。

6．成本领先战略的误区

在现实的商业社会中，许多企业没有从企业战略的角度来看待和认识企业的成本问题，在实施成本领先战略的时候，往往会走入一些误区。

（1）仅仅看到企业的生产活动成本，而忽视了其他成本　通常，人们一提到“成本”，总是想到企业的生产活动成本。然而，在现代社会中，企业的活动是纷繁复杂的，特别是对于酒店这类服务业的企业来说，企业的成本早已经超越了生产活动的成本。企业的总成本中即使不是绝大部分，也是相当大一部分产生于市场营销、推销、服务、技术开发和基础设施等活动，而所有这些方面的成本在成本分析中却常常很少受到重视，被忽视了。为此，企业需要对企业整个活动的价值链进行重新审视，进而全面地把握企业的生产成本。

（2）忽视企业外部采购成本　企业成本领先战略，要求企业最大限度地降低成本，进而在成本方面获得与竞争对手相比的竞争优势。然而，许多企业将注意力集中在企业内部的成本，而对于企业外部采购成本有所忽视。例如，一些企业在降低劳动力成本方面投入极大的力量，而对于企业外部的采购投入却几乎全然不顾；很多时候企业的外部采购往往被看成是一种次要的辅助职能，在管理方面几乎不予重视，采购部门的分析也往往过于集中在原材料上；企业常常让那些对降低成本既无专门知识又无积极性的人去采购许多东西。对于许多企业来说，采购方法稍加改变便会产生成本上的重大效益。

（3）忽视企业间接的或规模小的活动成本　成本领先战略要求企业对于企业内部的成本进行全面管理，既包括企业内部的直接的大型的活动成本，也包括那些间接的规模小的活动成本。许多企业降低成本的规划往往都集中在规模大的成本活动和直接的活动上，而对于企业内部活动中，那些占总成本较小部分的活动不够关注，这些间接活动的成本大小往往被企业所忽略了。

（4）企业对成本驱动因素的认识误区　成本领先战略核心在于企业能够寻找到企业成本的驱动因素，进而采取各种有效的措施来控制企业的各种成本驱动因素，获取在成本方面的竞争优势。然而，很多企业常常错误地判断它们企业内部的成本驱动因素。例如，全国市场占有率最大且成本最低的企业，可能会被错误地以为是全国市场占有率推动了成本。然而，其成本领先地位实际上可能来自企业所经营地区的较大的地区市场占有率。企业不能理解其成本优势来源则可能使它试图以提高全国市场占有率来降低成本。它可能将其防御战略集中在全国性的竞争厂商上，而忽视了由强大的地区竞争厂商所造成的更大的威胁。

（5）企业无法有效地利用各种联系　企业内部的各种活动是非常多样的，特别是对于那些实施多元化经营的大型企业来说，多样的活动产生了多样的成本构成。然而，很多企业在成本管理与控制方面，忽视了这些多样的活动之间的联系，很少能认识到影响成本的各个因素之间的所有联系，尤其是和供应厂商的联系以及各种活动之间的联系，如质量保证、检查和服务等。一旦企业无法认识联系就会犯下许多错误。

（6）成本降低中的相互矛盾　企业常常企图以相互矛盾的种种方式来降低成本。企业试图增加市场占有率，从规模经济中获益，而又通过多样化来抵消规模经济，企业将工厂设在靠近客户的地方以节省运输费用，但在新产品开发中又强调减轻重量。

（7）损害形象　酒店在实施成本领先战略中，如果在降低成本的过程中，因为成本的因素，将一些酒店自身的个性或特色作了改变，且这些个性或特色对于消费者或者顾客识别酒店是十分重要的，那么酒店实施成本领先战略反而会损害其自身形象。因此，酒店在降低成本的时候，必须着眼于那些不会损害酒店自身特色的方面。

三、差异化战略

1. 基本概念

差异化战略是指企业向顾客提供的产品或服务，在行业范围内与其他竞争者相比独具特色、别具一格，这种显著的差异化特征使得企业获得了独特的竞争优势。

差异化战略是企业通过创造一种顾客认为重要的、有差别的或独特的产品来获得竞争优势。实行差异化战略的酒店的能力在于以竞争对手做不到的方式满足顾客，这意味着可以收取高价，提高酒店收入，获得购买者对产品的忠诚度，并获得卓越的盈利能力。差异化战略的利润见图 10-2。

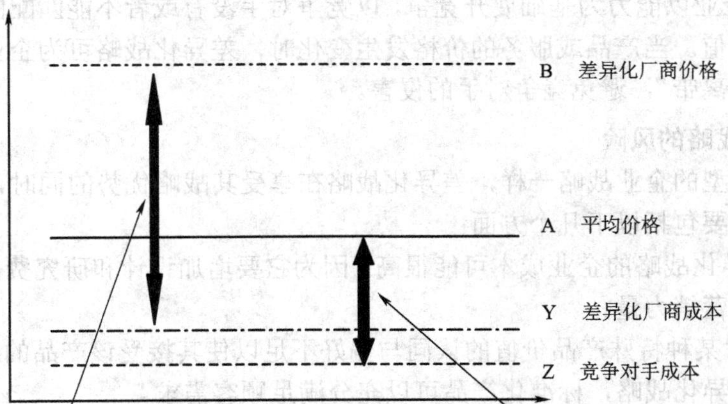

图 10-2　差异化战略的利润

2. 如何建立酒店的差异化

差异化战略的核心在于酒店企业能够创造出一种独特的有别于其他竞争对手的差异化特征，由此，差异化的特征的创造成为了关键所在。

任何酒店在实行差异化战略时，首先需要考虑如下几个问题：

1）酒店主要的消费群体或者是顾客群体是谁，是针对于哪些群体需求实行差异化？

2）酒店产品的目标群体的需求是什么？顾客需要什么，看重什么？

3）在酒店的产品和服务的哪些方面进行差异化？差异化主题类型是什么？

与此同时，酒店企业的差异化途径主要表现在以下几个方面：

1）差异化主要方面的选取。在酒店企业价值链哪个环节进行差异化：服务水平，产品特性，产品研究与开发活动，产品分销活动，市场营销销售和顾客服务活动。

2）集中于产品品质的差异化。

3）集中于酒店创新能力的差异化，包括产品创新和服务创新。

4）集中于酒店客户响应和顾客服务的差异化。

3．差异化战略的优势

差异化战略是企业获取竞争优势的重要战略之一，其主要的战略优势包括：

1）差异化战略能为酒店带来更多的产品灵活性，更大的兼容性，更高的服务水平，更大的方便性或更多的特性，满足顾客的需求，提高产品的销售量。

2）差异化可以使企业以更高的价格出售其产品，获得更高的企业利润。

3）差异化通过使用户高度依赖产品的差异化特征，建立起顾客对产品或服务的认识和信赖，形成企业无形的品牌资产。

4）顾客对商标的信赖和忠诚形成了强有力的行业进入障碍，增加了新加入者进入该行业的难度。

5）差异化能够应对供应商的压力，因为差异化企业更多关注的是市场价格而不是成本，差异化企业可以将涨价传递给消费者，更能容忍市场价格的上涨。

6）企业通过差异化战略使购买商缺乏与之可以比较的产品选择，降低购买商对价格的敏感度。

7）差异化企业以能力为基础展开竞争，以竞争对手没有或者不能匹配的竞争能力为基础为顾客提供价值。当产品或服务的价格发生变化时，差异化战略可为企业在同行业竞争中形成一个“隔离带”，避免竞争对手的侵害。

4．差异化战略的风险

如同其他类型的企业战略一样，差异化战略在享受其战略优势的同时，也隐含着潜在的战略风险，主要包括以下几个方面：

1）实施差异化战略的企业成本可能很高：因为它要增加设计和研究费用，选用新工艺和新材料，强化营销力量。

2）消费者对某种特殊产品价值的认同与偏好不足以使其接受该产品的高价格，成本领先战略会击败差异化战略，标准化产品可以充分满足顾客需求。

3）消费者需要的产品差异化的地位和作用在变化，随着时间的发展，产品差异化的权重下降，顾客变得对价格更加敏感。

4）企业差异化容易被竞争对手模仿，竞争对手的模仿会缩小消费者感觉到的产品差异。

5．差异化战略的适用条件

差异化战略并非适用于任何的企业，差异化战略的实施是有一定的适用条件的，主要的适用条件包括：

1）企业产品具有差异化的特性。企业可以通过许多途径实现酒店产品或服务差异化。

2）消费者认为酒店的差异是有价值的。差异化要有消费者认可的价值，并能够持续下去。

3）消费者对产品或服务的需求和使用多样化。

4）采用类似差异化方法的竞争对手很少，企业的差异化特征不易被竞争对手模仿。

5）技术变革和产品创新速度很快，市场竞争主要集中在快速推出新的产品特色。

6）企业对市场营销有强有力的协调，以及提供能吸引创造性人才的工作环境。

小资料

深航国际酒店："中国首家航空文化主题酒店"

深航酒店管理有限公司是深圳航空有限责任公司（以下简称"深圳航空公司"）的全资子公司，专门负责深圳航空公司在酒店板块业务的发展，总部位于广东深圳。深航连锁酒店依托深圳航空公司，以强大的客户资源、营销网络和服务品牌优势，致力打造卓越的民族品牌酒店管理公司，并获得亚洲酒店论坛星光奖授予的"中国最佳本土酒店管理集团"殊荣。

1．深航国际酒店，携航空文化迈入"五星行列"

深航国际酒店由深圳航空公司投资兴建，2005年开业，当时聘请上海锦江作为酒店的管理公司。深航国际酒店是深圳航空公司投资兴建并自行管理的一家国际五星级商务酒店，正以其独特的航空特色服务致力于创建国内首家航空文化主题酒店。

2009年7月，全国旅游星级饭店评定委员会作出"关于批准深航国际酒店为五星级酒店旅游酒店的批复"，深航国际酒店顺利迈上五星级酒店的台阶，成为深圳10多家五星级酒店中的一员。深航国际酒店之所以能够在实现自主管理一年多之后，顺利成为五星级酒店，就在于其依靠深圳航空公司和深航酒店管理公司的强大支持，在潜心汲取传统商务型酒店优点的基础上不断融入航空文化和航空特色服务，并将深圳航空公司的丰富资源与酒店有机对接，从而使其在众多高级酒店中独树一帜。

深航酒店管理公司总经理兼深航国际酒店总经理黄俭谈到："随着我们自主管理的实现，深航国际酒店也更加充分利用其在航空方面的资源优势，立志于创建'中国首家航空文化主题酒店'。深圳航空公司本身拥有庞大的会员，这些客源也是酒店的目标客源；此外，作为一家大型的航空公司，深圳航空公司在服务以及管理上都拥有自己的独到优势，而其酒店管理公司也将这些优势应用到了酒店的管理中。"

黄俭在采访中说道，"说到竞争力，它分很多种，比如说：超大体量、超豪华、特殊主题、设计等。航空文化可以覆盖到酒店的主题特色，覆盖到服务。通过一年多的对硬件上的改造和服务上的提升把深航国际酒店慢慢转型为航空文化主题的酒店。每一个走进深航国际酒店的人都有个深刻的体会，就是在这里处处都能感受到航空文化的气息。对于深圳航空公司来说，酒店行业是一个新起步的产业，但是我们一直致力于将酒店文化与航空文化结合起来，形成最独特的文化风格。"

这样的风格其实很多曾入住过深航国际酒店的客人都体验过，深航国际酒店在全国率先推出了"贵宾快捷通道、航空迎宾礼仪、空乘手语表演、前台市内值机、贵宾舱位体验"等一系列创新服务。这里引入了深航空乘的标准礼仪，很多即将在深航航班上服务的"准空乘"会先到这里实习服务。此外，大堂里还会有固定的空乘手语表演以及尊贵而新奇的头等舱体验区，让入住的客人进一步感受航空文化。而对于有乘坐航班需求的客人来说，这里还可以提供航班的实时信息查询、前台市内值机、机场穿梭巴士、贵宾快捷通道等高附加值的服务，让他们的旅程更加便捷，就如在乘坐“陆地上的头等舱”。

黄俭指出：“所以，一句话概括，我们的核心竞争力是结合深航主业资源的优势使酒店主题、服务、文化与航空文化结合。”

2．“航空主题”将复制到更多深航酒店

“我们使用了国学上常用的‘虚实结合’，原先职业经理人只要低头拉车、阶段性抬头看路就可以了，现在是不光要低头拉车还要随时抬头看路。现在我们的复制扩张就是相对虚的东西，实的就是我们将进一步挖掘、完善航空文化，完善我们的旗舰店，使之成为复制的标版。我们现在一边在打造完善我们的旗舰店，一边在复制扩张，这样虚实结合、相互促进，就会使我们更加快速的发展。随着航空文化主题的逐渐成熟，我们会将其复制到旗下更多的酒店里。”

（资料来源：http://www.hotelleadership.com/sort.asp?cnewsid=180）

四、集中化战略

1．基本概念

集中化战略是指酒店企业将资源集中在某一特定的细分市场，而不是整体市场，通过专注于这一细分市场而取得绝对优势。集中化战略的核心是企业的经营活动集中于某个产品特定的市场，而不是针对整个市场，集中于特定的消费者群体，特定的地域市场，或特定的规格产品，专门提供满足小众群体需求的产品与服务，从而能够比服务于整体市场的竞争者更好地为特定细分市场服务，进而获取竞争优势。

2．集中化战略的表现形式

集中化战略包括两种形式：一种是成本集中化战略；一种是差异化集中战略。

成本集中化战略是指企业在特定的市场内，通过更低的成本价格，获得成本领先地位来获得竞争优势。

差异化集中化战略是指企业以某个狭窄范围的市场群体为焦点，选择服务于某一个或少数几个细分市场或利基市场，在特定的市场中寻求独特的差异化，通过提供比竞争对手更能满足顾客需求的定制化产品或服务，致力于在特定市场中建立市场份额，来获取优于竞争对手的优势。

3．集中化战略的优势与劣势

集中化战略通过将企业自身的目标市场聚焦在某一个特定市场，进而借助低成本或差异化来获取竞争优势，这一战略的主要优势包括：

1）企业将自身的有限资源集中于某一个狭窄的市场范围之内，更容易获得竞争优势。

2）企业聚焦于细分市场，在满足特定市场上顾客的需求方面，拥有深厚的专业知识和能力，为顾客提供更专业化和更富有知识的服务，使自己更具有竞争优势。

3）企业将服务于较为集中的消费群体，能够获得较高的价格和利润水平。

4）企业集中于一个狭窄的市场，集中化战略只需要较少的资源投入，使得企业进入一个新市场的成本更少，更容易进入一个新市场。

与此同时，集中化战略同样存在潜在的风险，主要包括以下几个方面：

1）企业将全部力量和资源都投入了一种产品或特定的市场，当顾客偏好发生变化、技术变革或有新的替代品出现时，企业就会受到冲击甚至威胁，所承担的风险更大。

2）有时候一些竞争者会打入企业所聚焦的细分市场，并采取优于企业的更集中化的战略。

3）一旦企业的市场销量减少，生产成本增加，将会使得企业集中化战略的成本优势削弱，甚至战略难以为继。

4）市场上众多的竞争者可能会认识到企业集中化战略的有效性，进而模仿这一战略，使得战略失效。

5)技术的发展或者顾客口味的变化可能导致采取集中化战略的企业的利基市场突然消失，消费者的偏好会转向其他类型的产品。

4．集中化战略的适用情况

集中化战略并非适用于任何企业，主要的适用条件包括：

1）细分市场足够大，可以取得盈利并有发展潜力。

2）行业领先者认为进入这一利基市场对于他们取得竞争并不重要。

3)竞争对手在满足他们主要顾客的期望的同时很难满足这些细分市场的专业化或特殊需求，即使满足这个市场的专业化需求，其代价和成本也很大。

4）消费者有独特的偏好或需求，能够识别出这些消费者群体。

5）行业中存在许多的细分市场，并有足够规模的小众市场，且均有发展潜力，企业可以选择那些与自己的资源优势和能力相适应的有吸引力的利基市场。

6）企业在细分市场中拥有为特定市场群体提供专业化服务和定制化服务的能力、资源和知识。

7）极少数企业在试图致力于相同的细分市场的竞争。

小资料

酒店竞争战略举例

1．成本领先战略的酒店

圣达特集团旗下有速 8 酒店、旅行之家、骑士饭店、天天饭店，它是酒店成本领先战略的代表。

速 8 酒店：速 8 酒店属于经济型酒店，是全球最大的经济型连锁酒店，从 1974 年发展到现在，全球共有 2 300 多家速 8 酒店。1974 年第一家酒店开业的时候，平均每间客房的价格为 8.88 美元。

骑士饭店（Knights Inn）：创建于 1972 年，饭店提供有限的服务，主要客户群体为外出工作且有中等购买力水平的人士。酒店的营销战略也将目标锁定在长途卡车司机。

天天饭店（days inn）：面向具有中等购买力的顾客群体。

2．差异化战略的酒店

四季酒店：旗下有两大品牌，即四季酒店和丽晶酒店，定位于国际酒店业的高端市场，试图将每一家酒店都打造成为本地市场的佼佼者。

索尔——梅里亚：定位于高端市场，所有饭店基本上都位于世界著名城市的市中心以及一些顶级的旅游胜地。

3. 集中化战略的酒店

集中化战略的酒店包括：雅高旗下的宜必思品牌；洲际饭店旗下的假日快捷酒店；希尔顿旗下的汉普顿饭店。

第三节 战略类型补充——多元化战略

一、多元化战略

多元化战略是指企业扩大业务范围，进入与现有业务相关或不相关的行业，发展新的产品和新的市场来实现自身的增长。多元化战略是企业增加区别于核心产业的新业务的过程，多元化业战略专注于利用企业独特的竞争力在新进入的产业中增加产品的价值。往往多元化战略能够以较低成本完成一个或多个价值创造职能，以实现差异化赋予企业价格选择的方式来完成一个或多个价值创造活动。

多元化战略的动机主要包括以下几个方面：

1）当前的产品和市场不能再提供可接受的财务回报。

2）企业目前未能充分使用其资源和能力，还有剩余的资源和能力。

3）企业想拓宽业务范围组合，实现更多的发展。

4）企业希望更加有效地利用现有的分销系统，来分摊固定成本并增加回报。

5）企业想分散风险，分散投资。

二、多元化战略分类

依据企业进入的新的行业与现有企业业务的有无关系，可以将多元化战略分为相关多元化战略和不相关多元化战略。

1）相关多元化战略是指企业进入另一个同企业现有业务活动相关联的产业的战略，新行业与旧行业之间在价值链的某一个或几个环节上有共同点。企业的目标是通过转移和利用独特竞争力，资源分享和产品捆绑从而实现收益。企业可以运用其基本的组织竞争力提高总体绩效。

2）不相关多元化战略是指企业进入另一个同企业现有业务不相关联的产业的战略，进入一个完全新的产业和新市场。不相关多元化战略通过向新的业务转移企业的核心竞争力，专注于开发一种能够提高多元化组织中每个业务单元的盈利能力。

三、多元化战略的优势与劣势

多元化战略是企业发展和扩张的重要战略之一，其主要的战略优势包括：

1）企业通过多元化战略，开展多元化的经营业务，可以分散企业的经营风险。

2）多元化战略有助于企业将资源和能力向更为有增长潜力和利润空间的业务领域转移，进而获得新的增长。

3）企业通过多元化战略，能够进一步扩大企业的发展规模和业务领域，实现整体规模经济优势，进一步充分利用企业的资源。

4）企业借助多元化战略可以提高企业的市场力量和市场地位，获得更大的经营能力。

5）多元化战略有助于企业规避税法，规避反垄断法的限制。

6）多元化战略使得企业进入多个行业领域，企业内部的多个业务单位能够形成协同作用，产生更多的企业绩效。

与此同时，多元化战略也有其潜在的风险或劣势，主要表现为：

1）企业采取多元化战略之后，新进入的行业或企业自身的具体情况发生变化，影响战略的效果。

2）企业希望借助多元化战略来分散风险的理由不成立，多个行业未必能够降低企业的风险，有时候反而会提高企业风险。

3）企业期望进入一些新的业务领域，借助这些新的业务来挽救企业，然而有时候这只是理想。

4）多元化战略会导致企业内部官僚成本的急剧上升，包括企业内部管理的业务种类带来的成本和企业不同业务单位之间协作带来的成本。

四、多元化战略的条件选择

多元化战略是酒店企业发展到一定阶段的战略选择之一，然而多元化战略也存在着诸多战略风险。因此，酒店企业在实施多元化战略时，需要具备多元化战略的条件，一个企业是否适合搞多元化经营，既取决于自身的条件和实力，也取决于企业所在行业的技术特点、发展阶段乃至所在国家和地区的市场背景，包括外部条件、资源条件和能力条件。

1．宏观经济状况

宏观经济的周期性变化，经济从危机、萧条、复苏到高涨，作为微观经济主体的企业也同样经历几乎类似的过程。在不同的经济环境下，企业实施多元化战略是不一样的。经济出现危机和萧条阶段的企业通常不具备实施多元化战略所需的内部能力和外部市场机会。而在经济的复苏和繁荣的阶段，则会刺激企业积极开展多元化战略。

2．行业状况

企业实施多元化战略，进入一个新的行业，必须要考虑到这个行业的状况，需要判断选择进入的行业的吸引力是否足够大，所要进入的行业壁垒要适中，否则会影响到企业多元化战略的成功实施。

与此同时，企业进入一个行业还需要判断这个行业所处的生命周期。根据行业的生命周期理论，任何行业都有一个萌芽、成长、成熟和衰退的生命周期。企业对于行业不同发展阶段应采取不同的战略。一般而言，处在行业生命周期前期的企业应采取专业化战略；处在中期的企业，应根据具体情况来选择专业化战略或者多元化战略；处在后期的企业应积极发展多元化经营。一个企业要想持续发展，就应在所在行业的衰退期到来之前，利用当时拥有的经营资源和能力积极拓展新的事业领域，即开展多元化经营。

3．企业拥有足够的剩余资源

足够的剩余资源是企业实施多元化战略的必要条件。企业实施多元化战略所需要的资源量，一方面取决于企业拥有的可转移的剩余经营资源和这些资源的转移效率；另一方面取决于企业多元化经营所选目标行业的进入壁垒。这种进入壁垒主要表现为一定数量的资源。

从一定程度上来说，足够的企业资源条件是企业实施多元化战略的最直接条件。企业的资源包括雄厚的资金、专业的技术、共享性的营销网络、高素质的人才队伍等。

4. 企业主业优势明显

企业开展多元化经营不仅要看企业资源剩余状况，而且要看企业本身的主业经营状况，看主业竞争优势是否明显，企业的战略、组织、运营和机制等诸方面是否不存在明显问题。只有企业的主业优势明显，管理基础稳固，才能不断地提供支撑新事业所需的大量资源，否则就可能造成“跨行业补贴”和外业侵蚀主业的结果。如果原有产业的利润和资金都被抽走，新进入的行业仍然供给不足，一旦竞争形势恶化，会造成企业整体的危机。

企业实施多元化战略意味着企业要进入新的领域，然而，对于新的领域，企业缺乏足够的认识与相应的管理经验，加上不断增高的风险和成本，企业在进入新的领域的最初是不可能迅速获取到丰厚的回报的，这使得企业必须要拥有稳定、雄厚的实力作为后盾，而坚实的主业才是关键的基础。

5. 企业现有的成长空间受限

当企业的成长空间面临限制，企业的继续扩张带来的收益不但低于原来的收益，更低于跨行业经营的时候，企业可以实施多元化战略。企业面临的成长极限主要有三种：一是规模极限。企业达到一定规模后，如果继续扩张，原来的规模经济就会转为规模不经济。二是竞争极限。企业进一步扩大市场份额，可能招致竞争对手剧烈反弹并使本企业付出高昂代价。三是法律极限。按照国际上的一般规定，企业拥有一定比例以上的市场份额即构成垄断，企业将面临法律难题。

6. 企业面临极有吸引力的发展机会

企业面临极有吸引力的投资机会，是企业实施多元化战略的必要条件之一。极有吸引力的机会是指当所要进入的行业是一个全新的或者是处于早期增长阶段的行业，并且在这个行业里面还有可能建立起自己的优势地位或者占有支配性的市场份额，这时候企业便迎来了开展多元化经营的重要机会。

7. 企业拥有核心能力

核心能力在企业多元化经营中起着十分重要的作用，它是企业进入多元化领域取得持续成功的重要内因，成功的多元化经营是企业核心能力与市场机会的良好结合。因此，多元化战略的成功在很大程度上是得益于运用其强大的核心竞争力的能力。企业核心能力通常可分为五个方面：企业的技术开发能力与创新能力；企业的生产经营能力和管理能力；企业对品牌的创造能力和运用能力；企业员工拥有的知识和技能；企业所具有的价值观与独特文化。

8. 企业的管理水平能够应对多元化经营带来的管理挑战

企业的管理水平是企业实施多元化战略的另外一个关键条件。这首要体现在企业管理者的能力。一方面，这要求企业的管理者拥有认识现实和把握未来的能力，能看到现实中存在的潜在的危机，对这种危机的认识使他们能更准确地掌握现实问题的关键，把握事物的发展方向；拥有能够判断和把握市场机会的能力，辨别新出现的市场机会对企业发展的影响，以及对企业能力的要求；具备企业业务整合能力，多元化战略经营的成功在于各种业务之间有效的整合。因此，企业的管理水平便是影响企业行为的关键因素中的核心，企业实施多元化经营时，必须对企业的管理水平有一个清醒的认识。只有当企业的管理水平能够应对多元化经营带来的各项管理挑战时，企业才能实施多元化战略。

第四节　蓝 海 战 略

一、蓝海战略的基本含义

钱·金和勒妮·莫博涅教授于1997年在《哈佛商业评论》上发表《价值创新》一文，提出了企业战略行动的价值创新理论，并于2005年出版了《蓝海战略》一书。蓝海战略被誉为“为全球的企业界寻求新的战略手段提供了一种新的管理范式”，为现代企业战略管理发展提供了新的范式和实践方法。

蓝海战略是以价值创新为中心的战略，不同于传统的竞争战略，又被称为超竞争战略。传统竞争战略成为“红海战略”，“红海”是一种市场竞争者战略雷同，市场趋于饱和，平均利润率极低的行业，企业在其中进行着一场你死我活的搏斗，互相之间是一场零和博弈。而“蓝海”则是指未被开发的领域，其中竞争对手很少，平均利润率很高，能给企业带来迅速而高效的价值增长。蓝海战略，就是要开创那些尚无人竞争的、全新的市场空间和全新的商机，蓝海战略关注的不仅仅是竞争，企业能够区别传递卓越价值的要素与行业竞争关注的要素，往往因为顾客的忠诚度而能产生强大的竞争优势。

1. 蓝海战略将企业的视角转向顾客需求方

蓝海战略为企业的战略提供了一种全新的角度来认识竞争，企业将自身视角从市场的供给一方移向需求一方，从关注并比超竞争对手的所作所为转向为买方提供价值的飞跃，企业考虑的是如何能够满足市场顾客的需求。

为顾客创造价值成为企业竞争优势的来源，而不仅仅是企业的技术、企业的产品、成本结构等因素。顾客的市场需求是多样的，是差异化的，不同的企业服务于不同的利基市场群体，由此，企业可以从中取得差异化的战略竞争优势。所以，企业的真正优势在于能够发现那些顾客需求市场，并为这一部分利基市场群体提供价值。

2. 蓝海战略寻求开拓没有竞争的市场空间

现代企业竞争日益激烈，企业都陷入“红海”的血腥拼斗中。在“红海”之中，企业要想获得胜利，就必须打败对手。而蓝海战略则为企业提供了一种全新的发展路径，企业需要去开拓一片蓝海，去拓展现有的产业边界，在没有竞争的全新市场中创造价值。市场空间不是不变的，蓝海战略要求企业找到市场的特征，寻找到那片没有竞争的市场空间。

3. 蓝海战略要求企业以价值创新为核心

传统的竞争战略要求企业制定竞争战略，与竞争对手比较优势与弱项，聚焦于企业增加市场份额地位，进而获取竞争优势。而蓝海战略则要求企业以价值创新为核心，将企业的资源和能力转向能为市场、为顾客创造独特的难以被模仿的完整的价值，进而获取竞争优势。

价值创新（Value Innovation）是蓝海战略的基石。价值创新挑战了基于竞争的传统教条即价值和成本的权衡取舍关系，让企业将创新与效用、价格与成本整合一体，不是比照现有产业最佳实践去赶超对手，而是改变产业境况重新设定游戏规则；不是瞄准现有市场“高端”或“低端”顾客，而是面向潜在需求的买方大众；不是一味细分市场满足顾客偏好，而是合并细分市场整合需求。

4. 蓝海战略要求企业突破现有的产业边界

传统的竞争战略思维下，每一个企业都有着一个较为明确的产业边界和限制，企业围绕着某一个特定的产业来服务，为顾客创造价值。然而，蓝海战略则要求企业突破现有的产业边界限制，蓝海战略下的企业业务是以市场细分为基础的，而且是跨产业的市场细分，由此企业可以避开与竞争对手的正面竞争，而以一种先行者的身份进入一个全新的产业市场。

小资料

中国那些“非比寻常”的酒店

对于那些经常住酒店的商务人士来说，那些标准的五星级酒店就像007系列电影一样，很难再找到什么看点。在目前的中国酒店行业，不管是“实验电影”还是“票房大片”，业内人士们必须要为他们准备投钱的酒店找一个好主题，才能吊起住客的兴致。

1. 最新的小型奢华酒店——贝轩大公馆

贝轩大公馆所在的这座历史文化保护建筑始建于1939年，原为著名建筑师贝聿铭的家宅。该建筑蕴含贝氏家族的家族情怀，贝轩大公馆以此为主题，再结合老上海时代的风格设计，使之成为一家位于上海市中心的小型奢华酒店。

虽然酒店只设有25间具有现代中国风格的客房，但每一间客房都做了特殊的完全隔音处理。院内精心修剪的花园以及带有日本风情的喷泉打造出“城市绿洲”的感觉；酒店大厅中宏伟盘旋的“天龙”楼梯，配上光彩夺目的琉璃天花板，则彰显出20世纪30年代老上海的印迹。酒店中收藏了一些旧上海珍贵物品，包括1900年的石头露台以及“百寿图”等。

2. 最高调的绿色酒店——山东德州太阳谷微排国际酒店

德州市是世界上最大的太阳能热水器制造基地，新城区的太阳能普及率几乎达到100%。在如此环保的城市基础上，建立这座酒店也不令人意外。整个建筑突破了普通建筑常规能源消耗巨大的瓶颈，综合运用了太阳能热水供应、采暖、制冷、光伏发电等技术，实现了太阳能与建筑的合理结合。

除此之外，酒店门窗、天窗和幕墙，采用了温屏节能玻璃和BIPV温屏光伏组件，传热系数降低为国家节能标准的一半；太阳能高效遮阳系统，使夏季实现高效遮阳，冬季实现阳光采暖，相当于安了一台自动空调；光伏并网发电系统发电量预计达到20千瓦时。酒店投入使用后，整体节能70%，加上60%采暖、制冷，节能效率高达88%，远远高于国家公共建筑节能50%的设计标准。每年可节约标准煤2 640吨、节电660万度，减少污染物排放8 672.4吨。

3. 最奇特地质坑酒店——上海松江地质坑五星酒店

用于建造酒店的地质深坑是被人工、机械采石50多年后遗留下的，并积累雨水形成一个深潭。根据规划，这座地质坑五星酒店上有景观总统套房，下有水中情景房，依附大坑的南部岩壁建造，只高出地平面 15 米左右。酒店在大坑的水中将建有两层水下情景客房，从水面到地平面的 17 层及地平面上的两层设计为总统景观房、标准客房、水底餐厅与咖啡馆等，其中 400 间客房均设有观景露台，与对面坑壁设计的落差 100 米左右的瀑布遥相呼应，让入住者体验到水下世界的别致情趣。

设计方案中还特意结合地势，营造了多款空中花园。云雾水景花园位于主体建筑南翼负 16 层，窄小的水面上将配备自然的水生植物；而设置在负 17 层的隐水花园是一个结合水面景观的热带花园，每层的阳台上种植有悬挂式的特色热带植物，更形成立面上的一个植物瀑布；室内叠瀑花园则融合特有的崖壁自然资源，结合瀑布的概念，在室内形成两个天然花园。

4. 最智慧的高科技酒店——杭州黄龙饭店

杭州黄龙饭店与 IBM 合作，设计了一整套的“智慧酒店”解决方案，其中最有代表性的便是智能房卡。客人一出电梯，系统会自动感应他的房卡信息，三道指示牌指引他直至自己的房间。“黄龙饭店这张卡已经不是简单的门卡，它可以做很多的事情，可以互联，可以显示酒店尊贵客人在酒店的位置，可以把他在酒店里以前的生活或入住习惯很高速地集成在一起，并且和酒店后台管理系统做有机的联合。”IBM 大中华区工商企业部总经理单宏寅先生介绍说。客人在入住后还可以体验到一个贴心的设置：电视门禁系统。若在住客不便应答的时候有人按门铃，门外的图像会主动跳到电视屏幕上，方便住客判断以什么形象去开门。另外，客房内还配备有全球通智能手机、带 iPod 插孔的床头音响、互动服务电视系统等。

（资料来源：http://www.17u.cn/newsshow_301512.html）

二、蓝海战略布局需要回答四个问题

钱·金和勒妮·莫博涅教授于在《蓝海战略》一书中提出了蓝海战略布局需要回答的四个问题，即蓝海战略的四步行动工具，为“增加—减少—剔除—创造”，见图 10-3，企业必须从以下这四个方面来思考和重构企业现有的战略模式。

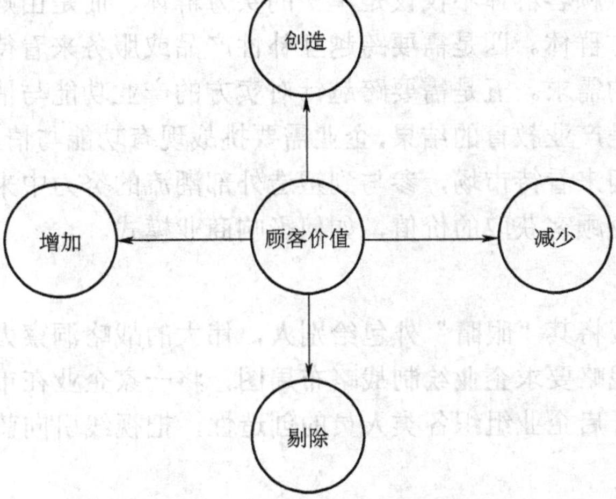

图 10-3　蓝海战略四步行动工具

1. 哪些被产业认定为理所当然的元素需要剔除

这个问题涉及企业必须要剔除现有产业中企业竞争攀比的元素，这些元素经常被认为理所当然，虽然它们不再具有价值，但实际上却并没有价值，反而会降低顾客的价值。

2. 哪些元素的含量应该被减少到产业标准之下

这个问题促使企业作出决定，看看现有产品或服务是否在功能上设计过头，只为竞争和打败竞争对手，企业所给超过顾客所需并徒然增加成本。企业必须要剔除那些设计过头且并没有受到顾客欢迎的部分。

3. 哪些元素的含量应该被增加到产业标准之上

这个问题促使企业去发掘产业中消费者不得不作出的妥协，要求企业需要从顾客的潜在需要和现实需要出发，去挖掘出那些行业不重视因素的价值。

4. 哪些产业从未有过的元素需要创造

这个问题帮助企业发现买方价值的新源泉，以创造新需求改变产业战略定价标准。这要求企业关注顾客动态需求，发现顾客价值，以创造新的需求，改变现有的产业竞争规则。

三、蓝海战略的基本原则

蓝海战略构建了一个较为完整的战略管理体系，钱·金和勒妮·莫博涅教授在《蓝海战略》一书中共提出了蓝海战略的六项原则。其中，四项战略制定原则为重建市场边界、注重全局、超越现有需求、遵循合理的战略顺序；两项战略执行原则为克服关键组织障碍、将战略执行建成战略的一部分。

1. 重建市场边界

蓝海战略要求企业需要从惨烈的“红海”竞争中开创新的市场空间，使用六种路径来重建市场边界。一是跨越产业边界来看待市场。企业不仅仅是在自身的产业内竞争，而且需要与其他产业的竞争对手进行竞争。二是企业需要跨越产业内不同的战略集团来看待市场和产业，需要突破狭窄的视野，知道是什么因素决定了顾客的选择。三是企业需要重新界定产业的顾客群体。顾客群体不仅仅是单一的买方群体，而是由购买者、使用者和施加影响者共同构成的买方群体。四是需要跨越互补性产品或服务来看待市场，互补性产品或服务蕴含着未经发掘的需求。五是需要跨越针对卖方的产业功能与情感导向来看待市场。市场调查反馈的往往是产业教育的结果，企业需要挑战现有功能与情感导向来发现新空间。六是企业需要跨越时间来看待市场，参与到塑造外部潮流的努力中来，从商业角度洞悉技术与政策潮流如何改变顾客获取的价值，如何影响商业模式。

2. 注重全局

一个企业永远不应将其“眼睛”外包给别人，伟大的战略洞察力是走入基层、挑战竞争边界的结果。蓝海战略要求企业绘制战略布局图，将一家企业在市场中现有战略定位以视觉形式表现出来，开启企业组织各类人员的创造性，把视线引向蓝海。

3. 超越现有需求

从传统意义上讲，企业为增加自己的市场份额努力保留和拓展现有顾客，常常导致更精微的市场细分，然而，为使蓝海规模最大化，企业需要反其道而行，不应只把视线集中于顾客，还需要关注非顾客；不要一味通过个性化和细分市场来满足顾客差异，应寻找买方共同点，将非顾客置于顾客之前，将共同点置于差异点之前，将合并细分市场置于多层次细分市场之前。

蓝海战略意义上的非顾客可以分为三个层次：一是徘徊在企业的市场边界，随时准备离开的“准非顾客”。这些“准非顾客”，在找到更好的选择前，只是最低限度地使用现有产品和服务，一旦有更好选择就会换船而走。二是有意回避市场的“拒绝型非顾客”。因为市场现有产品或服务不可接受或者超过他们的经济承受能力而不使用。三是处于远离市场的“未探知型非顾客”。产业内的企业通常从未把这些“未探知型非顾客”定为目标顾客，这些人的需求常常被想当然地认为属于其他市场，如果企业知道他们丢弃的此类顾客数量之大肯定会大吃一惊。

4．遵循合理的战略顺序

遵循合理的战略顺序，要求企业建立强劲的商业模式，确保将蓝海创意变为战略执行，从而获得蓝海利润，合理的战略顺序可以分为买方效用、价格、成本、接受四步骤。

5．克服关键组织障碍

执行蓝海战略的挑战是严峻的，企业面对着四重障碍：一是认知障碍，沉迷于现状的组织；二是有限的资源，执行战略需要大量资源；三是动力障碍，缺乏有干劲的员工；四是组织政治障碍，来自强大既得利益者的反对。蓝海战略执行的一个重要关键就在于克服这些关键的组织障碍。

6．将战略执行建成战略一部分

执行蓝海战略，企业最终需要求助于最根本的行动基础，即组织基层员工的态度和行为，必须创造一种充满信任和忠诚的文化来鼓舞员工认同战略。当员工被要求走出习惯范围改变工作方式时，恐慌情绪便会增长，他们会猜测这种变化背后的真正理由是什么。员工距离高层越远就越不容易参与战略创建，也就越惴惴不安；企业管理者不考虑基层思想和感受，将新战略硬塞给员工就会引起员工的反感情绪。要想在基层建立信任与忠诚，鼓舞资源合作，企业需要将战略执行建成战略的一部分，需要借助“公平过程”来制定和执行战略。实现公平过程的关键不在于新的目标、期望和责任，而在于人们是否清楚地理解了它们。围绕公平过程的原则组织蓝海战略的制定，一开始就将战略执行建成战略创建的一部分，就能够将游说和偏袒减少到最低，使人们集中精力执行战略。

四、蓝海战略形成的四个步骤

1．创造杰出的顾客效用

企业要开创蓝海战略，其产品和服务要有令人信服的理由促使买方购买，能够吸引顾客。其核心是要创造出杰出的顾客效用，首先需要了解顾客的体验周期，这一周期涵盖了顾客从购买到处置的六个买方体验环节，即购买、陪送、使用、补充、维护、处置，然后用横穿顾客体验各阶段的效用杠杆（包括顾客生产率杠杆、简单性杠杆、方便性杠杆、风险性杠杆、趣味和形象杠杆、环保型杠杆）来进行测试。

2．制定能为顾客承受的战略性价格

合适的价格是吸引顾客的重要因素，制定能为顾客承受的战略性价格的目标是创造新需求，不仅仅要赢得产业内部的顾客，还要将其他产业的顾客吸引过来，这就需要企业超越产业现有的定价规范，列出他择性产品或服务，找出大众价格走廊，在价格走廊内考虑法律、资源保护、模仿程度以确定价格走廊的上、中、下三段定价。

3．考虑企业成本目标

企业要想盈利，成本是必须考虑的因素。企业在完成战略定价之后，下一步是考虑企业成本规划。企业应该从战略定价开始，从价格推演出所希望获得的利润率，以做出目标成本规划，而不是由成本得出定价。企业要达到目标成本，需要运用简化运营、寻找合作伙伴和改变产业定价模式这三个杠杆。

4．扫除企业战略实施中的障碍

任何企业在战略实施中，必须要明确企业的产品或服务要进入市场时可能会遇到的障碍，之后采取各种措施来扫除战略实施中的各种障碍。比如通过教育雇员、商业伙伴和广大公众，开诚布公地讨论为什么要推出这样的产品或服务，从而解决接受障碍。

小资料

喜达屋寻找“蓝海战略”

企业是否运用“蓝海战略”探索无竞争的市场空间？如果是的话，又是如何做的呢？喜达屋酒店及度假酒店国际集团（Starwood Hotels and Resorts）在过去几年来一直在探索蓝海思维。

该公司迄今为止对蓝海概念的实施采取的是循序渐进的方式，按喜达屋本身的说法，他们目前的阶段更像是在找寻“蓝湖”或者“蓝河”，而非“蓝海”。

公司副总裁、六西格玛团队负责人和欧洲、非洲及中东业务创新负责人罗宾·普拉特（Robyn Pratt）说：“在那个阶段，我们作为六西格玛小组，决定好好研究蓝海战略，把它作为一个工具带进我们（六西格玛）黑带社区。”

公司与迈耶教授合作开发了一个课程，训练员工了解蓝海战略理论，花 3～4 个月时间先试用于非客户群，然后透过“视觉策略展”将项目呈现给高层经营团队。黑带或高级黑带负责人再结合商业案例，将项目提呈给最高层领导团队，以便作出是否要予以实施的决定。

第一个项目先是在意大利和马耳他的酒店实验实施，现在则正向全球范围推广。这个项目针对非客户群展开调查，并以孩子而非父母为侧重点，调查这些家庭的理想度假方式。公司就根据调查结果，推出一些以孩子为中心的特别优惠套餐以吸引这些客户群。

第二个项目同样把目标放在非客户群。该项目至今未得到充分实施，但已有几间酒店提出出售他们的酒店客床，其中包括威斯汀酒店的“天堂床”计划。普拉特说，公司在研究酒店床零售市场时，发现近年来业界在这个领域基本没有创新之举，这对喜达屋应该是一个很好的商机。

普拉特说，蓝海战略概念在集团很受欢迎，每一家酒店都推陈出新有各种新项目。

她说："对我们来说，这个思维不仅帮助我们开创商机，它还有助于我们的员工提升思维，让他们在出谋献策的同时，学会如何提升自身价值。"

目前，喜达屋集团有4个其他项目在不同规划和实施阶段。普拉特说，这些项目目前还在初级阶段，还在探讨如何把理论运用到业务创新。"如果我们能找到所谓的'蓝湖''蓝河'，同时探索'蓝海'，这个过程就是意义重大的，而我们也会继续做下去。"

（资料来源：http://www.bosshr.com/shownews_13565.html）

本章小结

（1）好的酒店战略的核心在于其能为酒店带来和维持酒店的竞争优势。

（2）波特的一般竞争战略包括为成本领先战略、差异化战略和集中化战略。

（3）多元化战略是指酒店企业扩大业务范围，进入与现有业务相关或不相关的行业，发展新的产品和新的市场来实现自身的增长，包括相关多元化战略和不相关多元化战略。

（4）蓝海战略是新的竞争时代下，酒店企业走向成功的核心战略。

复习思考题

一、分析题

（1）怎么理解酒店竞争战略与酒店竞争优势之间的关系？

（2）酒店成本领先战略的优势与劣势是什么？

（3）酒店如何实施差异化战略？

（4）酒店集中化战略的优势与劣势是什么？

（5）比较成本领先战略、差异化战略与集中化战略之间的联系与区别？

（6）多元化战略的优势与劣势是什么？

二、练习题

在网络上搜索"低成本领先战略"，找出几个在酒店产业中实施这一战略的领先企业。

在网络上搜索"蓝海战略"，找出那些运用这一战略的成功企业，并分析之。

三、案例分析题

洲际酒店集团的多元化经营

洲际酒店（InterContinental Hotels & Resorts）的前身为美国的假日酒店（Holiday Inn），1989年被英国巴斯公司收购，2001年更名为六洲集团，2003年更名为洲际酒店集团，总部设在英国。洲际酒店集团是目前全球最大及网络分布最广的专业酒店管理集团，拥有洲际、皇冠假日、假日酒店等多个国际知名酒店品牌和超过55年国际酒店管理经验。同时洲际酒店集团也是世界上客房拥有量最大（2008年高达619 851间）、跨国经营范围最广（分布将近100个国家和地区）的超级酒店集团。

洲际酒店集团注重多元化经营，针对客源市场的商务、休闲、度假旅游或者消费层次上的豪华、经济、中型旅游需求，洲际酒店集团开发了针对不同层次顾客的多样化的酒店品牌，成立了针对不同目标市场的子集团，从传统的洲际品牌出发，通过兼并收购、特许经营等方式，先后延伸出了皇冠假日酒店、假日快捷客栈、Staybridge Suite，Hotel Indigo，Candlewood Suites 等不同档次的酒店品牌，为各个细分市场提供适合的产品。

其中假日快捷酒店是针对价格非常敏感，但又想住得舒适的客人提供的产品。假日花园庭院是针对休闲度假客人，每家假日花园庭院根据自己的位置，都具有独特的风格和特点。假日精选酒店是对价格敏感的商务客人提供的品牌。假日阳光度假村是为去热带旅游区或山区度假的家庭所提供的品牌。

思考：结合洲际酒店集团的发展战略，谈谈你对多元化战略的认识。

第十一章

酒店战略方向选择

占领一个山丘并不意味着非得拥有它。

——Amar Bhide

通往毁灭的最确定的道路就是原地不动。

——Bernard Fauber

真正的问题不在于你比过去做得更好，而在于你比竞争者做得更好。

——Donald Kress

知识目标

■ 理解酒店的三大战略方向。
■ 掌握一体化战略。
■ 掌握密集化战略的基本类型。
■ 掌握收缩型战略的基本类型。

知识要点

本章主要介绍的是酒店战略方向的选择。对于酒店企业来说，其战略方向有着三种不同的类型。而在不同的战略方向之下，有着与其对应的战略方案。酒店企业可以依据自身的情况和外部的环境，选择适合自己的战略方向。

引导案例

经济型酒店

截至2011年6月30日，与如家934家已开业和正在筹建中的203家酒店相比，7天总共722家开业店和241家筹建店仅剩174家的规模差距，如家与7天的“第一品牌”之争愈加激烈。据调查机构艺旅咨询的预测，后者最快有望在年底超越如家，成为单一品牌门店总数的冠军。因为过去一年多的时间里，7天一直在业内保持最快的扩张速度，今年也不例外，第二季度该公司新开门店达到103家，继续领先如家、汉庭88家和43家的速度。

7天连锁以人民币1.36亿元现金收购华天之星21家直营店。据郑南雁表示，如果收购华天之星的交易顺利完成，2011年该公司直营店开店数量将达到100家，新开店总数将有望达到340家。保守估计，2012年1～2季度，7天连锁的在营门店总数可达到1 000家。

在季报发布中，7天管理层上调了管理店的开店计划，由之前的210家上调到240家。坚持单一品牌发展策略、出色的管理店开发团队、卓有成效的开发模式，是7天的酒店网络能够保持高速扩张的重要原因。

“从投资角度来说，现在有大量闲散资金在寻找出口，经济型酒店市场竞争激烈，与其与资金相互争抢，不如联手拓展，等之后投资风向转移，仍有机会买回我们自己管理的店铺。”郑南雁在接受《南方都市报》记者采访时表示，基于市场需求来说，消费者对经济型酒店仍有很大的需求，而管理店也可以进一步扩大7天的品牌影响力，并发挥7天的会员体系和电子商务平台优势。据悉，7天会员目前超过2 290万，已成为7天稳健增长的持续动力。数据显示，会员对7天收入的贡献率高达98%。

不过，华美酒店顾问机构首席知识官、高级经济师赵焕焱提醒，加盟管理店的比重不断上升，对加盟店的经营管理需要加强。“其实，从模式来说，7天在创立初期，就按照标准化模块来设计酒店IT系统、大堂、房间装修等硬件。之后他们又推出了雅兰护脊床垫、10秒速热淋浴、免费WiFi、洁净毛巾封包等Q+服务认证项目。”一位美股分析人士向记者表示，保持管理店和直营店服务品质的一致性，是管理店发展的关键所在，7天这种模块化的运作不仅适用于低成本采购和复制，而且也便于品牌输出管理。

“从盈利模式来说，7天与如家、汉庭相比哪一种模式更好很难权衡，但从连锁复制和管理输出而言，7天更具有天然基因。”7天CEO郑南雁表示，7天的管理店和直营店均由7天统一管理，这种100%无差别的管理确保了管理上的一致性；而7天在年初推出的、旨在提升酒店产品和服务品质的Q+服务认证项目，又保证了大量管理店的品质符合7天的标准。“所以未来7天的管理店发展策略不会改变，我们有足够的信心完成既定的目标”。

事实上，7天的高速扩张也曾遭受质疑，但过去几个季度以来，业绩连续超预期增长足以说明，7天在保持高速扩张的同时，具备有效控制经营成本、克服通货膨胀压力并提升运营效率的能力。

“第二季度，剔除期权激励费用后EBITDA[㊀]利润率稳步提高到25.8%，同时公司在连续三个季度大量开新店的同时，保持了成熟店收益的稳步提高。”郑南雁透露。据财报显示，第二季度，7天净营收为人民币4.97亿元，同比增长41.2%，超过了公司原先人民币4.75亿～4.85亿元的净营收预期。而剔除期权激励费用后的营业利润为人民币6 700万元，增长幅度较上年同期超过30%。

（资料来源：http://info. hotel.hc360.com/2011/08/190739367370.shtml）

对于任何酒店来说，其内部的资源和能力是有限的，因此酒店企业在制定酒店战略时必须考虑到将企业的有限资源投入到战略发展中，而其中关键的决定在于酒店选择什么样的战略发展方向，是实行成长型战略，进一步扩大酒店的经营活动，还是选择稳定型战略，

㊀ EBITDA：税息、折旧及摊销前利润，Earnings Before Interest，Taxes，Depreciation and Amortization 的缩写。

维持酒店现有的经营活动，抑或是选择收缩型战略，减少酒店现有的经营活动。

第一节　成长型战略

成长型战略是酒店业重要的战略发展方向之一，其意味着酒店将投入更多的资源和能力用于酒店未来的发展之中。属于成长型战略的主要有一体化战略、密集化战略等。

一、一体化战略

1. 基本概念

一体化战略也称为整合战略，是指酒店充分利用自身在产品、技术、市场上的核心竞争能力和发展优势，不断向深度和广度发展扩张的战略。

一体化战略分为纵向一体化战略和横向一体化战略，其中纵向一体化战略分为前向一体化战略和后向一体化战略。

1）纵向一体化战略是将企业的核心竞争力和业务范围后向扩展至供应链方面或者是前向延伸至最终产品的消费者终端方向的发展战略。实施纵向一体化战略的企业仍然处于同一个酒店行业之中，其扩张是将酒店的业务活动沿着价值链向前或向后扩展。后向一体化战略是沿着与酒店当前业务的输入端（价值活动链的上端）有关的活动向上延伸，前向一体化战略是沿着与酒店当前业务的输出端（价值活动链的下端）有关的活动向下延伸。

2）横向一体化战略是指酒店通过与竞争对手之间的合并、收购或接管，来扩大酒店的经营规模和能力的战略，横向一体化战略涉及的是性质相同的企业之间的联合，对竞争对手的所有权的收购或合作，以此来做强和做大酒店规模。

小资料

酒店业的一体化战略

一般情况下，企业的发展总会经历两条路径：一是在区域上，从小范围扩大到大范围；二是在内涵上，从一种产品扩大到多种产品。而这最终会使企业从单体运营走向集团化发展。现代酒店的发展道路也是如此，而在其集团化发展的过程中，一体化战略则是最为具体的战略表现形式。

酒店一体化战略是酒店与酒店以及酒店与其他若干企业单位组合在一起而形成的联合经营体，它主要包括横向一体化战略、纵向一体化战略和混合一体化战略三种形式。这三种形式也是酒店采取专业化和多元化的具体组合方式，其中，横向一体化战略属于专业化战略，纵向一体化战略属于同心多元化战略，混合一体化战略属于异质多元化战略。

1. 横向一体化战略

横向一体化战略也被称为水平一体化战略，即酒店主业的规模化扩张战略。它一般表现为两种形态：一是区域范围内的横向一体化，即酒店为了形成规模经济而有计划地进行的连锁发展，并在此基础上组建成专业化的酒店集团。而另一种表现形态是酒店内部的横向一体化，即酒店营业部门的水平制衡。酒店的客房、餐饮及娱乐等营业部门各自所占比重，直接影响酒店的经营战略。连锁经营的星级酒店往往根据地域特征、消费习惯、市场范围等因素将这三大营业项目进行合理的比例调控，以保证获得最大收益；而经济型酒店连锁则采取内部营业项目非一体化战略，即将营业重心放在客房方面，以保证其专业经营特性。无论是哪一种形态的横向一体化战略，都是为了在酒店行业或酒店内部实现一定的集中，目的就是为了扩大规模、降低经营成本，进而提升和巩固自身的市场地位。

2. 纵向一体化战略

纵向一体化战略也被称为垂直一体化战略，它是同心多元化战略的一种典型表现形式，即酒店上、中、下游之间的范围化扩张战略。在生产与经营过程中，酒店为了实现"范围经济"，进而组建旅游集团，往往会将与其衔接紧密的上下游企业整合在一起。根据物质的流向和企业运营的三个环节（原料采购——企业生产——产品销售），又可以将纵向一体化战略分为前向一体化战略和后向一体化战略两种形态。前向一体化战略是酒店与下游用户企业之间的整合。酒店的下游用户型企业主要有以销售酒店客房为主业的商贸公司、网站、旅行社、旅游公司或分时度假交换公司等。后向一体化战略是酒店与其供应企业之间的整合。酒店的供应类型企业主要有酒店建材公司、酒店设计公司、酒店装饰公司、酒店管理公司、酒店用品公司、婚庆公司、酒店绿色蔬菜基地、酿酒厂等。酒店采用前向一体化战略和后向一体化战略，可以不断扩大自己的经营范围，为形成综合型的旅游企业集团做好充分的实体准备。

（资料来源：http://www.17u.cn/newsshow_295383.html）

2. 实施一体化战略的优势

一体化战略是酒店扩展和发展中的重要战略选择，对于酒店的成长和发展有着关键的作用，其主要的战略优势有：

1）能够获得一体化的经济性。这主要包括通过一体化战略能够增强内部控制和协调，获得更为充分的信息优势，节约原本存在的各种交易成本，并可以合理地规避各种税收。

2）有利于保证产品品质。酒店借助一体化战略的实施，可以有效地控制酒店产品的前向和后向的服务生产渠道，进而保障酒店的产品和服务。

3）能够增强酒店市场竞争能力。酒店实施一体化战略可以抵消供应商讨价还价能力和投入成本的失真。

4）有助于排除供应商来提供关键的支持服务的不确定性，保障酒店的正常经营。

5）有助于提高行业进入障碍和壁垒。企业借助一体化战略能显著地扩张企业规模，提高行业进入壁垒。

3. 实施一体化战略的劣势

一体化战略在为酒店带来显著利益的同时，也包含有潜在的风险。实施一体化战略的主要劣势包括：

1）增加酒店的管理成本。一体化战略的实施将显著扩大酒店的规模，进而酒店需要管理不同的业务，增加了管理成本和各种协调成本。

2）增加酒店经营风险。一体化战略下的酒店不断地向外扩张和延伸，增加了企业的投资，使得酒店的经营链条拉长，面临的经营风险也加大。

3）增加酒店退出障碍。酒店在实施一体化战略后增加了相应的资源和能力的投入，相应地也增加了酒店退出的障碍。

4）有可能形成大企业病。一体化战略下的酒店迅速扩张，成为超级大企业，进而可能形成大企业病，弱化企业的内部激励，使得企业效率低下。

二、密集化战略

1. 基本概念

密集化发展战略是指酒店在原有业务范围内，充分利用在产品和市场方面的潜力来求得成长的战略，主要包括市场渗透战略、市场开发战略和产品开发战略。

密集化战略可以利用成长战略模式——安索夫矩阵来分析。安索夫矩阵是1987年由著名管理学家安索夫（Ansoff）提出的，见图11-1。

产品／市场	当前业务	新业务
当前市场	市场渗透	产品开发
新市场	市场开发	多元化经营

图11-1　安索夫矩阵

转引自：H. 伊戈尔·安索夫. 战略管理[M]. 邵冲，译. 机械工业出版社，2010.

安索夫矩阵中包含两个变量——产品和市场，从图11-1中我们可以看出酒店企业的主要战略选择。

2. 市场渗透

市场渗透战略是指酒店在原有的产品和原有的市场上进一步渗透，不改变业务领域，而是继续加大营销努力提高现有产品或服务的市场份额。市场渗透战略的主要目的是在现有市场中增加企业的市场份额。

市场渗透战略的主要方法包括：面向原有市场群体，加大营销手段，增强其消费额；通过增加销售人员、增加广告支出等诸多的手段向竞争对手夺取市场份额；集中酒店资源提高现有服务的质量和水平，提高企业现有的生产效率水平。

市场渗透的主要适用情况：当行业的整体市场处于急剧的增长或扩张的时候，市场渗透战略是有效的；当酒店的某个特定的产品或服务在现有市场中未达到饱和状态时，市场渗透战略是有效的；当整个行业的市场处于快速增长中，而竞争对手的市场份额却在下降时，市场渗透战略是有效的；当酒店在现有市场有着丰富的经验和知识，确定能够借助销售手段提高酒店的市场份额时，市场渗透战略是有效的。

3. 市场开发

市场开发战略是指酒店利用现有的产品与服务进入新的市场的扩张战略。市场开发战略的核心是为酒店寻找到新的细分市场，将酒店现有的品牌和核心竞争力延伸到新的市场中，以吸引新的顾客群体，以获取新的竞争优势。

市场开发战略主要包括：增加酒店的产品和服务功能和附加值，进而面向新的市场需求；瞄准新的新的细分市场，进入新的细分市场；在市场区域方面，进入新的地理区域。

市场开发战略适用的情况：酒店可以获得新的、可靠的、经济的、高质量的销售渠道，以此来进入新市场；酒店在现有的产品与服务的市场领域内经营很成功，有丰富的市场经验；在产品与服务市场中存在着未开发的新市场或者是仍未达到饱和状态的市场；酒店存在着能够为产品与服务进入新的市场所需要的各种资源和能力；当酒店整个行业处于快速发展扩张的时候，其他细分市场或区域市场有着良好的增长潜力，市场开发战略是有效的。

4．产品开发

产品开发战略是指酒店采取开发新的产品与服务，或者是改造现有的产品与服务的方法以在原有的市场中增加企业的市场份额。产品开发战略是向现有市场推出新的产品，实行产品开发与市场开发交替进行的战略，以在吸引新的市场群体的时候维持现有的顾客群体，增加企业的市场份额。

产品开发战略的核心在于开发新的产品，酒店在开发新产品的时候应：时刻注意酒店的市场需求，瞄准市场需求开发新的产品与服务，集中于某一市场；新产品的开发应该强调以酒店现有的核心竞争力和技能为基础的；新的产品可以是对现有产品与服务的追加开发，增加新的附加值；新产品的开发也可以是对原有产品与服务的完全创新性的开发；产品开发过程中需要建立一个高效合作的创新性的团队。

产品开发战略的适用情况：酒店在现有市场中已经拥有了较高的市场份额，借助新产品的开发可以加强其市场地位；酒店整体行业处于快速增长之中，投入新的产品与服务将获得较高的预期回报；消费者的偏好与需求变化较快，乐于接受新的产品与服务；酒店拥有开发新产品或者是改造现有产品的能力和资源。

5．多元化经营

多元化经营战略是指酒店利用自身现有的产品、技术、市场、资本等多方面的优势，不断地在产业链的上下游扩展，在新的市场中，开发出新的产品，以使得酒店能够进入到不同的产品和领域内，实现多元化经营。

通过多元化经营战略，一方面酒店能够开发出的新的产品，进而能够获得新的利润增长点。另一方面酒店也能够在新的产品基础上，开发出新的市场，以扩展原有的市场范围，实现酒店的市场扩张。

酒店实施多元化经营战略，一般是酒店在技术、产品、市场、资本等方面拥有了较大的优势，且在现有的产品市场中无法充分的运用，存在剩余的能力和资源，由此，酒店将资源投入到新的市场和新的产品开发中。但是需要注意的是，多元化经营是在新的市场开发新的产品，往往也存在着较大的风险，特别是当酒店自身的技术、能力和资源优势不明显的时候，失败的可能性更高。酒店在实施这一战略时，必须十分谨慎。

第二节　稳定型战略

稳定型战略是指酒店在面临各种问题和环境挑战时，选择以维持酒店现有稳定状态的发展战略。稳定型战略并不意味着酒店的消极战略，而只是酒店为了维持现有稳定状态、防范竞争对手以维持自身市场地位的一种战略选择。

通常，稳定型战略的主要目的表现为：

1）酒店现有的竞争环境并不安全，对于未来的发展前景难以预测，进而使得酒店采取增长战略的投资并不具有很好的前景和吸引力。

2）酒店需要维持其现有企业内部的某种平衡和稳定，以便使得企业内部有限的资源能够投入到其他有更大机会的业务中。

3）酒店现有的市场已经达到成熟或饱和状态，市场很难再取得进一步的增长，因此对于酒店来说，其重点放在现有位置的维持上。

稳定型战略一般有三种，分别是谨慎前进战略、无变化战略和利润盈利战略。

谨慎前进战略是指酒店采取继续增长或收缩战略前进以获得休整的机会。该战略反映了酒店的外部环境中的某些重要因素难以预测或变化趋势不明显而放慢前进步伐的决策。这样的战略可能是以往过度增长给酒店带来压力的结果或者是经过一段萧条时期后需要稳定的结果。

无变化战略是指酒店在可预见的将来继续选择目前战略，而没有采取新行动的战略。因为对于酒店来说，既然目前状况下的回报是足够的，就无需置身于风险之中。

利润盈利战略是指在日益恶化的环境中酒店不采取新行动的战略，相反试图在酒店销售额减少的时候通过减少投资和不必要的费用，降低成本来维持组织的利润。

第三节　收缩型战略

当酒店企业处于不利的竞争环境或处境不利，且又不适合采取稳定型战略的时候，酒店的战略可能会偏向选择收缩战略来迎接各种挑战。

一、基本概念

收缩型战略是一种消极的发展战略，是酒店对现行的产品与市场领域实行收缩、调整和撤退策略，对酒店现有的资源的运用采取较为严格的控制和尽量削减各项费用支出。从时间上来看，收缩型战略具有明显的过渡性，其根本目的并不在于长期节约开支、停止发展，而是为了未来发展积聚力量，因此收缩型战略往往是一种短期的战略选择。

二、收缩型战略的优势与劣势

收缩型战略作为酒店企业在面临特殊环境时采取的短期的过渡战略，其主要的战略优势表现在：

1）有助于酒店企业在外部环境恶劣的情况下节约开支和费用，顺利地渡过面临的不利处境。

2）有助于酒店企业在经营不善的情况下最大限度地降低损失。

3）有助于酒店企业更好地实行资产的最优组合。

与此同时，收缩型战略也有着潜在的不足和风险，主要表现在：

1）实施收缩型战略的尺度往往较难加以把握，酒店企业如果盲目使用的话，可能会扼杀具有发展前途的业务和市场，使得酒店失去了好的发展机会。

2）实施收缩型战略会引起企业内部人员的不满，从而导致员工情绪的低落，影响企业的正常发展。

三、收缩型战略的类型

收缩型战略的类型一般有四种，分别是投资转向战略、调整战略、放弃战略和清算战略。

1. 投资转向战略

投资转向战略是指酒店企业在企业经营的业务领域内减少投资，并将资金转向其他的新的发展领域之中。

投资转向战略是企业在遇到了严重的但并非致命性的问题时采取的战略，其强调的是减少企业的投资和成本的收缩，以削减企业的费用支出，为未来重组和发展赢得机遇，主要的手段包括：出售酒店的土地和建筑物以换取资金；压缩酒店产品系列；停止不赚钱的业务；削减酒店员工和支出。

2. 调整战略

调整战略是指酒店企业采取一系列的调整措施以扭转企业的财务危机或是挽救企业过往的经营失误。

调整战略的目的在于通过系列的调整措施提高企业的运营效率，扭转酒店企业的财务恶化状况，使得企业能够顺利地度过危机，并期望在未来酒店情况发生好转之后，采用新的发展战略。

调整战略适用于那些酒店出现了严重问题但仍然可以挽救的企业，其主要的战略阶段可以分为3个：

1）压缩阶段。这一阶段酒店的主要措施是压缩酒店企业规模和经营范围。

2）稳定阶段。这一阶段酒店的主要措施是稳定酒店员工的情绪，留住人才，动员全体员工艰苦奋斗，度过困难时期。

3）重建阶段。这一阶段酒店的主要措施是通过调整企业结构、开发新产品、加大技术改造，使企业恢复元气，进入新的发展时期。

3. 放弃战略

放弃战略是指酒店面临经营困难，将酒店企业的一个或主要的业务部门转让、出卖或停止经营的战略行动。

酒店采取放弃战略的目的是为了能够摆脱那些处于困难的业务部门，降低企业的运营成本，以寻求摆脱现有的危机。被放弃的部门往往是企业竞争力不强的部分，是使得酒店企业整体业绩不佳的部分，因此放弃战略反而能够增强企业的竞争力，换取酒店的喘息机会，为酒店下一步的战略做准备。

4. 清算战略

清算战略是指酒店企业由于无力清偿债务而停止营业，进行清理，甚至宣布破产的行为。清算战略可以分为主动清算和强制清算，主动清算一般由企业内部的股东决定，而强制清算由法庭宣布执行。

清算战略是酒店企业所有战略抉择中最为痛苦的一种，通常也是当所有其他战略都失败时才选择这一战略。酒店企业在确实毫无希望的情况下，尽早地制定清算战略，尽可能回收企业资产，在一定程度上也是一种明智的选择。

小资料

连年亏损华天之星昨日正式挂牌转让

2011 年 10 月 10 日，湖南华天之星酒店管理有限公司 100%股权正式在湖南产权交易所挂牌转让，转让价格为 1.26 亿元。此前，华天之星已与 7 天连锁酒店集团达成了战略合作关系。如果没有第三者搅局，华天之星归属 7 天连锁已是板上钉钉的事了。

转让公告显示，华天之星近三年来一直在亏损，2009 年、2010 年净利润分别为 -620.81 万元、–93.16 万元，截至 2011 年 6 月 30 日净利润为–716.37 万元。

2006 年，华天酒店（000428，股吧）集团在长沙开出了第一家经济型酒店华天之星，宣布进入经济型酒店领域，但此后表现并不尽如人意。在华天的经济型酒店项目上，主要分为自营、加盟和商务酒店三块，其中自营占了 70%。“几年下来，自营酒店投入资金量太大，但经营状况却一直不好，亏损达到了 3 000 多万元。”华天酒店董事长秘书刘胜解释了华天酒店剥离华天之星的初衷。

根据华天酒店 7 月 1 日发布的公告，公司拟以 1.36 亿元价格出售华天之星全部股权给 7 天连锁酒店。刘胜对本报记者表示，华天酒店此前与 7 天连锁签订了股权转让的意向协议。“在股权转让时，必须在产权交易所上进行公告，这是一个必要的程序。”刘胜告诉记者，如果有竞买人开出了更高的价格，也不排除转卖的可能。

目前，华天酒店持有华天之星 92.99%股份，华天实业控股集团有限公司持有 7.01%股份。转让公告显示，华天之星以 1.26 亿元挂牌价转让 100%股权。此外，华天之星的债务（总计 923.32 万元）全部转至湖南华天国际酒店管理有限公司名下，故受让方除支付 1.26 亿元交易价款外，还须向转让方支付 1 000 万元。所以受让方需向转让方支付 1.36 亿元，与 7 天酒店的协议完全吻合。

交易的另一方 7 天连锁酒店则向记者证实，上述交易已获得 7 天连锁董事会、华天之星股东会及华天酒店董事会的同意，交易的完成日将根据具体交易条件和华天酒店股东大会与湖南省国资委的审批确定。按照此前签订的协议，双方正有条不紊地推进项目执行。

该公告提出的受让方资格条件，也基本参照 7 天连锁的基本情况制定。比如“受让方主营业务为经济型连锁酒店，主营业务收入是经济连锁酒店经济和管理收入，意向受让方为上市公司，截至 2011 年 6 月 30 日，意向受让方开业门店数量在 200 家以上”等。

截至 3 月 31 日，7 天连锁酒店财报公布的开店数是 619 家，客房数是 61 795 间。7 天连锁酒店收购华天之星后门店数增至 640 家，与锦江之星和汉庭的差距扩大至 183 家和 167 家；但依然比行业老大如家少 489 家。

其实，位于长沙市人民路及芙蓉中路上的两家华天之星早已挂上了 7 天连锁的招牌。工作人员称，酒店在 7 月底就已经装修完毕，8 月初正式营业。

一切线索表明，7 天连锁酒店收购华天之星已是“板上钉钉”，但交易双方均未给出肯定的答复。对于 7 天连锁酒店是否担心“高价竞购”的问题，7 天连锁酒店负责人回复称，“双方将本着契约精神和市场规律的原则来推进这个项目。”

挂牌转让从10月10日起，于11月4日到期。

（资料来源：http://info.meadin.com/BusNews/2011-10-11/11101116036.shtml）

本章小结

（1）酒店战略方向包括成长型战略、稳定型战略和收缩型战略三类。

（2）成长型战略是酒店业重要的战略发展方向之一，其意味着酒店将投入更多的资源和能力用于酒店未来的发展之中，包括一体化战略、密集化战略等。

（3）稳定型战略是指酒店在面临各种问题和环境挑战时，选择以维持酒店现有稳定状态的发展战略，包括谨慎前进战略、无变化战略和利润盈利战略。

（4）收缩型战略是指酒店企业对现行的产品与市场领域实行收缩、调整和撤退策略。收缩型战略包括投资转向战略、调整战略、放弃战略和清算战略。

复习思考题

一、分析题

（1）什么是酒店的成长型战略？

（2）一体化战略的优势与劣势分别有哪些？

（3）密集化战略的主要类型是什么？

（4）如何理解稳定型战略？

（5）酒店收缩型战略的主要战略类型是什么？

二、练习题

利用网络资源，查找三家分别实施成长型战略、稳定型战略和收缩型战略的企业，比较分析企业战略方向选择的条件。

三、案例分析题

布丁酒店

浙江人朱晖是酒店业的“新秀”。他一手构建的布丁酒店凭借着“快时尚”的定位，2012年年中获得了风投5 500万美元投资以及银行3亿元授信。

“我们正在创建一个新的酒店品牌，”朱晖接受记者专访时放出猛料称，“房价更高，但实现了智能化的升级。”当记者追问起细节，朱晖却卖起了关子：“等着瞧吧。”

布丁酒店是哪种类型的酒店？特色经济连锁酒店？设计师酒店？平价时尚酒店？“目前我还没想出来，真的很难定性。”朱晖面对记者的疑问，摆了摆手。

布丁酒店披着另类的外衣。POD意为密集小群、豆荚、仓体，是指小巧温馨的概念空间，这正是布丁的英文标志。与经济型酒店20平方米左右的客房相比，布丁酒店通常只有8～12平方米，最小的客房仅有5平方米左右，但是小小的空间不仅包括洗手间，也包括床、桌子和电视，免费 WiFi 更是随手可及。

“说布丁是经济型酒店，这主要是从价格来考量，布丁目前房间每间夜为 95～150 元，比如家、汉庭等传统经济型酒店平均房价低 30%。”朱晖说，布丁较低的房价来自于较低的投入成本和运营成本。

目前，日益白热化的战场挫伤了资本的兴趣，数据统计，2003 年至今，国内酒店 10 年间共有 39 笔融资案例发生，平均单笔融资规模仅为 2 392 万美元，尤其是近两年的酒店业融资更是持续低迷。在这样的背景下，获得 5 500 万美元融资的布丁酒店则是跳脱而出的一匹黑马——这家客房平均面积只有 10 平方米，最小的房间甚至不足 5 平方米的“另类”经济型酒店，挖掘到了红海竞争中新的细分机会。2012 年第三季度其他酒店的利润都由于规模扩张而大幅缩减的情况下，布丁酒店的单店总毛利润率（GOP 率）一直保持在一个比较稳定的水平上——平均在 45%左右。

布丁酒店是如何在红海市场中觅得一席之地？如何进行成本控制而不为“价格战”所伤？如何在树立特色的同时进行标准输出，保证连锁经营质量？又是如何避免管理失序，陷入规模陷阱的？

减法控制成本，加法突出特色，以此来锁定目标客户，这就是布丁酒店的市场细分策略。以“经济”立足的经济型酒店，成本控制是其参与竞争的重头戏。

在布丁酒店创始人朱晖看来，经济型酒店的减法不是不能做，而是要研究“如何去做”。他在 2007 年创立的布丁酒店（POD），实际上代表了其所推崇的那种源自于欧美的生活理念—— Podlife，即小而精巧。小到什么程度？通常星级酒店的客房面积在 30～40 平方米，经济型酒店的客房标准面积为 20 平方米左右，但布丁酒店却只有 8～12 平方米，最小的甚至只有 5 平方米左右。空间利用充分意味着单位成本降低。而更小的空间、更简单的设施意味着减轻了服务员的清理难度。比如布丁酒店 100 个房间的分店从管理层到一线员工只需要 12～13 个人，而同等房间数的其他经济型酒店则需要 40 个人左右；同样地，空间减小的同时，房间里空调的能耗也跟着降低——这样计算下来，仅空间一项就直接减轻了经济型酒店所面临的三项成本压力。

“仅靠低价策略并不能完全地固定客户，经济型酒店不能什么都想做，而是要精准定位客户。”正因为此，在“苦心经营”减法的同时，布丁酒店更看重的是如何通过加法来吸引客户：那些“消费能力不高，但消费行为活跃”的年轻群体。其策略就是迎合这个群体的“时尚触觉”：最早在经济型酒店中提供免费的 WiFi 无线上网，酒店的大堂配置苹果计算机，房间里家具也来自于宜家等国际品牌，窗户上装饰的是当时最流行的“神马”图案——在做“空间”减法的同时，布丁酒店不断进行时尚加法，以争取“最活跃”的年轻市场。

除了借力时尚品牌，定位于“快时尚”的布丁酒店更主要的是契合年轻人追逐新鲜的心理诉求，打造“小奢华”。比如，官网的背景会根据不同的节日而更新设计；门店的被套颜色也会冬夏有别，还会在图案和色调上进行变换，甚至酒店和大厅的布置也会隔一段时间就做一些调整，商店里提供的商品很多是 DIY 的手工制作，会员卡即为入住房卡，因此也免去了“入住押金、退房查房”等烦琐的程序。

朱晖认为，时尚的生活理念，就是环保、适度、理性的生活方式，这也就是欧美 Podlife 的理念。2007 年 12 月第一家布丁酒店在杭州诞生时带入了这一理念。“说实话，当我们为酒店做‘减法’时并不是刻意从成本方面考量，而是提倡一种适度、环保的生活态度。”朱晖坦言，比如减少“六小件”是为了做到低碳环保简约，降低一次性用品在使用上的浪费，“我注意到，许多中老年人依然保留着离店时‘扫光’所有一次性用品的习惯，但是很多年轻人不会。”

“随着生活条件的提高和消费观念的进步，现在的年轻人已经认同了‘适度就好’的观点。比如，他们去吃自助餐不是先饿三天，再吃到扶墙而出。”朱晖很确信自己对时下年轻人消费观念的理解，“因为我们玩在一起”。

布丁的创立瞄准的是18～35岁的年轻旅游休闲人士，朱晖及其团队在创立这一酒店品牌时，通过调查发现国内的商务客人和休闲客人的比例大约在3:7，年轻旅游休闲人士会对住宿费精打细算。

“一时的时尚和个性是很容易过时的，只有勇于引导时尚才能保持真正的个性。”为引导环保理性的生活方式，布丁推出了“低碳积分”行动。比如，号召客人如果能走楼梯就不坐电梯，连续入住者床单被罩尽量不用每天更换，做到这些并获得一定“积分”时便可换取奖品。

思考：在日益激烈的酒店竞争中，布丁酒店是如何脱颖而出的？

第十二章

酒店战略扩展

成功的业务层战略就是关于如何积极地去设计你正在玩的游戏，而不是仅仅参与你发现的游戏。

—— Adam M. Brandenburger，Barry J. Nalebuff

不要试图缔结一个联盟来弥补自己的不足，也不要依靠一个试图通过合作弥补自身不足的合作者，基于弥补自身不足而缔结的婚姻所导致的直接后果是更加严重的缺陷。

—— Michael Robert

知识目标

- 理解酒店战略扩展的主要方法。
- 理解酒店内部增长及其优劣势。
- 理解兼并与收购及其主要优劣势。
- 理解战略联盟及其优劣势。
- 理解酒店管理合同。

能力目标

本章主要介绍的是酒店战略扩展的主要方法，既包括内部增长方法也包括外部增长方法。其中外部增长方法包括兼并与收购、战略联盟以及管理合同。对于酒店来说，选择何种扩展战略的关键在于对自身的分析，分析各个战略方法的适用情况及其优劣势。

引导案例

如家收购莫泰后的整合是挑战

2011 年 5 月 27 日，如家连锁酒店 CEO 孙坚在上海宣布公司与上海莫泰酒店管理有限公司达成收购协议。如家将以 4.7 亿美元收购莫泰 168 100%股权；其中 3.05 亿以现金支付，其余以新发815万股如家普通股（每股普通股20.185美元，折合每ADS 40.37美元；该价格较昨日收盘价37.49美元溢价7.7%）形式支付。以此计算每间客房价格为7.3万元人民币。2007年如家收购了拥有26家酒店和4 200间客房的七斗星，当时3.7亿元人民币收购价格相当于每间客房8.8万元人民币。

如家CEO孙坚表示，将保留莫泰168品牌，进一步发挥并提升其原有经营管理团队的能力，继续发展这一品牌。交易的完成时间将根据交易条件和中国主管部门的审批确定，预期于2011年底完成。

至此，沸沸扬扬闹了4个月的莫泰股权出售事件终于画上了句号。自2011年1月如家首席财务官颜惠萍在北京的一次会议上表示"考虑收购莫泰"后，如家、汉庭、7天、锦江、雅高等酒店集团都曾参与莫泰竞购，但终因10亿美元的报价过高而退出。持续至3月底大摩兜售莫泰一度面临流产，最后时刻大摩将报价降至6亿美元。最后如家宣布以4.7亿美元收购莫泰全部股份。

1. 如家收购莫泰后的行业格局（见图12-1、图12-2）

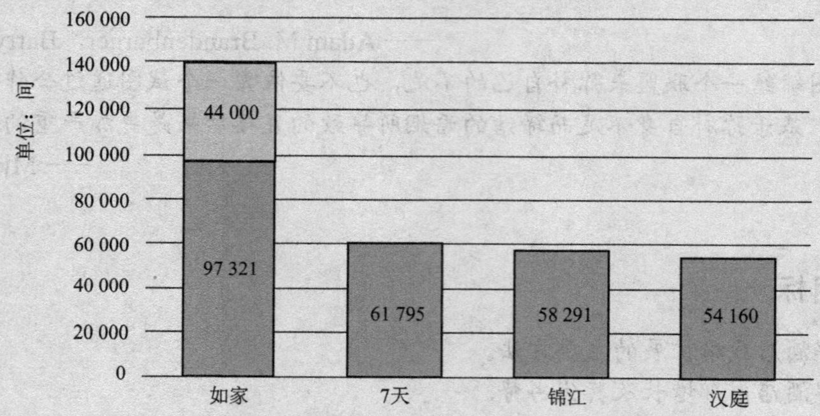

图12-1 如家收购莫泰后行业内各酒店的客房数对比

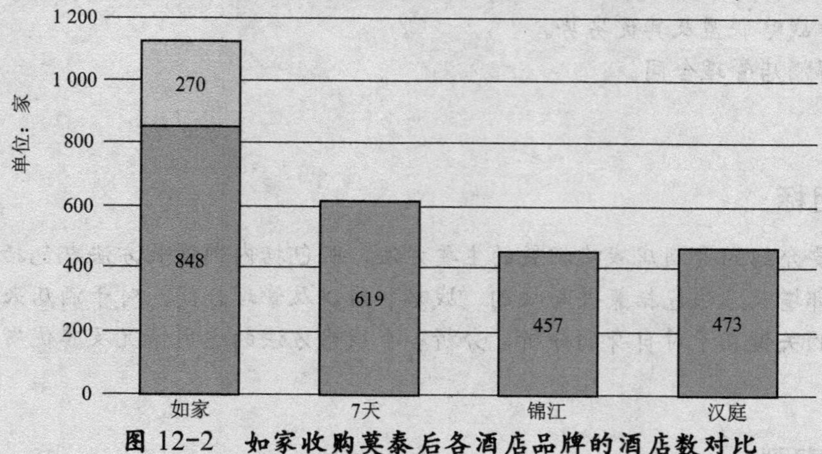

图12-2 如家收购莫泰后各酒店品牌的酒店数对比

收购莫泰之前，如家以848家门店数和9.7万间的客房数居行业老大位置，比排名第二位的7天616家和6.18万间分别多229家和3.5万间。收购莫泰之后，如家将与7天的差距扩大至499家和7.9万间，进一步巩固了老大位置，暂时遏制了7天、汉庭的追赶势头。2010年7天以231家的新开店数超过如家202家的开店速度，2011年第一季度 7 天 51 家的新开店数也超过如家的 32 家。汉庭 2010 年和 2011 年第一季度的新开店数也分别达到 202 家和 35 家。

高盛发布的最新报告表示：如家收购莫泰后其市场占有率从 17%提高至 25%，扩大了自己的领先优势；但这并不意味着中国经济型酒店市场格局就此稳固，因为莫泰的酒店数只相当于目前各大品牌 1.5～2 年的发展数量，而中国经济型酒店在酒店整体市场的占比还很低，未来的发展还将以内生增长的发展为主。

2．收购后的整合是挑战

如家收购莫泰后巩固了其领先位置，但收购后对莫泰的整合将面临不小的挑战。华东师范大学旅游学系副教授符全胜 3 月底表示：莫泰早些年为了扩张门店，有不少单体酒店是独立成立公司运作，因此之前莫泰不少店长由于上述模式获得很大的采购与其他合作方面的自主权，一旦收购后都需要统一管理，这些都是接盘者需要直面的现实问题。

收购七斗星后，如家 2007 年第四季度财报就曾出现上市后首次季度亏损 1 520 万元；2008 年第一季度又亏损 5 030 万元人民币。如家股价也从收购前的 40 美元下跌至 2008 年年底的 10 美元。

（资料来源：李晓红．如家收购莫泰后的整合是挑战[N]．中国经济时报，2011-11-14．）

酒店的发展扩张战略有着诸多的选择，可以通过不同的战略发展方法来实现酒店的扩张和发展。通常，酒店企业面临着两种扩张战略方法：一种是内部增长方法，即利用酒店自身的资源通过内部增长来实现扩张的战略；一种是外部增长方法，即借助外部力量和资源来实现企业的快速扩张，其中外部增长战略又可以分为兼并与收购、战略联盟、酒店管理合同等战略方法。酒店面临的环境不同，酒店企业内部的资源和条件也就不同，因此酒店企业可以选择不同的扩张战略方法。

第一节 内部增长

一、基本含义

内部增长是酒店企业实现增长的最直接的方法。内部增长是将企业过往发展经营中获得的利润和股东资本等现有的资金和资源投入到现有企业业务发展之中，以借助新的资源和资金的注入，扩大企业的规模，企业也因此可以扩张新的业务，增加企业的收入和资本价值，进而实现企业的快速增长。

二、内部增长的优势与劣势

1．内部增长的优势

内部增长是企业增长的最自然的方法，特别是在企业的发展初期，由于酒店企业需要开发新的产品和进入新的市场，往往会选择内部增长的方法。

与此同时，内部增长方法也是一个风险相对较低的战略方法，因为企业的扩张和增长都是在企业自有资源的支撑之下实现的，并不像兼并收购等外部增长方法需要大量的现金流支撑，企业的增长和扩张都是在企业现有的管理和监控之下，使得企业能够很好地控制经营风险。

此外，内部增长方法也能够更好地使企业的现有核心竞争力与资源得到更好的开发和利用，实现企业自身的新飞跃和提升。

2. 内部增长的潜在劣势

内部增长依靠企业自身的资源和积累发展，同样有着不可避免的潜在劣势。

1）相比于外部增长的方法，企业的内部增长方法依靠企业自身的长时间的发展和积累来实现增长，其所需要的时间相对较长，是一个增长较慢的战略方法，因为其无法像兼并和收购一样迅速地扩张企业。

2）企业的内部增长方法仅仅依靠的是企业内部的资源和能力，相对来说，内部的资源总是有限的，因此有时候往往会导致企业发展资源短缺，甚至在一些关键的发展时点上会使得企业失去一些良好的发展机会。

三、内部增长的适用情况

在一些情况和条件下，企业内部增长的方法能够为企业的增长带来极大的优势，这些情况和条件主要表现为：

1）如果企业确实没有找到合适的合作伙伴时，企业可以采取内部增长方法。

2）如果企业由于外部增长方法不可行，如兼并和收购的成本很高，有效的收购目标的不可达性等原因，使得企业的兼并难以实现的时候，企业可以采取内部增长方法。

3）如果企业内部的董事想要维持对企业的原有控制权时，则可以采取内部增长，因为内部增长并不会稀释企业原有的股权。

4）如果企业的扩张和发展所需要的一些必要的资源和能力能够在内部获得时，企业可以依靠内部增长方法实现增长，而无需借助外部增长方法。

第二节 兼并与收购

一、基本含义

兼并与收购是企业外部增长的重要战略方法。兼并是指两个企业结合在一起，合并成为一个新的企业的发展模式。收购是指一个企业购买另一个企业的所有权的发展模式。收购可以分为敌意收购和善意收购，敌意收购是指收购或合并不是出自双方共同的意愿。善意收购是指双方所愿意进行的收购。

小资料

国内酒店集团最大国际并购完成

上海锦江国际集团（以下简称“锦江集团”）与美国德尔集团及洲际酒店集团战略合作项目一揽子协议 2010 年 4 月 2 日正式签约，上海市委副书记、市长韩正和副市长艾宝俊出席签约仪式。此前，锦江集团联合美国德尔集团收购美国洲际集团的交易已于 3 月中旬完成，交易总价值达 3 亿美元。

锦江集团是以酒店、客运、旅游为核心产业的中国最大的综合性旅游企业集团。此次签署的一揽子协议主要包括设立洲际（中国）酒店和度假村有限公司合资合同、成立上海锦江德尔股权投资管理有限公司合资合同、锦江国际酒店三年内百名中高级管理人员赴美培训计划、设立中国酒店旅游产业基金备忘录和锦江集团与美国德尔集团高层战略合作协商机制备忘录等。

锦江集团董事长俞敏亮介绍，此次合作是锦江集团贯彻上海市委、市政府深化国资国企改革、实施“走出去”战略，加快发展方式转型、推进国际化进程的重要举措，是集团坚定不移实现“全球布局、跨国经营”战略愿景，在股权多元化、资产证券化和产业国际化上跨出的重要一步，是上海市国有企业、中国旅游酒店集团首次以收购美国上市公司形式走向国际市场的成功实践。此次中美各方战略合作项目的签约，将有助于进一步提升锦江国际集团的国际市场扩张能力，提高人才国际化水平，增强“锦江”品牌的核心竞争力。

同时，这也是锦江集团与美国德尔集团继 2005 年合资设立中国最大的全球旅游分销平台汇通天下（HUBS1）后的再度联手。该分销平台已作为上海世博会官方指定订房平台，今年全年订房量预计可达 350 万间/套。

（资料来源：http://info.hotel.hc360.com/2010/04/020830187129.shtml）

二、兼并与收购的动机

兼并与收购是一种十分有效的战略发展方法，诸多的企业采用这一方法实现企业的扩张，其主要的战略动机有：

1）提高企业的市场份额，通过并购增强企业实力，获取更多的市场份额。

2）进入新的市场领域，拓宽企业的市场范围，扩张企业的市场覆盖区域，成为行业的领导者。

3）将企业的业务扩展到新领域或者进入新的国际市场。

4）通过收购竞争对手以此降低行业内的竞争程度。

5）借助并购，获得对有价值的品牌的控制或像专利等智力资产的控制。

6）可以拓宽企业产品系列，以利用更多的市场机会并分散风险。

7）取得新的生产和信息技术，以便降低成本，提高质量和产品差异化程度。

8）获得规模经济，通过提高购买力以便以较低的单位成本购买所需的资源。

9）可以有效地利用企业的闲置资源，延伸企业的核心竞争能力。

10）提高企业的声誉。

三、兼并与收购的战略优势

兼并与收购是一项十分有效的战略方法，其具有多方面的战略优势。

企业经常采用并购的方法来进入新的或缺乏重要竞争力的领域，通过并购可以以合理的价格收购拥有这些竞争力的企业。

兼并与收购是一项能够帮助企业实现快速增长的战略方法。企业的内部增长往往是一个缓慢的过程，而企业通过收购可以迅速建立市场份额，形成盈利能力。如果企业对于发展速度有着特殊需求，收购就是一种十分有力的发展方式。

兼并与收购通常也是一种比内部增长风险更小的方法和模式。因为其中包含的不确定因素更少，在内部增长的模式中企业项目未来的盈利能力、收入和现金流往往有较大的不确定性。而在并购的时候，目标企业是已经确定具备盈利能力的，能够增加企业的收入和市场份额。

特别是当前企业想进入的行业或领域是已经有相当稳定性并且现有企业已经受到进入壁垒的严密的保护，兼并与收购是一种较好的进入模式，如果产业的壁垒越高，企业越会选择兼并与收购的模式。

四、兼并与收购战略失败的主要因素

虽然兼并与收购是一项十分有效的战略方法，然而，在实际操作过程中，仍然不乏诸多的失败案例，兼并与收购战略失败的主要因素在于：

1）企业在并购前缺乏有效的深入调查，缺乏对目标企业环境和发展状况的调查。

2）企业与并购的目标企业之间存在文化冲突，难以实现有效的整合。

3）企业与并购的目标企业之间内部缺乏沟通，难以实现业务上的整合。

4）企业并购后目标企业中的重要人才流失，使得企业的核心竞争力流失。

5）企业为了获得目标企业付出太大的代价，并购的成本过大，使得企业面临财务风险。

6）企业并购前预期目标企业的市场将无限增长下去，但是实际的行业市场趋势是有变化的，并非与预期一致，企业高估了目标企业的潜在经济收益。

7）企业并购可能会受到政府政策的限制，企业只被允许占有一定的市场份额。

五、兼并与收购战略成功的主要因素

为了能够有效地实施企业的并购战略，企业在推进并购战略过程中，应该重点关注以下几个方面：

1）企业需要识别出适合的目标企业，作出准确的判断。

2）企业应对目标企业的竞争地位进行详细的评估，增加关于潜在并购目标企业的知识，针对收购和如何将新业务整合到企业组织结构中形成更现实的评估，减少买入问题企业的机会，需要了解的情况包括企业的财务状况、产品的市场状况、竞争环境、管理水平、企业文化、盈利能力、市场份额等。

3）企业并购前需要考虑两个企业管理模式和文化上的兼容性，以方便后续的整合管理。

4）企业特别需要留住目标企业中重要的核心人才，以维持企业的核心竞争力。

5）企业应保证对目标企业的出价符合实际，防止并购的代价过高，降低为并购所支付的价格，注意把握好并购的时机。

小资料

2005 年酒店业内的兼并收购案例

1．洲际酒店集团

（1）洲际的收购　1998 年，英国巴斯有限公司（Bass）对洲际酒店集团进行了收购兼并。2001 年 6 月 28 日，Bass PLC 在伦敦宣布将把集团的名称变更为 Six Continents PLC，名称转变象征着公司业务的一个转折点，它从啤酒制造商变为定位于国际酒店和休闲度假业的全球性酒店集团。2003 年，洲际酒店集团收购兼并了美国的蜡木酒店式公寓集团。

（2）洲际的出售　2004 年 12 月，洲际酒店集团以 4.25 亿美元卖掉了美国、加拿大和波多黎各的 13 间酒店；2005 年将在阿姆斯特丹的皇冠酒店以 3 700 万欧元出售，在迈阿密、芝加哥的酒店产业也卖了 2.87 亿美元。

2005 年 3 月初，洲际酒店集团宣布以 10 亿英镑出售旗下 73 家酒店。2005 年 5 月上旬，新加坡政府产业投资公司（GIC Real Estate）与美国的雷曼兄弟产业伙伴集团和真星集团联手，收购洲际酒店集团（Intercontinental Hotel Group）在英国的 73 家酒店，交易总值约 10 亿英镑（31 亿 2 400 万新元）。

2005 年 10 月初，洲际酒店集团卖出澳大利亚和新泽西的 9 个饭店给 Eureka 基金管理公司，获得 3.9 亿美元现金（交易费用前），一家假日酒店给 FNPF 投资有限公司——斐济国家投资基金全资拥有的下属机构，获得 0.15 亿美元现金。洲际酒店集团将继续管理这些饭店，签了 10 年的管理合同，并拥有是否再增加一个 10 年管理期的权利。第一年的全年管理费用可能为 400 万美金。

2．万豪集团

2005 年 4 月，万豪集团确认出资 14.5 亿美元从香港新世界发展旗下 CTF 控股公司手中收购 32 家酒店。2005 年 11 月 14 日万豪集团（Host Marriott）宣布将以 33 亿美元买下喜达屋旅馆集团旗下 38 家豪华酒店，并将承担 7 亿美元债务。两家公司正式向外界公布了这一消息。这些饭店包括一批挂着威斯汀（Westin）和喜来登（Sheraton）招牌的饭店，其中有 25 家位于美国本土，另外 13 家则分布于世界各地。

3．喜达屋酒店集团

2004 年 12 月，喜达屋酒店集团联合摩根斯坦利集团花费 500 亿日元（约合 4 800 万美元）买下了东京威斯汀大饭店。2005 年初有消息透露，在未来的 3～5 年中，喜达屋将耗资 48 亿美元购买日本东京繁华地段的酒店以及商用房，投资总额将达到 5 万亿日元（约合 48 亿美元）。喜达屋酒店集团将通过国家赞助、私人投资和银行贷款等方式筹集资金，用于日本地产的投资，估计每笔交易都将高达数十亿日元。

2005 年 3 月 6 日，希尔顿酒店集团也将旗下 11 间酒店以 1.2 亿英镑出售给喜达屋酒店集团。希尔顿与喜达屋酒店集团的交易，可以说是欧洲 2005 年酒店抛售大潮的开始。这 11 间酒店全部位于英国，其中 3 间在苏格兰，其余分布于朴次茅思、布拉德福、考比、利兹、诺威奇、布莱顿等地。

2005年8月25日，喜达屋酒店集团宣布已签署最后协议，将艾美（Le Meridien）品牌及其旗下全部的管理酒店及特许权经营酒店收归旗下，共130多家酒店和度假村。2005年10月27日，艾美国际酒店集团在上海宣布，旗下全球所有130家酒店向喜达屋国际酒店及度假集团出售，包括管理和特许经营的业务，双方已经签署最终协议，艾美方面的控股企业、主营地产的莱赫曼兄弟集团将在出售艾美所有酒店业务后，与喜达屋成立一家合资公司，用于对集团所拥有及租赁的酒店的并购。并购品牌的过渡期将受一些重要条款的影响，其中包括完成雇员评议及不动产销售的结算，而艾美将作为一个独立的公司在其管理层的带领下继续营运，直至过渡时期的结束。具体成交金额没有透露。

2005年11月14日，美国喜达屋酒店集团宣布将把旗下遍布欧、亚、美三洲的38家酒店地产售与万豪服务公司。此次交易总价值近41亿美元，从而创造了2005年全球最大一起酒店转让案。喜达屋酒店集团也通过剥离相关不动产，全力向酒店品牌管理服务商转型。喜达屋酒店集团抛售的38家酒店共有客房1.9万间，占到公司全部客房总数的40%，包括20家喜来登酒店、13家威斯汀酒店、2家W酒店，以及瑞吉、至尊精选和无品牌酒店各1家，其中28家位于北美，6家在欧洲，亚洲和拉美各有2家。喜达屋酒店集团在中国的酒店资产不在其列。

（资料来源：赵焕焱，全球酒店业进入并购活跃期[N/OL]．中国旅游房产投资网，2006-07-20 http://www.hotelpropertychina.com/NewsInfo/20071283.shtml）

第三节 战略联盟

一、基本含义

战略联盟是指两个或多个企业之间通过合作的协议而建立的一种企业间的合作战略。企业建立战略联盟是为了能够在各自的战略行动方面获得互补效益，以加强其在市场上的竞争地位，获得对各方都有利的战略结果。

战略联盟的形式是多样的，既有职能式战略联盟、联盟式合资、股权投资等。对于酒店企业来说，主要的形式是职能式战略联盟，其主要包括研究开发合作、交互分销协议、交互特许协议、合作生产协议、合作投标联盟和资产连接联盟，如表12-1所示。

表12-1 职能式战略联盟的不同形式

形　式	具体特征
研究开发合作	涉及两个或两个以上的合伙人在研究与开发新产品或新技术方面的合作，制造和销售最终产品则由合伙人各自负责
交互分销协议	较为传统的战略联盟形式，是指企业在自己现有的区域或一个具体区域销售另一个企业的产品来增加其销售的品种
交互特许协议	为特殊的技术建立一个全球标准，扩大一个特定产品的接受程度与使用范围
合作生产协议	这一形式可使企业形成规模经济，并根据市场状况调整生产能力
合作投标联盟	适用于规模较大或政府部门有特殊要求等的招标项目
资产连接联盟	通过购买一部分未来合作伙伴的股权来建立战略联盟。与直接的组合投资不同，在资产连接联盟中，合伙人制定一系列的职能协议以寻求优势互补

战略联盟是一种十分有效的战略方法，对于各个行业中的企业都十分重要，已然成为了企业战略的核心要素，越来越多的企业愿意在战略中与包括供应商、分销商和互补产品的企业直接建立战略联盟合作关系。酒店业与航空业之间的各种战略联盟就是酒店行业中最常见的战略联盟。

战略联盟建立的主要步骤如图 12-3 所示。

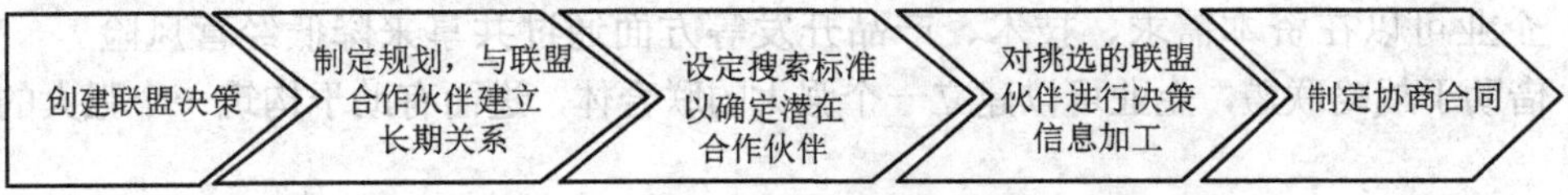

图 12-3　战略联盟建立的主要步骤

1）确立创建企业战略联盟的决策。

2）制定战略联盟发展规划，与企业合作伙伴建立长期的合作关系。

3）设定企业联盟合作伙伴的搜索标准，以确定企业潜在的战略联盟合作伙伴。

4）对于企业所挑选的战略联盟合作伙伴进行决策信息加工。

5）与选定的战略联盟合作伙伴协商，签署合作协议。

二、组建战略联盟的动机

战略联盟日益成为各个企业所青睐的战略选择之一。对于企业来说，组建战略联盟的主要目的有诸多考量，其中一个重要因素在于，全球化竞争趋势的驱动力，在全球化时代下，企业为了能够进入许多不同国家的市场而展开全球竞争，以实现其企业的全球化战略，而战略联盟是企业进入全球市场的重要途径。因为企业既要为争夺在全球市场上的领先地位而展开竞争，也要争取在未来的行业中有一席之地，这使得企业要拥有比单独制造和管理的情况下更加多样化和广泛的技能资源、技术性专业知识和竞争潜力。而单个企业的力量总是有限的，而战略联盟能够很好地弥补这种不足。

Contractor 和 Lorange（1998）对企业战略联盟的目标进行了总结，包括：

1）降低风险。

2）获得规模经济。

3）实现技术更新。

4）制造进入壁垒。

5）应对政府指令性贸易或投资壁垒。

6）为初次扩张的企业提供国际化的便利条件。

7）初步的纵向整合，将优势互补的联盟成员整合成一条价值链。

Child 和 Faulkner（1998）提出了企业战略联盟的主要的外部驱动力和内部驱动力。

战略联盟的外部驱动力包括：

1）全球世界市场的动荡性和经济的高度不稳定性越来越明显，企业所身处的外部环境变化剧烈。

2）规模经济或范围经济的存在，战略联盟有助于实现规模经济。

3）越来越多行业的全球化和区域化，全球化成为了趋势。

3）越来越多的技术实现全球化，技术在全球流动。

5）现代技术的快速变化带来了日益增长的投资需求。

6）企业产品生命周期越来越缩短。

战略联盟的内部驱动力包括：

1）企业能够获得规模经济，并能够与战略联盟的合作伙伴相互学习。

2）企业可以获得来自于其他合作企业的资产、技术、营销能力或人员方面的利益。

3）企业可以在资本需求、技术、产品开发等方面通过共享来降低经营风险。

4）借助于战略联盟，企业可以建立一个强大的联合体，进而有助于构筑一个强大的市场。

三、战略联盟的优势与劣势

1. 优势

战略联盟作为一种被广泛采用的战略，对于企业来说，有其独特的优势。

1）战略联盟的优势表现在其整合能力方面。借助战略联盟可以将企业之间的资源和能力整合在一起，使得现有资源和能力发挥出比企业各自处于分散状态更大的价值。

2）战略联盟有助于化解企业所面临的各种外部环境的变化和挑战，通过企业之间的通力合作，发挥企业各自的优势和能力，共同回应面临的外部变化和挑战，包括技术、市场竞争和新的市场开发方面的变化。

3）战略联盟创造了一种良好的学习平台，企业相互之间可以借助学习效应，将企业的能力与合作伙伴所具有的专业知识和能力融合到一起，在目标行业中发掘更多的机会，以在企业的价值链活动上创造出更多的价值。

4）对于一些特定的企业来说，战略联盟也是企业顺应全球化趋势，快速进入全球市场的重要途径和良好选择，特别是在与东道主的合作伙伴建立的战略联盟，可以获得企业并不熟悉的市场和文化的内在知识和信息。

5）借助战略联盟，企业还可以分享各自的市场分销设施和特约经营网络或者联合促销能够互相补充的产品，从而相互加强和扩大到达顾客的渠道，建立强大的市场地位。

2. 劣势

企业在享受战略联盟优势的同时，也需要防范战略联盟所蕴含的潜在的风险与问题，这主要表现在以下几个方面：

1）通常战略联盟涉及较大的协调成本，因为联盟的成立运营需要在多个企业之间相互沟通和协调，造成管理成本较高。

2）大多数战略联盟只是过渡性的，而不是像一个实体组织机构一样具有稳定不变的组织形式，因此战略联盟很少被认为是创造持续竞争优势的手段。

3）对于企业来说，不容易识别有效的战略合作伙伴。

4）战略联盟的合作伙伴之间存在兼容性的问题。

5）不断变化的内外部因素导致企业联盟战略的相关目标发生变化。

四、有效的战略联盟的关注点

战略联盟是企业重要的战略方法之一，但在实践中战略联盟的失败案例也是十分常见的。如何构建一个有效的战略联盟成为企业关注的核心问题。对于企业来说，组建有效的战略联盟需要关注以下几点：

1．有效的联盟结构设计

战略联盟的组织结构设计是企业战略联盟有效的关键要素之一。有效的联盟结构设计可以减少企业战略联盟的风险，可以保障战略联盟的各方相互合作，获得协同效应。

2．正确的合作方选择

战略联盟的合作方选择是企业战略联盟有效的关键要素。好的合作方有助于企业战略目标的实现；好的合作方拥有企业所没有的而又有价值的能力；好的合作方与企业有着共同的发展愿景和价值观。

Brouthers（1993）提出了选择合作方的几个标准：①能力标准，即所选合作方是否有能力成功地履行其在联盟中的角色；②相容性标准，即所选合作方是否能有在一起合作并有效工作的能力；③义务标准，这涉及所选合作方在联盟中承担的资源、精力和专有知识的义务的意愿程度。

3．有效的联盟管理

有效的联盟管理也是战略联盟成功的关键要素之一。对于战略联盟来说，其涉及多个企业之间的协调与管理问题，很多时候往往是沟通与管理问题压垮了战略联盟。由此，战略联盟应该建立类似于企业的管理模式和制度，一个可行的方法是建立起不同企业之间的管理者之间的良好协调与沟通关系。

小资料

单体酒店联盟无疾而终

近年来，在国际酒店集团和本土连锁酒店的双重包围下，单体酒店成立联盟的呼声此起彼伏，各类型的联盟也相继成立，甚至有点泛滥成灾。但我们看到的却是，这些联盟总是雷声大、雨点小，往往到最后无疾而终。究竟是什么阻碍了联盟的进程，导致了一个又一个联盟的失败，并瓦解了单体酒店加入联盟的信心？

1．联盟无“利”可图

联盟因利而起，它因利益增加而缔结，利益减少而解体。大多数联盟流产或失败的原因在于，没有能够给酒店带来实际的利益，即未带来客源的提升，只是看上去很美，抓起来一场空。不管是哪种联盟，酒店加入的目的无非是想提升自己的业绩。提高服务品质也好，增加品牌知名度也好，如果没有新鲜客源的不断输入，则是无本之木、无水之源，解体也是情理之中。

2．成员间的“同床异梦”

联盟的实质是整合单体酒店的资源，通过信息共享、优惠共享、渠道共享甚至品牌共享，以“联盟”的形式解决单体酒店“异地推广难”和“规模上不去”的难题，从而获得客源的大幅增加。但有些酒店加入联盟的真正目的并不在于联盟成功给它们带来的共同利益，而在于获取联盟内部成员的核心客源，借助联盟的优势打压对手，壮大自己。想获取别人的客源，又不想拿出自己的客源共享，这样的联盟怎么可能有实质的进展呢？如果一个联盟组织存在数个这种“同床异梦”的酒店，那么它们将在联盟过程中将方向向有利于自身的方向引导，致使联盟的最终成果同酒店加盟前所预期的目标相差甚远，从而使其他酒店蒙受损失。这也使得参加联盟的酒店都会有戒备之心，为了保护自己的切身利益不受侵害，谁都不愿拿出自己的客户资料。联盟“资源共享、客源互通”的目标因而成了空中楼阁。

3．联盟内部管理不当

碉堡总是从内部被攻破，不少单体酒店联盟失败也是由于联盟内部缺乏管理，协调性差，沟通不灵敏。导致这种现象发生的主要有两个方面的因素：制度不合理和执行不到位。

一方面，目前很多联盟只是人的联盟而非制度的联盟。比如酒店大多是承诺成员酒店的客户入住时，可以在房费上享受一定的折扣。至于客户能否享受优厚的贵宾礼遇，能否得到积分奖励等，都不在制度规定之内。因为联盟成员缺乏步调一致的忠诚计划，可能使客户将在入住其他成员酒店遭受的不公待遇转嫁在酒店身上，从而导致客户流失。另一方面，在运作一段时间后，联盟成员会发现各自酒店忙于自身的管理和营销，当初的制度往往成了“一纸空文”。或者是作为联盟规划者或发起方的成员酒店，无法从杂务中抽身，或是其囿于自身利益，根本做不到不偏不倚，只好任制度自生自灭。

4．酒店竞争优势弱化

有的酒店加入联盟是希望能够提升品牌、增强竞争优势，但是有时候的效果却适得其反。在联盟当中，酒店的核心资料可能在无意中转移给其他成员。而这些核心市场正是酒店在联盟前的竞争优势所在，加入联盟后，由于自身核心资料外泄，酒店的竞争优势也将会弱化甚至消失。因此，当酒店的竞争优势完全丧失后，联盟也将可能会解体；或酒店继续待在联盟中，但这时只能受别人摆弄，失去话语权。而且当联盟解体后，酒店将同以前联盟成员展开新一轮的激烈竞争，但此时，由于核心竞争优势丧失，极有可能在竞争中处于十分不利的位置。对单体酒店来说，解决问题的关键在于，在不丧失自主经营权的同时，能够获取实际意义上的客源。笔者认为，选择口碑好、品牌硬的经济型连锁酒店加盟，不失为一条解决之道。优质的经济型连锁酒店，不仅可以提供标准化、市场化的经营指导，使加盟商获得全方位系统的培训支持，还有全国会员共享体系，真正解决单体酒店的客源问题。以港湾印象连锁酒店为例，其完善的加盟方案，便捷的加盟流程，较低的加盟费用和突出的加盟优势，获得众多投资者的青睐。其中，“严谨的配送体系与成本控制”和“精致时尚，简约而不简单”的装修风格得到加盟商的一致肯定。

总而言之，酒店行业已进入“战国时代”，单体酒店若想在酒店行业占有一席之地，究竟以何种形式发展，如何规避风险，还需慎重决策。

（资料来源：http://www.17u.cn/newsshow_304219.html）

五、酒店业的主要战略联盟

酒店业中战略联盟是十分常见的。比如，具有亚洲背景的营销联盟泰姬酒店和博彩国际集团；印度贵族风酒店集团、希尔顿酒店、ITC 迎宾集团和喜达屋酒店之间也建立了类似的联盟；喜达屋酒店和 Vaction.com 网站也建立了营销联盟，通过联盟可以向 Vaction.com 网站的会员提供购买喜达屋酒店产品的平台。

全球饭店联盟是一种典型的营销联盟，其以技术手段实现协调效应，该联盟的目标是吸引越来越多的独立经营的区域性品牌饭店，以它们的加盟为顾客提供更多的选择和更多的优惠。全球饭店联盟包括了 7 家杰出的饭店，如泰国大喜酒店集团、凯宾斯基酒店集团、中国台湾丽致酒店集团、马可波罗酒店集团、美国奥姆妮酒店集团、泛太平洋酒店集团、印度里拉酒店集团。全球饭店联盟给予加盟饭店更为全球化的市场准入，同时顾客和旅行社可以在联盟的一站式网站上，查询到联盟所有的客房及航空公司的机票信息。

奢侈品联盟是立足于高端的豪华接待市场、以技术为支持的营销联盟，其将饭店、铁路、邮轮整合在一起，向顾客提供更为宽泛的奢侈旅行的产品选择，包括有世界一流酒店组织、东方快车酒店集团、火车与邮轮集团、豪华联盟网站。

酒店业与餐饮业也常常建立战略联盟，如逸林酒店与纽约餐饮集团建立战略联盟。

第四节　管 理 合 同

一、管理合同的基本含义

管理合同是酒店企业经常采用的战略方法之一。为了降低风险，一些酒店集团专门成立酒店管理公司，从事酒店管理业务，而并不参与投资业务。这些公司通过管理合同成为酒店所有者与投资者的管理公司。

管理合同最早源于20世纪60年代希尔顿集团同波多黎各合作经营 Carribe Hilton 酒店时候采用的利润共享租赁（Profit-sharing Lease）。波多黎各为了吸引外国旅游者，需要建设高档饭店，并同意将酒店租赁给希尔顿酒店，只收取 2/3 的经营毛利润，希尔顿酒店只需要提供营业前的开销及营业资本。随后，希尔顿集团将这种模式演变为如今的管理合同。

中国饭店的管理合同始于 1982 年，当时中国第一家中外合资饭店——建国饭店开业并首家引进了境外管理公司香港半岛管理集团，标志着管理合同模式在中国的开始。自此以后，假日酒店、喜来登酒店等国际知名酒店纷纷采用管理合同的方式进入中国市场。

酒店管理合同是一种以契约关系为核心的委托管理。这是一种非股权式的经营方式，属于委托代理关系的企业制度安排，通过饭店业主与饭店管理公司签署管理合约来约定双方的权利与义务。酒店业主雇佣酒店管理公司作为自己的代理人，承担酒店经营管理职责。作为代理人，酒店管理公司以酒店业主名义，拥有酒店的自主经营权，负责酒店日常经营管理，定期向酒店业主上交财务报表，汇报经营情况，并按照合同约定获得管理酬金。

管理合同的主要特征表现在以下几个方面：

1）经营权的私有化和商化。在管理合同这一模式中，经营权与所有权被分割开来了，酒店的经营权可以作为商品进行交换与流通。一些新的独立的利益主体以受托方的身份与委托方签订合同，专门从事酒店经营管理，从而形成了一种新型的契约关系。

2）管理合同的时间性和经济担保性。酒店的管理合同都具有时间性，一些酒店 10 年，一些酒店又长达 30 年。而经济担保性是指受托方应该具有一定的经济条件作为风险担保。在酒店中，越来越多的业主要求在合同中加入企业经营业绩的条款，作为支付管理酬金的基础。

3）管理合同的低风险性与低收益性。借助于管理合同，受托方可以不用投资就可取得对其他酒店的控制权，酒店管理公司也可以运用这一方式进行扩张，且具有较低的风险性。与此相关的是，这一扩张方式相应的经济效益也较低，并且占有了酒店管理公司的稀缺的管理人才。

二、酒店管理合同

酒店管理合同也即是酒店管理合约，是指酒店所有者与酒店管理公司之间签订的书面协议，合同约定双方的权利和义务。据此合同，酒店管理公司代表业主经营管理酒店，并对业主负责，作为回报，酒店管理公司可以从业主那获得管理酬金。管理合同是酒店委托管理方式的核心和载体。

1. 谈判策略

管理合同涉及了众多的内容和条款，表 12-2 概括了管理合同中酒店所有者和管理公司运用的基本策略。

表 12-2 管理合同谈判中酒店管理公司与所有者之间的策略

关键条款	酒店管理公司	酒店所有者
合同期限	获得尽可能长的合同期限，且获得是否延期的选择权	获得尽可能短的合同期限，且获得是否延期的选择权
管理费用	完全依据酒店总收入的一定比例来确定，并尽可能提高这一比例	将费用完全设置在偿还债务且确保最低限度的权益投资回报后的某一比例上，并尽可能地降低这一比例
汇报要求	尽可能将对所有者的关于预算与运营结构的汇报降低至最少	要求全面的书面财务报告，经常性的预算更新与双方会议
审批权限	达成使管理公司具有所有的不需要所有者做出任何批准的决定权的合同结构	达成使所有者有权对饭店运营的所有方面进行批准的合同结构
合同终止	无论在何种情况下管理公司都有在到期前终止合同的权力	确保所有者在发出通知后立即终止合同的权力
对管理公司的投资要求	规定管理公司不对酒店进行投资	规定管理公司通过投资获得管理权力或做出业绩保障来获得管理合同
管理公司的总部费用	规定双方按一定的比例承担管理公司所有的总部费用，并由企业承担所有的直接费用	使管理公司所有的总部费用都从管理费用中进行偿还
所有权转移	确保企业未经管理公司同意不得转让所有权，且管理公司具有优先购买权	确保在任何时候都可以将企业所有权转让给任何人
保险与依法征用收益	规定管理公司有资格获得一定比例的保险或依法征用的收益	将管理公司派出在分享任何保险或依法征用的收益
员工	确保企业所有员工均为所有者的雇员	确保企业所有员工均为管理公司的雇员
更换设施所需的资金储备	获得某种权利，建立由所有者承担更换设备所需的资金储备	同意在“需要原则”基础上提供资金用于更换设备
限制条款	拒绝禁止管理公司在本项目所在的同一市场拥有、管理或特许经营其他企业	规定管理公司在本项目所在的同一市场不得拥有、管理和特许经营其他企业
赔偿	确保所有者将为其对管理公司的行为所造成的损失进行赔偿	确保管理公司将为其对管理公司的行为所造成的损失进行赔偿

（资料来源：Chuck Y Gee 国际饭店管理[M]．谷慧敏，译．北京：中国旅游出版社，2005.）

2. 管理费用

酒店管理公司可以通过收取管理费用来获得经济效益，主要的管理费用包括 4 类：

（1）管理费用　管理费用是酒店管理合同中的最基本的费用，其收取的比例和方式在不同的案例中不一样。一些酒店企业是按照协商达成固定费用，一些酒店企业是按照酒店营业额的比例来计算，也有一些酒店企业是按照酒店的净利润比例来计算的。一般来说，酒店企业的管理费用是按照酒店营业额的3%～4%提成的，或者是按照净利润的5%收取的。

（2）系统管理费用　系统管理费用是酒店有关经营管理方面的费用，如市场营销、广告、销售、财务、培训、采办、预订以及管理公司人员到饭店视察的旅行与住宿费用等。

（3）技术支持费用　技术支持费用是在酒店设计和规划方面支付的技术费用。

（4）开业管理费用　开业管理费用是由酒店所有者向酒店管理公司支付的在酒店开业筹划、制定开业预算、督导开业活动等方面的费用。

小资料

采取管理合同经营的主要酒店集团（2002年）

酒店	负责管理的酒店		
	酒店数量/家	管理数量/家	所占比例（%）
万豪国际	2 398	798	33
雅高	3 654	511	14
美国长住酒店	431	431	100
塔拉乐德森公司	341	341	100
卢浮宫公司	933	327	35
六洲酒店	3 274	314	10
维斯蒙特酒店管理集团	287	287	100
喜达屋国际酒店集团	743	222	30
希尔顿酒店	1 986	210	11
卓越酒店集团	234	199	85

（资料来源：奥诺弗雷.马托雷利.库尼利．饭店集团成长战略[M]．王向宁，译.北京：旅游教育出版社，2007.4）

三、管理合同的战略优势与劣势

酒店管理合同是一项酒店所有者与酒店管理集团之间的合作协议。一方面一些投资和建造酒店的业主并不具备酒店管理的专业知识，为了充分发挥酒店的效益，会聘请专业的酒店管理公司。另一方面，一些酒店集团已经建立了良好的声誉，为了减少经营风险，以输出服务和管理的方式，建立饭店管理公司，专门从事酒店管理业务，而不参与投资。

目前世界知名酒店如洲际酒店、希尔顿酒店、万豪酒店等采用酒店管理合同来进行全球扩张。

对于酒店管理集团来说，酒店管理合同的主要优势包括（库尼利，2007）：

1）有助于增强酒店的品牌识别度。

2）有助于获得足够的资产融资。企业可以获得酒店所有者提供的建设酒店的全部资金。

3）有助于降低风险。企业可以将饭店高额的建筑成本、自身的经营水平、市场衰退等风险都推向酒店所有者。

4）有助于获得高投资回报。酒店管理者不需要付出太多的投资，就可以从酒店经营中获取利润。

与此同时，对于酒店管理集团来说，酒店管理合同也存在一些不足：

1）酒店管理集团仅获得部分利润。因为大部分的利润仍然属于酒店所有者所有。

2）丧失了酒店资产潜在的升值机会。因为一旦酒店经营成功的话，酒店的价值会升值，酒店管理者并不能从酒店升值中获得效益。

3）酒店所有者可能会对酒店经营进行干涉，从而限制了酒店集团对酒店的经营管理行为。

4）酒店管理合同的时期通常比较短，很容易被取消。

对于酒店所有者来说，酒店管理合同的主要优势在于：

1）使得酒店能够获得关于酒店管理的专业知识和优质管理。

2）既能得到一流的管理专家又能保留酒店的所有权。

3）能够降低酒店经营的风险。

4）随着酒店经营的发展，酒店品牌被市场认可，酒店的价值会上升，获得潜在的效益。

对于酒店所有者来说，酒店管理合同的主要劣势在于：

1）酒店所有者失去了对酒店经营权的控制。

2）酒店所有者承担所有的现金流亏损，风险较大。

3）雇佣酒店集团管理公司的成本较高。

本章小结

（1）酒店企业面临着两种扩张战略方法：一种是内部增长方法，即利用酒店自身的资源通过内部增长来实现扩张的战略；一种是外部增长方法，即借助外部力量和资源来实现企业的快速扩张。

（2）外部增长战略又可以分为兼并与收购、战略联盟等战略方法。

（3）兼并与收购是酒店实现快速扩展的有效方式。

（4）战略联盟是酒店走向全球化的重要方式。

（5）管理合同是酒店业常见的扩展方式。

复习思考题

一、分析题

（1）怎么理解酒店内部增长和外部增长的区别与联系？

（2）兼并与收购成功的关键点在哪里？

（3）战略联盟的优势与劣势是什么？

（4）酒店如何能够有效实行管理合同战略，谈谈你的理解？

二、练习题

在网络上搜索酒店企业“兼并与收购”的案例，分析该战略对企业发展的影响。

在网络上搜索实施“管理合同”的酒店企业案例，分析管理合同给企业发展带来的优势与劣势。

三、案例分析题

案例一：美国最佳西方国际集团

1946 年，美国最佳西方国际集团（以下简称“最佳西方”）在美国创立。最初的最佳西方只是一个由 7 家单体酒店组成的非正式组织，功能也仅限于酒店前台接待人员之间相互介绍住客。随后数年，最佳西方获得了长足的发展。

1947 年，最佳西方拥有 66 间成员酒店，1963 年拥有 699 间成员酒店并成为当时世界上最大的酒店连锁组织。

1966 年，最佳西方的七人董事会成立，该董事会成员是由成员酒店逐级推选产生的。这一年最佳西方将总部由加利福尼亚迁到了美国亚利桑那州凤凰城。

1968 年，最佳西方开通了统一号码的电话预订系统。

1970 年，最佳西方启用正式的酒店质量监控体系，代替了以往采用的成员酒店相互间的质量监测。

1988 年，最佳西方建立了常客奖励制度。

1996 年，最佳西方启动了全新的中央预订 LYNX 系统。

2001 年，最佳西方建立了成员酒店专用的网站。

2002 年，最佳西方开始拓展中国酒店市场。

2006 年，最佳西方以房间增长 2.5%的成绩连续几年保持着第 7 名的位置，拥有酒店 4 195 座，房间 31 5875 间。

最佳西方主要采取的是一种建立战略联盟的方式，通过其全球预订系统，把各个成员饭店联合起来。为适应市场竞争需要和加强同行业间的沟通和交流，华东地区部分酒店于 1997 年初自发组建、成立了酒店联销协会，主要负责组建联销网络，拓展营销渠道、领域，提高酒店对市场的占有率，交流酒店营销工作经验。

现在，最佳西方拥有 4 200 余家会员酒店，分布在全球 80 多个国家和地区，客房总间数达到 30 余万间，是全球单一品牌最大的酒店连锁集团。除在美国和加拿大外，最佳西方在法国、意大利和德国也已成为了当地规模最大的酒店集团。全世界每天有超过 25 万人下榻最佳西方集团旗下酒店。

（资料来源：http://www.bestwestern.com/）

案例二：卡尔森和 Rezidor 成立 Carlson Rezidor 酒店集团

全球著名的酒店和旅行公司——卡尔森（Carlson），与全球发展最快的酒店公司之一——Rezidor 酒店集团（The Rezidor Hotel Group）2011 年 1 月 31 日宣布，两家公司将联合成立 Carlson Rezidor 酒店集团（Carlson Rezidor Hotel Group）。

在卡尔森和 Rezidor 的法律地位和股权结构保持不变的同时，Carlson Rezidor 酒店集团将继续推动集团旗下各酒店品牌在全球范围内的统一化管理，着眼于更好地提升盈利能力、发展采购全球化并加强国际人才开发。从此，在全球任何地方的一切商业活动都将以

Carlson Rezidor 酒店集团的名义进行。

Carlson Rezidor 酒店集团是全球规模最大、最具发展活力的酒店集团之一，旗下共有 1 300 多家酒店，遍布全球 80 多个国家，并拥有一系列极具影响力的全球性品牌，其中包括丽笙（Radisson Blu，Radisson®），卡尔森丽怡（Country Inns & Suites by CarlsonSM），丽柏（Park Innby Radisson），米索尼（Hotel Missoni）和丽亭（Park Plaza®）。

Carlson Rezidor 希望通过一系列具体举措，在 2015 年以前使整个集团的收入增加 4 亿美元以上，并使每间可售房收入指数（RevPAR Index）提高 9 分以上。这些举措包括强化全球销售团队建设，采用独特的盈收最佳化工具，与包括卡尔森嘉信力旅运（Carlson Wagonlit Travel）在内的各旅行中介机构 Carlson Wagonlit Travel 开展合作，以及快速发展集团成功运营的忠诚顾客计划——Club Carlson SM。集团将继续推动旗下各酒店品牌在全球范围内的统一化管理，以确保顾客在世界任何地方均能享受到愉悦且始终如一的高品质服务。联合采购举措将获得更有竞争力价格优势尤其是对于高消耗品和商务必需品。同时，全球人才开发计划也会为 Carlson Rezidor 酒店集团实现成为世界头号酒店公司的伟大抱负助一臂之力。

为了推动这些能够创造价值的领域和 Carlson Rezidor 酒店集团的发展建设，集团还特别成立了一个全球指挥委员会。该委员会的主席由 Joly 和 Ritter 共同担任。

“Carlson”和“Rezidor”的组合凸显出两家公司之间的合作伙伴关系；而位于“Carlson”字母之上的图形则代表着多项重要价值，如合作、传承、创新和服务。

（资料来源：凤凰网资讯，http://fashion.ifeng.com/news/detail_2012_02/05/12303161_0.shtml）

思考：结合最佳西方酒店以及 Carlson Rezidor 酒店集团，谈谈你对酒店发展战略的认识？

第十三章

战略评估和选择

没有“尽善尽美”的战略决策，人们总要付出代价。对相互矛盾的目标、相互矛盾的观点以及相互矛盾的重点，人们总要进行平衡。最佳的战略决策只能是近似合理的，而且总是带有风险的。

——彼得·德鲁克

得胜的公司知道怎样将它们的工作做得更好。

——Michael Hammer 和 James Champy

人们经常听到的反应是“我没有足够的信息。”实际上，战略制定者永远不会有足够的信息，因为有些信息是得不到的，有些信息又是太昂贵了。

——William Glueck

知识目标

- 理解酒店战略评估的标准。
- 掌握战略评估的主要工具。

知识要点

本章的核心是对酒店战略评估与选择的介绍。酒店面临着诸多的可供选择的战略，需要借助一定的工具与方法来评估战略，以作出恰当的选择。因此，如何对战略评估，掌握战略评估的标准与基本工具是酒店战略管理者的核心技能。

引导案例

酒店站在高科技的肩上触摸未来

杭州黄龙饭店与 IBM 合作，开发一整套“智慧系统”，打造高科技“管家”服务。喜来登酒店与微软公司合作的“相聚喜来登”系统开始应用于喜来登全球各大酒店。

威斯汀酒店与任天堂合作，在健身房提供WII设施和WIIFIT等游戏。

甘斯沃尔特酒店集团与索尼公司合作，在迈阿密南滩的新分店开建一个拥有PS3和电子书籍阅读器的休闲吧。

就在高科技迅速占领我们生活的时候，高端酒店业者当然不会错过新一波的高科技浪潮，纷纷斥资扩充高科技酒店设备，力求为消费者带来更多不一样的住房体验。那么高科技对酒店到底意味着什么？

1. “高服务”跃向“高科技”

传统的酒店业是劳动密集型的企业，是一个只提供休憩单一功能的“高服务”行业。伴随社会高端消费人群结构的变化，更多高学历的“知本家”成为经济发展的中流砥柱。普通的酒店服务已经满足不了他们的需求。传统酒店逐渐被市场淘汰，酒店不得不与科技公司合作，推出各种高科技设备，提高酒店吸引力。

至此，一场由高科技化引发的革命在酒店业内如火如荼地展开、升级、愈演愈烈……

依托强大的高科技设备，酒店逐渐向智能化、科技化发展。例如，波兰波兹南的爆炸旅馆，没有钥匙或门卡，每位客人配有一部iPhone，根据人脸识别系统，可以打开房门、上网冲浪或者查看本地旅游信息等。又如，东京半岛酒店里无处不在的按钮，在房间里随手可触，以一种“润物细无声”的高科技方式完美地融入了酒店本身唯美华丽的风格。

随后，科技享乐主义成为酒店目前乃至未来招揽顾客的制胜法宝之一。例如，可飞行的明日豪华酒店Aeroscraft，它是未来值得期待的十大豪华酒店之一。除了让乘客体验飞行的快乐外，还为他们准备了贵宾包房、赌场、饭馆等，让他们尽情享受高科技带来的乐趣。

所以，运用高科技进行酒店业的经营与管理，是当代酒店发展的必然趋势，也是科技进步的必然结果。

2. 高科技只是手段不是目的

如果把酒店比做一个人体，高科技就犹如贯穿其中的中枢神经系统，将酒店全部的硬件设施和人员服务相结合，使其发挥各自最大的能量。

高科技改变生活，酒店因科技而充满魅力。首先，高科技会带给客人与众不同的居住体验，享受最大化的舒适、便捷和乐趣。其次，随着社会的不断发展，酒店的人工成本将不断提高，智能化科技系统不仅能提升员工的工作效率，还能有效控制酒店的运营成本。最后，高科技为酒店带来巨大的经济效应，提升品牌知名度。

高科技的确给我们提供了很大的帮助，虽然高科技让酒店无所不能，但绝不是万能。高科技是为人服务的，酒店也是为人服务的，技术不能够完全代替人。

对于管理和经营一家酒店来说，高科技应该是一个手段，而不是一个终极目的。酒店采用高科技的目的，是希望通过它来拉近顾客与服务者之间的距离。如果酒店把手段当成目的去追求，就很容易犯为高科技而高科技的错误。

当代酒店除了要有先进的设施设备和完善的服务项目之外，还必须实行计算机化智能管理与销售，广泛利用高科技的信息技术，来促进酒店的经营与发展，从而达到在竞争中求生存发展的目的。

在人力资源及环境资本日益昂贵的今天，高科技酒店已成为发展的趋势和目标。如今的酒店，无论是酒店预订、酒店设计，还是入住体验都彰显着高科技的先进及优势，科学技术正在颠覆着酒店业的全新生活体验。那么，未来如何让高科技化酒店的顾客们更加适应“智能”、使用“智能”，无疑是想要尝试高科技设备的酒店业者们急需解决的问题之一。

（资料来源：转引自高天明主编的《经营参考》，2011 年第六期。）

战略制定者从不认为所有可供选择的战略都对企业有益，因为在实际中存在着无数的行动方案，各种方案有着无数的实施途径。所以，必须建立一组容易管理的、有吸引力的备选战略，并确定这些战略的各自优势、劣势、利弊、成本与收益。

第一节 评估标准

经过战略分析之后，企业的管理者面临着诸多的可供选择的战略方案，但是企业管理者不认为所有的战略方案都是企业所需要的，其必须建立一套能够有效地识别各种可供选择的战略方案，评估各类战略方案，进而为企业制定出适合的、有效的战略方案。

由此，一套关于企业战略方案选择的评估标准成为企业管理者必须考虑的一个核心问题。通常，关于企业战略方案的评估标准主要包括适合性、可行性、可接受性、竞争优势等。

一、适合性标准

适合性标准是指企业战略方案是否适合于企业的评价标准。如果一项可供选择的战略方案能够有助于企业实现战略目标，那么这项战略方案就是适合于企业战略的。

关于企业战略方案的适合性的评价，不仅需要结合企业的既定战略目标和发展方向，也要考虑企业的 SWOT 分析情况，符合企业的内外部的相关情况。一方面战略方案能够有助于企业面对外部环境，利用外部机会，规避外部威胁；另一方面也能够帮助企业利用自身内部优势，并避免内部劣势。更为重要的是，所选择的战略方案能够满足企业内部的主要利益相关者的期望和利益需求。

二、可行性标准

可行性标准是指评估和判断可供选择的战略方案是否可行的标准。

关于企业战略方案的可行性评估，主要从两个方面的标准来予以评估：一是企业内部标准；二是企业外部标准。

1. 企业内部标准

战略方案可行性的企业内部标准主要是从企业内部的文化、技能和资源等方面来考虑，企业内部的资源是企业实施战略方案的基本资源和基础。如果企业并不具备实施某一个战略方案的资源、文化和技能，那么该战略显然是值得怀疑的。

主要的内部资源标准包括：

1）方案投资资本的需求。

2）方案累积利润的预测。

3）方案运营资金的需求。
4）方案所需的企业员工数量。
5）战略方案所需的新技能、新的运营设备。
6）新产品以及它们是如何被开发的。
7）所需的市场以及专业技术方面投资的数量和时间。
8）与其他组织收购兼并和共同发展的可能性及含义。
9）与所有的利益相关者之间的沟通。

2．企业外部标准

战略方案是否可行的另外一个考虑标准是企业外部的标准。在评估一项战略时，需要考虑外部竞争对手的反应以及一些企业外部的其他因素，尤其是顾客和供应商的可接受性，乃至能否获得政府或立法机构的认可等因素。这些都是关系到企业战略能否可行的重要因素。其主要的因素为：

1）企业顾客将对企业所提出的战略方案作出何种反应。
2）企业的竞争对手将如何反应，企业是否有必要的资源做出应对。
3）企业是否有来自供应商的必要支持。
4）企业所实施的战略方案是否需要政府或管理机构的批准。

三、可接受性标准

可接受性标准是指评估企业的战略方案能否得到战略制定者和利益相关者接受的标准。

关于企业战略方案的可接受性标准，其涉及的是对于企业战略方案的预期结果的评估，既包括财务性的结果也包括非财务性的结果。如果企业的战略方案预期的结果能够得到战略制定者和企业利益相关者的满意，那么该项战略方案就被认定为是可接受的。

四、竞争优势标准

竞争优势标准是指评估企业的战略方案能否为企业带来竞争优势的标准。

竞争优势是企业发展所追求的，也是企业战略方案必须能够为企业带来的结果与利益。如果一项战略方案并不能够为企业创造竞争优势，为企业在未来的市场竞争中击败竞争对手，那么无论这些战略方案看起来是多么的美好，都是不能成为企业未来的战略选择。因为企业关心的是战略方案能否帮助企业在未来的发展中战胜对手获得市场地位，而这其中的核心与关键就在于竞争优势。因此，竞争优势标准是企业战略方案评估的核心标准所在。

第二节 相关工具

酒店战略方案的评估与选择是一项十分复杂的事情，其涉及诸多相关的分析过程和判断标准，既依赖于战略制定者的富有战略意义的判断和直觉，也依赖于丰富的内外部信息，更为重要的是，一些战略选择与评估的工具也是至关重要的。诸多的战略选择与评估工具成为帮助企业管理者评估战略与选择战略的重要手段。

一、财务分析工具

财务分析工具主要是从财务分析的角度来分析酒店的可供选择的战略方案，预测和评估酒店战略方案能为企业带来的财务结果，以此来评估战略，为酒店战略选择提供依据。财务分析工具中最常用到的方法是现金流量分析方法。

现金流量分析又称资金流分析，主要是通过分析酒店战略对企业现金流量的影响来对战略作出相关的评估与选择。

现金流量对于企业的生存与发展有着至关重要的作用。在现实世界中，许多企业不是因为无法获利而是因为现金出现了亏空而导致失败，许多企业因为没有能力偿还到期的债务，而陷入破产境地，即使企业拥有巨额的资产但是应该支付的债务必须使用现金。

因此，企业现金流量分析主要是预测酒店可供选择的战略方案的预期收入与成本，从而预测出方案的现金净流入量或净流出量，通过预测可以揭示战略方案中存在的潜在问题，评估战略方案是否适合企业的发展。

二、战略钟分析框架

战略钟分析框架是战略评估与选择的有效工具，主要依据价格因素和差异化程度来判别和分析企业的战略方案，认为价格和成本控制取决于企业所在市场的性质，在消费者更加追求质量的市场上，对价格和成本的重视程度相对更低；在需求富有弹性的市场上将更加强调成本和价格，使它们都要保持尽可能低的水平。

战略钟见图 13-1。

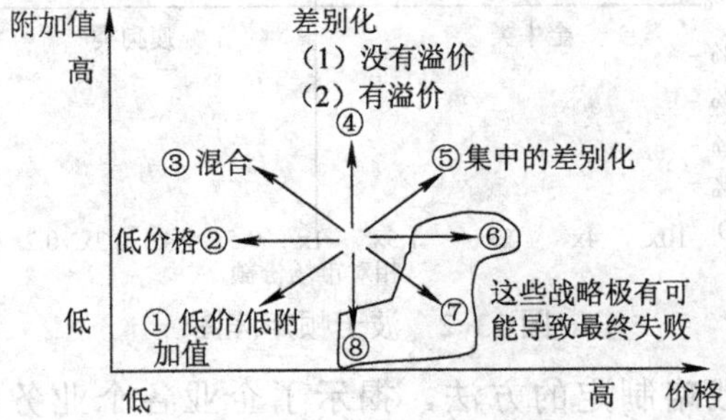

图 13-1　战略钟

根据战略钟显示的战略方案，横轴表示企业的价格水平，纵轴表示企业的附加值水平，由此构成了 8 项战略路径，其中第 6、7、8 战略路径为失败路径。

战略钟分析框架如表 13-1 所示。

表 13-1　战略钟分析框架

序　号	细 分 战 略	需求、风险
1	无多余服务，只提供必要的服务，低价低值战略	可能的特定细分市场
2	低价格、低成本战略	价格战的风险和低利润；需作为成本领先者
3	混合战略，高质低价战略	低成本基础，对价格和差异化的再投资
4	差异化战略：一是没有制定高的价格；二是制定高的价格	用户感受到附加的价值，企业获得市场份额 附加的价值足以让用户承受高价

（续）

序号	细分战略	需求、风险
5	差异集中化战略，高质高价战略	对特定的细分市场提供的附加价值，保证企业可以制定高价格
6	提高了的价格或标准价值	若竞争者不跟随则有高利润，有丧失市场份额的风险，失败的战略
7	提高了价格或价值	只有在垄断情况下可行，失败的战略
8	低价值或标准价格	丧失市场份额，失败的战略

三、波士顿业务组合矩阵

波士顿业务组合矩阵是进行战略评估与选择的又一重要工具，是由美国波士顿集团于20世纪60年代开发出来的。

波士顿业务组合矩阵的两个基本点分别是相对市场份额和产业增长率或销售额增长率。市场增长率代表业务的市场吸引力，计算公式为

市场增长率＝（企业的本期总销售额－上期总销售额）/上期总销售额×100%

相对市场份额代表业务的实力，计算公式为

相对市场份额=企业某项业务本期销售额/最强的竞争对手该项业务本期销售额

波士顿矩阵图见图13-2，其中每一个圆圈面积的大小表明该项业务销售收入的多少。

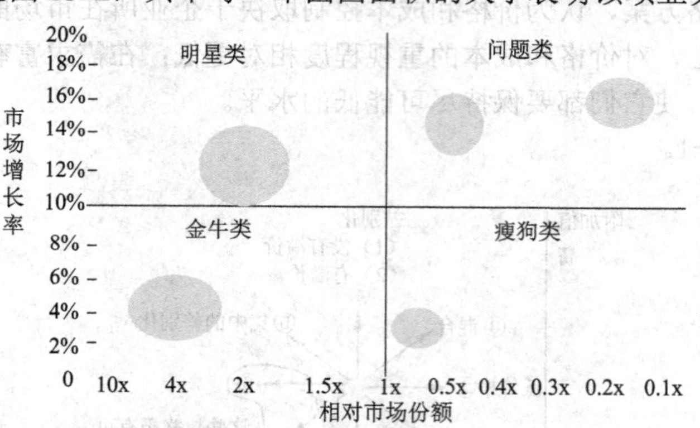

图13-2　波士顿矩阵图

波士顿矩阵是企业战略制定的方法，揭示了企业各个业务在市场份额和产业增长速度方面的差别，使企业通过考察各个分部对其他分部的相对市场份额地位和产业增长速度而管理其业务。相对市场份额地位是分部在本产业的市场份额与该产业最大竞争公司的市场份额之比。

根据市场增长率和相对市场份额，可以将企业的业务分为4类，即问题类、明星类、金牛类和瘦狗类。不同类型的产品分别选择战略方案，如表13-2所示。

表13-2　波士顿组合矩阵

业务类别	市场占有率方针	业务盈利能力	投资需要	净资金流
明星类	扩大	高	高	小正或小负数
金牛类	保持	高	高	大正数
问题类	扩大/退出	无或亏损 低或亏损	很高	大负数
瘦狗类	利用/退出	低或亏损	回收	负数或小正数

问题类产品（Question Mark）位于第一象限，企业业务处于高速增长的产业中，有较低的相对市场份额，这类企业通常对资金的需求量大而资金的创造能力小。企业必须决定是否采用加强型战略。比如，企业通过市场渗透、市场开发来加强这类部门或者将其出售。

明星类产品（Stars）位于第二象限，这是企业最佳长期增长和获利机会所在，处于高速增长而又有相对市场份额较高的分部，应该获得大量投资以保持或加强其主导地位。一般采用的战略为一体化战略、市场渗透、市场开发。

金牛类产品（Cash Cows）位于第三象限，拥有相对较高的市场份额，但产业增长率较低。其创造的资金超过其所需要的资金，企业应该使其保持尽可能长时期的优势地位，采用产品开发或集中多元化战略。

瘦狗类产品（Dogs）位于第四象限，拥有相对市场份额低而且竞争于低增长或零增长的产业，是公司业务组合中无用的"瘦狗"。由于其内部和外部地位的劣势，往往被结业清算、剥离或出售，适合采用收缩战略。

波士顿矩阵有助于企业很容易地分析企业各个业务部门的现金流动情况、投资特性和市场需求，可以观察企业的产品或服务及其他活动组成是否平衡，可以分析企业的内部资源的分配是否与产品及其市场地位相协调。

四、大战略矩阵（Grand Strategy Matrix）

大战略矩阵是企业战略选择的重要工具之一。各种企业可以使用大战略矩阵来评估战略与选择。

大战略矩阵主要是基于两个评价数值：一是企业的市场竞争地位；二是企业的市场增长速度。由此确定出大战略矩阵，并划分出四个象限，在不同的象限中企业可以选择不同的战略，具体见图 13-3。

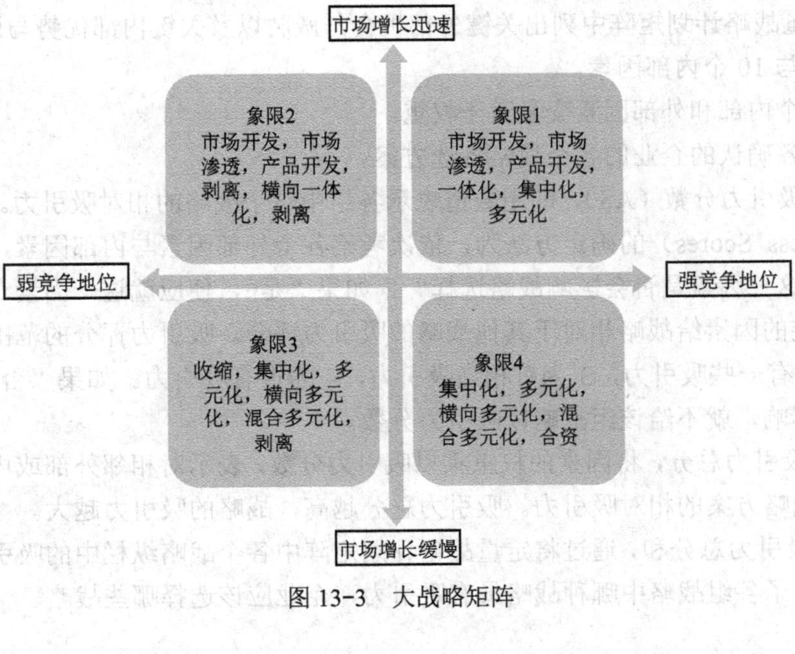

图 13-3　大战略矩阵

在第一象限中，企业处于极佳的战略地位，可以集中经营于当前市场和产品，采用市场渗透、产品开发和市场开发战略，如果企业拥有过剩资源，也可以采取一体化战略。

在第二象限中，企业需要认真地评价其当前参与市场竞争的方法，尽管其市场产业在增长，但是不能有效地竞争。因此，企业需要分析当前竞争为什么无效，企业如何提高竞争力，由于所处产业为增长型，企业可以采取加强型战略或者是一体化战略。

在第三象限中，企业在增长缓慢的产业中竞争并处于不利地位，需要迅速进行重大变革，以避免情况进一步恶化以及做好可能的清算。企业首先需要大幅度地减少成本和资产投入，另外将资源从现有业务领域转向其他业务领域。

在第四象限中，企业拥有较强的竞争力，但是属于增长缓慢的产业。企业有能力在有发展前景的领域内进行多元化经营，有较大的现金流，对资金需求有限，企业可以采取集中化战略，横向或混合多元化战略。

五、定量战略计划矩阵（Quantitative Strategic Planning Matrix）

定量战略计划矩阵是企业选择和评估战略的又一十分有效的战略工具。定量战略计划矩阵十分客观地表明了哪一种备选方案是企业的最佳选择战略。

定量战略计划矩阵依赖于企业前期的战略分析结果，包括企业的内部因素分析和外部因素分析，是一种基于事先确认的外部关键因素及内部关键因素来客观评价备选战略的工具。

定量战略计划矩阵如表 13-3 所示，在矩阵的左边为一系列的关键的企业内部因素和外部因素，顶部一行为企业的可选战略方案，分别标出企业内部因素和外部因素在矩阵中的权重，其主要的步骤为：

1）在定量战略计划矩阵中列出关键外部机会与威胁以及关键内部优势与弱点，至少包括 10 个外部与 10 个内部因素。

2）给每个内部和外部因素变量赋予权重。

3）考察各确认的企业的各个战略备选方案。

4）确定吸引力分数（AS），即用数值表示各组中每个战略的相对吸引力。吸引力分数（Attractiveness Scores）的确定方法为，依次考察各个外部因素与内部因素，对其提出这样的问题：“这一因素是否会影响战略选择？”如果“是”，便应就这一因素对各战略进行比较，就特定的因素给战略相对于其他战略的吸引力评分。吸引力评分的范围：1 为没有吸引力，2 为有一些吸引力，3 为有相当吸引力，4 为很有吸引力。如果“否”，则说明因素对战略无影响，就不给该组战略以吸引力分数。

5）计算吸引力总分，将因素的权重乘以吸引力分数，表示对相邻外部或内部关键因素而言各备选战略方案的相对吸引力。吸引力总分越高，战略的吸引力越大。

6）计算吸引力总分和，通过将定量战略计划矩阵中各个战略纵栏中的吸引力总分相加而得到，表明了各组战略中哪种战略最有吸引力，企业应该选择哪些战略。

表 13-3　定量战略计划矩阵

关键因素	权　重	备选战略 1		备选战略 2	
		AS	TAS	AS	TAS
内部因素					
管理					
营销					
财务					
研究开发					
外部因素					
政治					
经济					
社会					
技术					

本章小结

（1）战略方案的评估标准主要包括适合性、可行性、可接受性、竞争优势等。

（2）财务分析工具主要是从财务分析的角度来分析酒店的可供选择的战略方案，预测和评估酒店战略方案能为企业带来的财务结果。

（3）战略钟分析框架是战略评估与选择的有效工具。

（4）波士顿业务组合矩阵的两个基本点分别是相对市场份额和产业增长率或销售额增长率。

（5）大战略矩阵主要是基于两个评价数值：一个是企业的市场竞争地位；另一个是企业的市场增长速度。

（6）定量战略计划矩阵依赖于企业前期的战略分析结果，包括企业的内部因素分析和外部因素分析，是一种基于事先确认的外部关键因素及内部关键因素来客观评价备选战略的工具。

复习思考题

一、分析题

（1）酒店战略评估的主要标准是什么？如何理解？

（2）比较分析财务分析工具、战略钟分析框架、波士顿业务矩阵、大战略矩阵和定量战略计划矩阵等战略评价工具的优势与不足。

二、练习题

以一家身边的酒店为案例，分别用财务分析工具、战略钟分析框架、波士顿业务矩阵、大战略矩阵和定量战略计划矩阵对其战略进行评估与选择。

三、案例分析题

锦江国际集团

锦江国际集团，是中国规模最大的综合性旅游企业集团之一，集团设有酒店、旅游、客运物流、地产、实业、金融六个事业部。

锦江国际酒店是上海锦江国际集团的主要核心产业之一，是中国主要酒店服务供应商之一，主要从事星级酒店营运与管理、经济型酒店营运与特许经营以及餐厅营运等业务。

锦江国际酒店旗下包括享誉中国的"锦江"及"锦江之星"商标，旗下营运及筹建中的酒店包括经典酒店、豪华酒店、商务酒店和锦江之星旅馆等超过了707间，客房近10.7万间；从高雅经典的锦江饭店及和平饭店到简约经济的锦江之星旅馆，致力迎合各阶层顾客的需要。2009年，以客房量计算，锦江国际酒店及其附属公司被国际酒店和餐厅协会出版的*HOTELS Magazine*评为全球酒店企业第13位。

"锦江"拥有悠久的历史，最早可以追溯到20世纪50年代，锦江饭店最初由近代企业家、中国女权运动的先驱董竹君1951年创建于上海。酒店所在的原华懋公寓建于1921年，上海人惯称之为"十三层楼"。锦江旗下有锦江饭店、和平饭店、国际饭店、金门大酒店、新亚大酒店、新城饭店等多家老饭店，这些建于20世纪二三十年代的老饭店，半个多世纪来，先后接待过百余个国家的400多位国家元首和政府首脑。这些具有深厚文化底蕴的老饭店是锦江酒店独特的优势。锦江国际酒店将这些酒店整合成为锦江酒店的经典品牌系列，并以此带动豪华酒店的发展。

锦江国际酒店原先使用的是单一品牌战略。但随着"锦江"品牌知名度、美誉度与影响力不断扩大，加之锦江国际集团在国内酒店业的不断扩张，锦江国际酒店实施多品牌战略正是出于这样一种需要，目标是"锦江"管理品牌日益为市场所认可，为锦江国际集团更大程度的市场扩张奠定基础。

锦江国际酒店采用国际独立投资或双方合作投资方式，以输出管理和品牌为主。除去锦江国际集团参股和自有酒店，集团对旗下高星级酒店管理采用以输出管理为基本模式的委托管理的方式，由集团全资控股的锦江国际酒店管理公司从事高星级酒店管理业务。锦江国际集团从20世纪90年代中期开始输出管理，是我国最早开始输出管理的酒店集团，集团在全国各区域成立地区管理公司和办事处也是顺应这一发展需要。品牌输出管理的优势是收益稳定，减少资本输出，也有利于酒店集团的迅速扩张。

根据统一品牌对外宣传和树立品牌形象的特点，锦江之星连锁酒店有四个统一，即建筑规格统一、品牌统一、管理系统统一、形象标志统一。在经营管理上对外服务标准、培训等方面实行一个模式。锦江之星实行连锁经营和订房，从而加强品牌效应。对所有加盟酒店，先按照统一格局进行改造，然后打锦江之星的品牌，纳入统一管理系统，这些都是连锁品牌战略的基本特征。锦江之星采用连锁品牌策略正符合了其经济型酒店的特征，不仅可以节省宣传成本，还可以达到市场效益的最大化。

锦江之星自营店有两种发展模式，即自由资产门店和租赁门店。锦江之星的扩张更多的是采取加盟店的形式发展，并且管理业务是其收入的主要来源，目前加盟店已经超过自营店，加盟费按照首期50万元和营业收入的4.5%收取，锦江之星对加盟店提供技术和网络支持。

锦江国际集团七大酒店品牌及其定位如表 13-4 所示。

表 13-4　锦江国际集团七大酒店品牌及其定位

品　牌	定　位
锦江经典型酒店	糅和不同西方建筑风格，文化传承丰富，气氛独特，多用于款待外国皇室显贵和国际商界巨贾。大部分经典酒店均在上海优越位置、商业和旅游旺区
锦江五星级酒店	酒店装潢华丽、服务周全，为旅客提供现代化的服务设施。临近商业区、旅游区和交通枢纽，切合高端商务旅客和游客的需要
锦江四星级酒店	价格较豪华酒店偏低，但提供全方位服务
锦江三星级酒店	酒店房价较低廉，主要为国内商务旅客和游客提供较经济的住宿服务
锦江之星经济型酒店	有限的服务和设施，经济型旅馆，价格低于传统星级酒店
度假村酒店	位于旅游和度假区，为旅游者的休闲和度假提供需要，提供全方位的服务
酒店式公寓	中档价格，面向较长时间居住的旅行者和商务游客，设施齐全

（资料来源：锦江集团网站 http：//www.jinjianghotel.com）

思考：结合所学知识，评析锦江国际集团酒店的发展战略。

第十四章

战略实施中的领导和激励

给错误的问题以正确的回答即便不是最危险的，也是最徒劳的。

——彼得·德鲁克

适时地说一声“干得好”是管理者最有力的激励手段，但他们却最不常用。

——托马斯·克奈兰

知识目标

- 理解领导者在战略实施中的作用。
- 理解领导者的素质。
- 理解主要的领导技巧与艺术。

知识要点

领导者是酒店战略实施中的关键力量。本章主要介绍了领导在战略实施中的作用以及领导者的素质；分析了领导者的素质和主要的领导技巧，向酒店管理者展示一个成功的领导所应该具备的技能与素质。

引导案例

酒店总经理一天的工作解构

酒店总经理的工作时间基本上是每天 10～14 小时，比其他行业的一般工作时间要长，这是由酒店业的特点决定的。酒店总经理绝大多数是早出晚归，早到 7:30 上班，晚上一般都是 21:00 点才能下班，而且经常有应酬到深夜。不少人羡慕酒店总经理的工作，认为他们每天的工作都是在优雅的环境中吃喝玩乐，简直是“寓工作于娱乐之中”。但又有多少人知道，酒店的总经理大多“人在江湖，身不由己”。酒店生意属于款待业，特点就是每天 24 小时营业，除了特殊情况，一般一年 365 天天天营业，节假日正是生意旺的时候，别想休息。

酒店总经理平时早到酒店，并不是为了以身作则，表现自己积极工作，而是酒店管理的需要。总经理早到是为了阅读前天的酒店经营管理的各种报表，了解酒店前一天晚上的经营管理情况，这样才能对酒店的一天整体状况有较全面的认识。酒店的营业报表能够提供酒店当天营收情况、开房率和其后一周的预报。阅读 VIP 报表能够了解当天在住和即将到达的 VIP 的情况，甚至其后一周的预报，总经理可以根据这些信息安排自己的工作时间分配，哪些 VIP 是要自己亲自迎送的，哪些应该分配其他副手代劳。总经理通过大堂副理日报表可以了解酒店前一天宾客关系的情况，通过顾客的意见和投诉，发现酒店管理和服务中的问题，有的问题可以重点跟踪，从现象到本质，发现现有管理文化或操作流程中的隐患。工程和安全状况是酒店正常经营的前提。因此，必须对这两方面了如指掌，做到心中有“数”。看餐饮的营业报表和宴会或会议场地的预报表，不仅可以了解酒店餐饮的营收情况，而且可以知道酒店中正在举行或即将举行的大型活动的情况，不少大型活动虽然表面上在餐饮的地盘发生，但实际上涉及酒店各个部门的配合和沟通，最容易出现问题，因此必须留意，协调关键的事宜，并提醒有关部门注意跟进。总经理看报表传统的做法是看打印出来的报表，现在有的酒店的总经理也习惯使用计算机随时查看酒店实时的经营管理报表。每一位酒店的总经理都有自己的管理方法和风格，我们看到有 2 000 间客房的美国拿破仑皇室酒店的总经理安德森管理起来就比较潇洒，19:00 就可以下班了。而也有不少外国的酒店总经理一直工作到 22:00 左右。酒店总经理晚走主要是因为要和客户沟通，中国的酒店总经理晚饭通常都有应酬。当然，晚饭后的巡视能够保证酒店总经理下班后睡得踏实一点。

拥有 2 000 间客房的美国拿破仑皇室饭店的总经理弗兰克·安德森典型的一天（这天是星期一）如下：

7:45 安德森从酒店的一间套房到达办公室，查看周末的统计资料，开始批阅桌上的文件。

8:05 安德森接到副总经理汇报关于周末客房出租率和收入数据的电话，并和他讨论了一些人事变动问题，包括酒店未来的市场总监的聘任问题。闲聊一会。

8:30 安德森和负责员工大型活动的两名主管讨论有关活动的关键问题。

9:03 一名负责酒店会议接待的协调人来到安德森的办公室，和他讨论正在酒店内举行的会议团体的一些问题。对有关原则问题提出了自己的看法，把细节问题留待会议协调人自己解决。

9:06 安德森在办公室签署文件时，接到了工程总监的来电，他提出了 3～4 个问题。

9:12 安德森到 1 楼查看一间客房的维修工作，在那里碰到了负责此项工作的年轻主管，该主管向安德森汇报了有关情况，安德森立即给出 5 点意见供参考。

9:33 保安部经理赶上了安德森，在他回办公室的路上一起谈论周末一位客人的小车在停车场被盗的事情。

9:45 安德森来到餐饮部经理的办公室，商讨计划中要聘任一位新厨师的问题和星期五一个慈善宴会的事宜。

9:55 安德森接到当地一位商人的电话，他想获得一位足球运动员的联系地址。安德森在档案文件中找到了。

9:58 酒店律师来电，就一个未判决的诉讼案件向安德森提供最新的信息。

10:00 安德森参加由各部门负责人出席的星期一例会。他向每位与会者祝贺星期五晚上宴会的成功，跟 3～4 个主管闲聊几句，然后，他将会议交给总监主持，自己一边听一边签署文件。会议接近尾声时，安德森传达了上周业主会议的精神，然后谈到今年新年前夜的庆祝活动计划。

11:00 会议正式结束。安德森和 5 位主管进行了短暂的交谈。

11:05 安德森回到办公室，接到酒店老板的儿子打来的电话，要求预订一些免费客房。安德森回绝了他的要求，因为当天酒店客房已经全部出租。

11:08 副总经理过来告知安德森，当地旅游局已经选定了一家酒店作为前来该市的一个大规模旅游代理人考察团的下榻酒店。安德森打电话给当地的旅游局长，试图获得一部分接待业务，即使是免费提供一些客房也可以。局长保证下一个旅行团会安排过来。

11:23 安德森打电话要工程总监去检修电梯故障。

11:45 酒店老板打电话来询问有关上个月的损益表中列出的一些开支问题。安德森查阅有关信息作出了回答。双方还讨论了其他 6 个问题，其中包括当地的经济展望。

12:02 安德森查阅了一份关于明年在欧洲举行高级管理课程班老同学聚会的通知。他决定参加这次聚会，并叫秘书查询一下有关此行的细节。

12:15 销售经理来告诉安德森一家竞争酒店向一个大型会议团体提供 80 美元的房价，两人讨论了一会，但没有作出决策。

12:18 负责策划员工活动的人员前来向安德森汇报工作。

12:22 市长办公室来电话预订 20 人的私人晚餐。

12:30 午餐。

13:30 安德森见了一个新聘任的主管，并讨论了小会议团体的服务问题。

13:45 总监带着一个信用卡公司的代表前来拜见安德森，临时会议持续了 45 分钟。

14:30 安德森给该市负责高尔夫球赛主办人打电话，试图从中获得部分业务。

14:45 与驻店经理会面，讨论近来会议团体的未到率呈上升趋势、下月的房价政策及客房维修计划等问题。

14:59 市场营销部经理前来汇报有关食品节的计划。

15:15 安德森审阅了人事部的报告，然后请人事经理前来讨论有关问题。

15:33 安德森接受了一位自由撰稿人的电话采访。

13:45 客房部经理前来报告一起客人投诉事件，客人要求免费住房作补偿，安德森和客房部经理最后商定给予 59 美元的优惠房价。

16:00 几位部门副经理前来讨论人事问题。安德森给出了自己的意见。

16:15 安德森拆阅信件、查阅备忘录。

16:35 酒店经理和酒店经营分析员前来讨论酒店的销售预测等技术问题。

16:40 听一家酒店总经理的电话。

16:55 和另一家酒店总经理交谈。

17:00 安德森回到酒店公寓。

18:15 酒店的 7 名主管一起看球赛，期间会见了一名酒店工程专家。

19:00 安德森回到自己的公寓。

（资料来源：转引自高天明主编的《经营参考》，2010 年第 6 期。）

战略实施是酒店战略管理中的核心环节，成功的战略管理都必然涉及战略的实施。战略的实施是将企业的战略转化为行动的关键力量，任何美好的战略蓝图不能成功付诸实施都只能是美好的蓝图而已。

战略实施是一个复杂的问题，涉及酒店的方方面面，其中，领导因素是酒店战略实施的核心力量。酒店战略实施依赖酒店卓越的领导者带领企业并成功实施企业战略。

第一节　领导者素质

一、领导的概念

一般意义上的领导是指影响人们自动地为实现某一特定的目标而努力奋斗的行为。对于企业来说，领导是指企业管理者通过各种措施引导企业员工，带领企业为了实现企业战略目标而努力奋斗的行为。

领导意味着权力、决策和决定，是企业内实现企业战略目标的重要能力之一。不同的企业领导有着不同的领导能力，不同的企业战略也需要不同的领导，需要不同的领导者素质和领导风格。

Day 和 Lord（1988）研究指出，领导者领导力的不同会引起企业高达 45%的绩效差异，高效的领导者为企业带来了价值分享、信任和梦想，他们有能力将其下属的注意力集中在企业所面临的各种重要问题之上。

二、领导者的素质

领导者是酒店企业未来发展的关键力量，是企业战略制定和战略实施的关键，也是带领企业走向未来，并在市场竞争中获胜的关键，非凡的领导者往往能成就一个非凡的企业。

员工的工作态度和方向是由酒店企业的领导者引领的，因为领导者引领着员工、激励着员工以及支持他们为工作付出他们最大的热情和能力。管理者必须开发他们的领导力技能，包括高效执行新项目的能力，解决新的问题的能力，以及与下属沟通的能力，他们能够将他们对于未来的创造力传递给他们的员工。因此，是领导而非其他因素能够将企业带向未来，领导为企业构建预想中的未来，创造企业超越未来的可能。

彼得·德鲁克则认为，领导者拥有追随者，没有可以分享相同价值观和理想的追随者，就没有领导者。领导者都有显著的特征，他们为他们的追随者的表现树立了榜样，领导者通过他们的行为建立企业文化，不管是象征性文化还是动态性文化。领导者的追随者也会做正确的事情，领导者不仅仅是一个名义上的称呼，成功的领导者是以结果为导向的，他将带领企业完成其使命。领导者有强烈的责任心，成功的领导者和失败的领导者的差别就在于他们对于领导者个人责任心的不同理解。

越来越多的研究表明，情商是企业领导者的重要特质，所有的高绩效的领导者都有一项普遍的特征——情商。Coleman（1998）研究得出，人的情商是可以在后天培养的，可以分为 5 个部分：

1）自知之明。高绩效的领导者都对自我有清晰的认识，他们知道自己的情感、强势和弱势，知道他们的需要以及他们自身工作的方向。清晰的自我认识使得领导者可以坦诚地对待自己和他人，并作出正确的判断。

2）自我控制。高绩效的领导者可以较好地控制自己，可以将他们从情绪和情感中释放出来，即使他们仍然有情绪波动的时候，他们也能够将这些情绪从工作中剥离出来。

3）积极。积极是领导者获得成功的原动力，因为领导者天生都拥有要去超越他人的渴望，他们渴望去施展他们的才能，对于做任何事情都充满激情。

4）移情。高绩效的领导者在决策制定过程中要兼顾到下属的感受，但是这并不意味着下属的需要要摆在企业获得目标的需要之前，只是意味着当制定重要的决策时，员工的需要应该被纳入到决策层的考量之中。

5）社交技能。高绩效的领导者需要有能力发展与企业内外部的关系，以及建立有效的网络来支撑企业的商业主动性。

领导者的主要素质包括：

1）领导者应该有广博的视野，可以纵览全局，能够对企业现状与未来作出清晰的判断，能够以其独有的价值观创造出企业愿景和指明企业战略，对自己的目标有着坚定的信念，能够带领企业走向未来。

2）领导者要有自发性的责任感，要在企业特质、价值观和个性中留下属于他们的印记。领导者需要为他们的企业定下基调。

3）领导者必须理解他们在企业中所扮演的关键性的角色，要将个人与企业融为一体，同时发展企业内外部人际关系，分享他们对于企业的信心，以及建立企业的社会关系网。

4）领导者应该是有着强大的自信心和感召力，能够正确地判断事情发展态势，对自己的能力非常自信。

5）领导者应该具有奉献精神，并且能够用自己的实际行动表明这种甘于对企业愿景和企业未来发展作奉献的精神。

6）领导者必须有对知识的利用与管理的能力，领导者必须对分散的、复杂的概念具有极强的整合与综合能力。这是企业获取竞争优势所必需的。

7）领导者必须有超强的信息沟通、信息分析和信息判断能力，能有一套正式的和非正式的信息来源机制，能够从纷繁复杂的信息中提炼出所需要的信息，分析和企业经营相关的信息，并将其转为竞争优势。

8）领导者必须有良好的环境洞察力、感知力和判断力，有着非凡的远见和对环境变化的敏感性，能够承受不断变化的环境压力，对需要变革的环境加以限制和对资源进行切实可行的评估。

9）领导者必须具有卓越的领导能力和激励能力，能够利用和带领人才，激励企业员工，鼓励员工参与，赢得企业员工的信任。

10）领导者必须懂得授权，能够灵活地在企业内部分权，激励员工为企业的发展而努力。

11）领导者应该有较强的情商，能够有清晰的自我认知、自我控制的情感能力，有较强的社交技能，有能力发展与企业内外组织的关系，能够领导团队实现目标，能够与其他企业建立必要的合作关系。

小资料

领导者的素质

哪些性格特征能够造就饭店管理精英呢？一项对人力资源部高级职员和招聘人员的调查显示：成功的管理者一般精力充沛、善交际、可靠、友好、持重、纪律性强、自信、客观。其中“可靠”和“精力充沛”两点尤为重要。管理者可以依据这些信息在企业内选拔和培养领导人才，减少人员流动，鼓励教育机构开设相关课程，有意识地培养这些品质。

（资料来源：N Graves. Personality Traits of Sucessful Managers as Perceived by Food and Beverage Hmuan Resource Excutives and Recruiters[J]. Journal of Hospitality and Tourism Research, 2010(02).）

第二节　领导技巧和艺术

一、领导的过程

领导是指企业管理者通过各种措施引导企业员工，带领企业为了实现企业战略目标而努力奋斗的行为。一个成功的领导过程主要包括以下几个方面：

（1）领导者需要为企业的未来发展制定一个能够实现的发展设想或者是发展战略，为企业描述一个良好的发展愿景和发展目标，指明企业的发展方向。

（2）为了实现企业未来的发展设想和发展目标，领导者应为此作出相应的战略安排，为企业的发展制定相应的发展战略。

（3）为了推进企业战略的实施，领导者应为企业建立一个强有力的资源配置体系，合理有效地配置企业内部的各项资源。

（4）企业领导者必须在企业内部建立一支充满激情的、负责任的、具有创新精神的人力资源队伍，并且能够激励和带领这支人力资源队伍为了实现企业的发展目标而努力工作。

小资料

领导者的工作

理想的领导者为了实现酒店管理的目标，必须精通以下几个方面的工作：

➢ 计划。理想的领导者必须确定个人及部门目标，并为达到目标制定具体的策略。

➢ 沟通。理想的领导者不仅要及时向员工通报情况，而且要多与员工接触，了解他们的想法，并要善于用口头和笔头两种形式向员工传达信息。

➢ 组织。理想的领导者要有能力安排好自己的工作和部门的工作。

➢ 员工发展。理想的领导者知道如何选拔、引导、培训和激励员工。

➢ 指导。今天的工作环境要求领导者授权给员工，让他们承担起更多的责任。但并不是向他们发号施令，而是鼓励和指导他们承担起责任，帮助团队的每个成员发挥出最高水平并取得不断进步。

➢ 创新。理想的领导者要不断探索新途径来完善部门工作。员工参与的创新才是最有效的创新。因此，领导者不能只局限于自己提出的有创意的方案，还要带领员工共同寻求新的途径，更好地满足顾客需求。

➢ 控制。这包括领导者为自己和所领导的工作团队设定标准和目标，进行行业业绩评估，实施奖励措施，采取正确的行动。

（资料来源：KATHLEEN M. IVERSON 著，饭店业人力资源管理[M]. 张文，等译. 北京：旅游教育出版社，2003.）

二、战略激励

对于企业领导者来说，在现实的领导过程中，面临着各式各样的问题和挑战，为了推进企业的领导过程，实现企业的发展目标，企业领导者需要具备多种领导技巧和能力，其中一项关键的领导技巧就是战略激励。

战略激励是指领导者所具备的能够有效地激励包括企业员工在内的各类利益相关者，为了实现企业的目标而努力工作的能力。战略激励涉及企业领导者的激励能力，涉及领导者如何带领企业队伍的能力。

战略激励要求领导者为企业的持续发展提供长期的动力机制，能够为企业寻找到持续的发展动力，使得企业内部员工能够十分愉快并高效地完成各自的工作，而这也是战略激励的核心内容。

从战略激励的对象来看，企业领导者需要面向企业的员工、企业的股东和企业的主要顾客这三类企业的利益相关者，很好地推动这三类主体的良性互动，这是企业成长的关键所在。

在战略激励的标准方面，对于酒店企业来说，领导者要能够突破传统、简单、财务性标准的局限性，综合考虑多方面的标准因素，包括学习创新、顾客满意度等方面。具体说来，在激励的设计、认知、行动和考核上要做到合理、简洁、清晰、易行，使人们感到愉悦。在激励内容上，对于顾客来说，围绕老顾客带新顾客率、新顾客增加率、老顾客流失率等顾客价值方面；对于股东来说，围绕股东收益等方面；对于员工来说，围绕着员工的业务操作、员工的工作态度和员工的学习创新等活动。由此展开对企业不同利益主体的战略激励。

小资料

发现员工的优点

找寻出色的表现：特别注意每天至少用 30 分钟的时间在一线寻找员工的积极表现。

记录：将您观察到的记录在“主动的好事”中，直到就某个员工的额外努力向他表示感谢之后，再将这项记录划掉。

按时间顺序编写您的工作团队的成绩簿：编制一部您部门的成绩簿剪辑簿，带有照片和工作样品，突出个人最佳成绩和集体成就。

授予特殊权利：当您无法出席时，让出色的员工出席会议或参加委员会的活动。

分享功劳：向高层管理者汇报部门成绩的时候，多讲员工的功劳。

用小组标志增强协作：制作工作团队文化衫、水杯、日历等，作为高质量业绩的象征。

教他人去认同：鼓励和感谢员工相互赞扬工作业绩，以营造部门的认同气氛。

请高层管理人员参与：饭店或总经理给予优秀员工的一封致谢函可以产生极大的激励作用。

积极宣传：在公司的业务通信上登载一张您的工作团队的合影和一篇简短的介绍，如果所取得的成就有报道价值，联系当地报社报道。

庆功：当您所在的部门达到了某一目标的时候，举办一个专门的聚会或活动来庆祝。通过庆功，激励工作团队去更加努力工作，完成后面的工作。

增加参与：在做出对员工有影响的决定之前，先询问一下员工的意见。通过这种方式来认同员工在工作团队中的重要地位。

（资料来源：Kathleen MIverson．饭店业人力资源管理[M]．张文，等译．北京：旅游教育出版社，2003.）

三、有效应对企业冲突

合理应对企业冲突是领导者应有的另一领导技巧。对于企业来说，冲突是不可避免的。企业内部各个目标间的相互依赖和为得到有限资源而进行竞争往往导致冲突，不同主体往往会在一个或多个问题上产生分歧。冲突的原因是多种多样的，包括人们各不相同的期望和观念，企业计划带来的压力，人们自身个性的不合，部门和员工之间的误解等。

因此，如何有效地应对企业内部的各类冲突，成为领导者必须面对的问题。唯有合理地管理好企业的冲突，才能有效地推动企业的发展和变革。因为对于企业来说，并不是所有的冲突都是不利的，相反，一些适时的冲突存在反而能够促进企业的健康发展。

领导者处理和解决冲突的方法主要包括回避冲突、缓解冲突和正视冲突。回避冲突是无视冲突的问题而希望那些问题自行解决，采取一种放任的态度。缓解冲突是减弱冲突双方之间的矛盾，强调冲突双方的共同利益点，期望通过双方之间的妥协使得双方改变立场，进而化解冲突。正视冲突则是指干预冲突，直接地对冲突双方进行干预，借助多种干预方式和手段以促进冲突双方的理解，化解冲突。

小资料

解决冲突的有效策略

1）不要摆出评判者的姿态，避免批评或评判式语言。

2）就事论事。

3）留意非语言行为。

4）讲话多用第一人称。

5）避免使用激怒对方的话语，如少用第二人称。

6）再述接收到的信息。

7）回避不恰当的问题。避免使用容易使对方产生心理防卫的词，如“为什么”，多使用“什么”和“如何”。

8）运用战略性沉默和延迟回应。

9）不要提建议。

10）保持冷静，想要发怒时候提醒自己：“我正在解决冲突，必须保持冷静。”

（资料来源：M Robert. Managing Conflict From the Inside Out [Learning Concepts, San Diego, CA.1982.）

本章小结

（1）领导因素是酒店战略实施的核心力量。酒店战略实施依赖酒店卓越的领导者带领企业并成功实施企业战略。

（2）企业领导者需要具备多种领导技巧和能力，其中一项关键的领导技巧就是战略激励。战略激励是指领导者所具备的能够有效地激励包括企业员工在内的各类利益相关者，为了实现企业的目标而努力工作的能力。

（3）合理应对企业冲突是领导者应有的另一领导技巧。

复习思考题

一、分析题

（1）什么是领导？

（2）领导者在战略实施中的作用是什么？

（3）领导者的基本素质是什么？

（4）领导者应该如何进行战略激励？

（5）领导者应该如何有效处理冲突？

（6）如何使自己成为一名有效的领导者？

（7）列举一些成功的酒店管理者成功的经验和因素。

二、练习题

利用网络资源，查找出当前国内酒店企业前十位的企业，比较分析这十家酒店企业CEO的共同特点，总结出酒店企业成功的领导者的特性。

三、案例分析

丽思卡尔顿酒店集团——霍斯特·舒尔茨

霍斯特·舒尔茨（Horst Schulze）于1983年进入巴克海德的丽思卡尔顿饭店，担任副总裁、总经理兼营业部经理。1988 年升任丽思卡尔顿饭店公司的总裁和首席执行官。在他的领导下，丽思卡尔顿饭店于 1992 年被授予马尔科姆·鲍尔德里奇国家质量奖，成为第一家荣获此殊荣的饭店公司。

霍斯特·舒尔茨非常推崇授人以权。每家酒店开业的时候，他都邀请全体员工参加一次领导艺术的研讨会。霍斯特·舒尔茨先生的开场白总是，“我是丽思卡尔顿酒店集团的总裁……我是一个重要人物。”稍停顿后，他接着说“你们和我一样重要，因为是你们使得这座饭店运营起来，我离开饭店一天，没有人会注意。但是你们，女士们、先生们，只要离开一天就会使得饭店的运营受到影响，是你们使我们的公司享誉全世界。”

霍斯特·舒尔茨是丽思卡尔顿饭店公司服务理念最初制定者之一。其服务理念“我们是为女士们、先生们服务的女士们、先生们”，已经深深渗透到了饭店的每一个管理层。

（资料来源：Kathleen M Iverson．饭店业人力资源管理[M]．张文，等译．北京：旅游教育出版社，2003．）

思考：你觉得霍斯特·舒尔茨是一个成功的酒店领导者吗？谈谈你对霍斯特·舒尔茨领导方式的认识。

第十五章 战略实施视角下的酒店再审视

战略制定者的绝大多数时间不应该花费在制定战略上，而应该花费在实施既定战略上。

——亨利·明茨伯格

战略常常遭到失败是因为它们没有被很好地执行。

——Larry Bossidy，Ram Charan，Honeywell

如果你大谈变革，但却不变革奖励和认可制度，那么就不会发生任何变革。

——Paul Allaire

你可以用来改变一家企业的最重要的工具是战略、结构和文化，如果我只能选择两个，那么我将选择战略和文化。

——Wayne Leonard

知识目标

- 理解酒店战略实施中的关键因素。
- 理解战略实施下的酒店资源配置战略。
- 理解战略实施下的酒店组织结构匹配。
- 理解战略实施下的酒店组织文化的培育。
- 理解战略实施下酒店组织变革的评估。

知识要点

本章主要分析酒店战略实施下的酒店企业的关键资源配置、组织结构匹配、组织文化培育和组织变革的评估与管理。酒店战略实施涉及多个方面，关键资源配置、组织结构匹配、组织文化培育和组织变革的评估与管理是推动战略实施的保障。酒店企业管理者掌握分析几个关键要素的审视，有助于指导战略的实施。

引导案例

7天连锁酒店

7天连锁酒店集团创立于2005年，2009年11月20日在美国纽约证券交易所上市。

作为第一家登陆纽交所的中国酒店集团，7 天连锁酒店秉承让顾客“天天睡好觉”的愿景，以直销低价模式，快乐自主的服务理念，致力为会员提供干净、舒适、快乐的住宿环境和氛围，满足客户的核心住宿需求。

7 天连锁酒店实施连锁化经营战略。7 天连锁酒店于 2008 年年初推出“管理直营店”的加盟方式，即是按照直营方式运营管理加盟店。直营连锁的竞争优势是低成本、低风险、高速度扩张。7 天连锁酒店正是通过这种“零加盟”的招商模式，发展到现在拥有全国超过 400 家的分店，覆盖全国 30 个省和直辖市共 59 个主要城市，已建成经济型连锁酒店的全国网络体系。

7 天连锁酒店实施品牌化发展战略。7 天连锁酒店品牌形象通过“天天睡好觉”“快乐自主，我的生活”等口号反映出来，给顾客以温馨、便捷、干净、舒适的感觉。7 天连锁酒店还转变传统观念，通过扩大互联网投放，迅速占领市场，扩大品牌影响力。根据艺旅决策智库 enhotel 监测数据，2010 年经济型酒店行业投放于网络的广告费用达 4 800 万元，同比增长 12%。在 4 800 万元市场规模中，汉庭快捷、7 天连锁和宜必思酒店三家投放费用较大，占据该市场九成份额。另据 enhotel 搜索引擎关键词监测显示，2010 年 7 天连锁酒店在百度搜索引擎上投放的关键词个数达 40 463 个，在经济型酒店行业中为数最多，占比达到 36.2%。

7 天连锁酒店实施低成本运营战略。7 天连锁酒店倡导简洁的装修，节约建造成本；使用实用的客用品，节约硬件支出；利用服务外包，节约经营成本；实施培训标准统一，降低人员成本；利用连锁规模来稀释成本。7 天连锁酒店的分店客房数量较少，大多在 100～200 间；而且对客房面积有一定限制，多为 15～20 平方米；客房内的衣柜都是敞开式的，电视机是小型的。7 天连锁酒店联合航空公司、租车公司等，为有需要的顾客提供相应的订票、租车业务。7 天连锁酒店的管理结构是扁平的，每个店长上面没有分区经理。

7 天连锁酒店实施差异化形象战略，建立 7 天连锁酒店视觉识别系统和行为识别系统。7 天连锁酒店是一家能同时提供互联网络、呼叫中心、短信、手机 WAP 等四种预订方式的酒店。7 天连锁酒店拥有业界唯一一个实现企业门户网站和数据库完全对接的商务平台，目前注册会员超过 500 万，稳居业内最大会员体系首把“交椅”。所有分店的装修风格都以温馨、舒适的选择为主，让入住的顾客拥有很愉悦的心情。

在行为识别系统方面，7 天连锁酒店采取扁平化的管理模式，店长直接领导分店的各个部门。7 天连锁酒店通过及时准确的市场调查、引人注目的广告宣传、别出心裁的产品规划、高效高质的服务水平、日益上升的公共关系、内容丰富的促销活动、形式多样的文化性活动等，向公众输送强烈的形象信息，从而提高了自己的知名度、信誉度。

在企业组织文化方面，7 天连锁酒店倡导“快乐文化”成就“快乐服务”。“快乐文化”是 7 天连锁酒店积极倡导的企业文化。在扁平化的企业管理下，7 天连锁酒店开创了区域执政官和公司立法会等创新管理机制，让员工成为公司管理的参与者。7 天连锁酒店的“快乐服务”无时无刻不贯穿于企业文化中。与传统酒店略显刻板的规范服务截然不同，7 天连锁酒店倡导员工实践“用心创造感动”的快乐服务，用发自内心的快乐去服务酒店客户。7 天连锁酒店的管理者相信，快乐的情绪是可以相互传递和感染的：有舒畅快乐的工作氛围，才有快乐服务的员工；有快乐服务的员工，才有愉快满意的酒店顾客；有愉快满意的酒店顾客，才有企业的长远发展。

（资料来源：www.7daysinn.cn）

企业战略实施是指旅游企业经过战略分析和战略选择阶段确定企业战略方案之后，如何将战略方案付诸实际行动的过程。企业战略实施涉及企业的各个层级和部门，企业战略只有经过战略实施的环节，才能最终走向现实，否则企业战略所描绘的美好蓝图也只能是蓝图。

企业战略实施涉及的关键四要素：酒店关键资源的投入，组织结构的匹配，组织文化的匹配，酒店组织变革的管理。酒店战略实施的核心在于紧扣已然确定的战略方案，重新审视酒店的关键资源、组织结构、组织文化和企业变革。

第一节 关键投入资源要素

酒店战略实施涉及对酒店资源与战略的重新匹配和整合，投入关键性的酒店资源，制定新的资源配置规划。一方面酒店是否拥有新战略实施所需要的财务、人力、实物、知识等资源。如果缺乏相应的资源，该如何从竞争性的资源市场中获得；另一方面酒店在实施战略中如何在企业内部分配这些资源，以达到战略的目标。

一、酒店关键资源

酒店资源是酒店战略实施的核心要素，没有资源，酒店的任何战略都无从实施。酒店战略实施的核心也在于对酒店资源的重新整合和利用。

酒店资源是指酒店生产和服务过程中的投入部分，能够为酒店创造价值的各类资产，如资本设备、员工技能、专利技术、融资以及有才干的管理人员等。酒店资源是酒店竞争优势的基础和来源，酒店的资源大致可以分为有形资源和无形资源。

1）有形资源是指酒店内部那些可见的能够量化的企业资产，有形资源是实物存在。酒店有形资源包括财务资源、实物资源、人力资源。财务资源是指酒店的借款能力、酒店内部资金能力、大量的现金、可流通的证券、强大的资产负债能力和很高的信用。实物资源是指企业厂房、设备等。人力资源是指酒店的员工，酒店内部的信任关系，包括经验丰富能力强的劳动力，关键领域内有才能的职员，一流的知识和智力资本。

2）无形资源是指那些植根于酒店发展的历史和文化中，在长期发展中积累下的资源和资产的非实物存在。酒店的无形资源难以被竞争对手模仿，更加不可见，难以被替代，是酒店竞争优势更为有效的来源和基础。无形资源包括：酒店的管理能力，管理制度，创新能力，著名品牌，酒店声誉，高度的客户忠诚度，专利、知识和技术资源，客户资源。

二、酒店资源投入与配置

与其他资源一样，酒店资源对于酒店来说都是稀缺的。任何酒店获得酒店资源都需要付出一定的成本，这使得关于酒店资源存在着一个如何最大化利用的问题，延伸出酒店资源配置问题。

酒店资源配置是指酒店针对内部资源寻求资源最优的配置方案，以使得酒店资源获得最大化的利益，推动战略实施。资源配置涉及两个维度的问题：一是资源的如何有效获取，即从总量上如何满足企业发展需要的资源；二是资源如何在酒店内部的组合利用以获得最大效益，即从资源结构上寻求最佳效用。任何企业为了实现特定的发展目标都需要进行企业资源配置，寻求最佳的资源配置方案。

三、酒店资源配置战略

不同的酒店战略要求有不同的资源配置结构，包括酒店资源的类型、数量和质量。酒店战略的实施，需要考虑的是依据不同的战略类型和企业的情况，来确定不同的酒店资源配置战略，与战略相匹配。酒店资源配置战略可以分为无变化战略、增加资源战略和减少资源战略。

1. 无变化战略

对于一些酒店发展战略，特别是对那些稳定型的企业发展战略，并不要求酒店资源做出太多的变动，在现有的酒店资源基础上便可以保证酒店发展战略的成功实施。例如，一些时候酒店只需要增加资金投入即可，或者是不招聘新员工仅保留现有人力资源。

2. 增加资源战略

对于一些酒店发展战略，特别是那些成长型企业发展战略，现有的酒店资源并不能满足企业战略实施，包括酒店资源的类型和结构。这要求酒店增加企业资源满足企业发展战略实施需要。既需要从酒店外部的各种资源市场中获取新的各类企业资源，也需要在酒店内部进行重新的配置资源，配置各类资源满足企业发展所需。

3. 减少资源战略

对于一些酒店发展战略，特别是那些收缩型的企业发展战略，涉及企业的发展收缩，需要处理酒店内部现有的过剩资源，进而获得更高的效率以集中于酒店的核心业务。这要求酒店企业采取适当措施减少企业资源，将过剩资源转移至更有效率的活动中。

四、关键资源配置规划

无论采取哪种企业资源配置战略，关键在于对自身企业资源的评估。酒店选择发展战略后，应按照既定的企业发展战略，对所需的资源进行评估，有目的地检测内部资源状况，并依据资源的需求程度，作出不同的资源需求规划；对企业发展战略实施资源缺口应该及时制定企业资源规划，从酒店外部资源市场获取，包括从资本市场获取财物资源，从劳动市场获取人力资源，从土地资源获取土地资源等。与此同时，酒店企业针对某个专项的企业资源，制定战略实施的企业资源规划，考虑将企业资源在整个酒店内部的分配，企业资源在各个部门和环节的配置。

1. 财务资源规划

酒店企业依据酒店发展战略的要求，制定酒店财务资源规划，为酒店发展战略实施提供资金保障，并将资金分配至各个部门。比如，制作酒店资本预算和财务预算，规划战略所需要的资本。

2. 人力资源规划

战略实施需要人力资源的投入。酒店企业应依据酒店发展战略实施的要求，制定酒店人力资源规划，预测战略实施所需的人力资源数量和结构类型，识别出人力资源缺口，进入劳动力市场与其他企业进行竞争，从外部劳动力市场招聘员工或者是从内部培训员工，以保障酒店企业战略的实施。

3. 实物资源规划

酒店企业应依据酒店发展战略实施的要求，制定诸如土地、建筑物、经营场所等实物资源的规划，包括所需的数量和结构，以及获取的途径和渠道。

第二节 组织结构

酒店战略实施需要与战略相匹配的组织结构来推动，酒店不同的发展战略的实施需要有不同的组织结构相匹配，如何使得酒店组织结构与战略相匹配是战略实施的关键。如果酒店组织结构与新战略不合适，酒店企业需要考虑的是如何作出必要的调整，以新的战略来调整组织结构，甚至实行企业再造和流程重组，建立有效的组织结构。

一、组织结构的概念

组织结构是一个组织中各种劳动分工与协调方式的总和，规定着组织内部各个组成单位的任务、职责、权力和相互关系。酒店企业组织结构则是酒店企业内部的组织安排方式，是酒店内部正式的权力沟通关系机制、治理机制及授权和决策的过程。简单地说，酒店企业的组织结构就是酒店企业的结构或者“形状”。

酒店的组织结构存在的目的则是通过确定酒店内部不同任务、职能的权力和关系，进而决定酒店内部不同职能、部门和员工的职权，即谁应该向谁负责，以此协调和整合企业内部，使得不同的职能、部门和员工能够有序协同工作。

与其他行业内企业的组织结构一样，决定酒店企业组织结构的两个关键的维度是酒店企业内部的管理层级和管理幅度。

任何一个企业都是一个系统，需要协调各个人员、职能和部门的活动，必然产生各种信息等的沟通成本。因此，为了节约成本，需要设置不同的企业管理层级，明确各个管理层级的职权和信息的沟通方向，使得组织的运行有序而不致紊乱。不同企业的不同组织结构有着不同的管理层级结构。根据管理层级数量的不同，组织结构可以分为高大的组织结构和扁平的组织结构，高大的组织结构拥有更多的管理层级，而扁平的组织结构拥有的管理层级较少。

企业的管理幅度是某一层级经理所管辖的下属的数量，这是衡量企业组织结构的另一维度。管理幅度的大小，代表了企业内部的分权和集权的程度。管理幅度的大小各有优劣，关键在于符合企业战略需求。

二、组织结构的类型

酒店根据企业发展战略不同，有着不同的组织方式，形成不同类型的组织结构。企业所要做的是根据酒店自身战略实施的需要从中选择适合的组织结构。尽管企业从自身战略去寻找不同的组织结构，但对于任何一个企业来说，并不存在最佳的组织结构类型，需要考虑的是企业组织结构是否与酒店的发展战略相匹配。

1．直线型组织结构

直线型组织结构是最为简单的一种组织结构类型，由企业的所有者兼经营者直接负责整个企业的运作，做出所有关于企业运作的决定，企业内部的权力运行由企业所有者掌握并向下运行，犹如一条直线一样。直线型组织结构示意图见图 15-1。

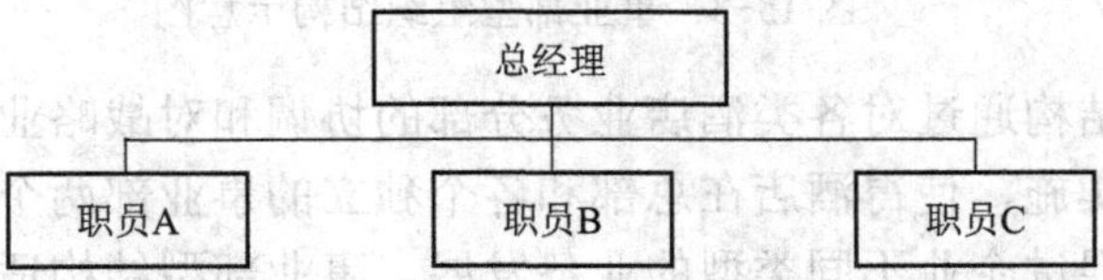

图 15-1　直线型组织结构示意图

直线型组织结构使企业内部的沟通更为直接和简单，企业具备较强的弹性和灵活性。与此同时，直线型组织结构涉及较少的专业化分工和十分有限的标准化，适合于那些相对简单的酒店企业。比如，那些仅仅是提供单一酒店产品，占据单一市场的酒店，采用直线型组织结构使得沟通更为直接和频繁。

2．职能型组织结构

职能型组织结构是指以酒店内部的业务和活动为划分标准，将其按照如财务、营销等职能分类，将企业分为多个专业的职能部门，形成一种职能型的组织结构。职能型组织结构示意图见图 15-2。

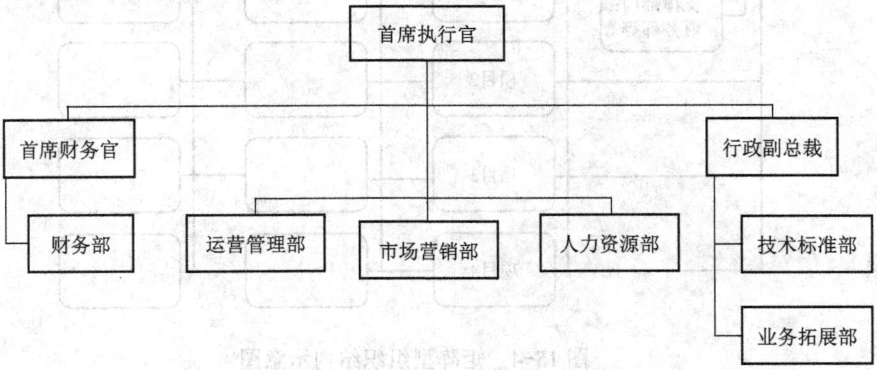

图 15-2　职能型组织结构示意图

职能型组织结构促进了酒店内部的专业化分工，提高了酒店运营效率，适合于实施一项业务层战略的酒店或者是酒店产品多样性程度较低的酒店企业。

3．事业部型组织结构

事业部型组织结构是以地区、产品、用户等标准，将酒店内部类似的部门组成专业的事业部，各个事业部门独立核算，成为酒店的一个独立的利润中心，并委派高级管理人员对其负责并直接向公司首席执行官负责的组织结构。事业部型组织结构示意图见图 15-3。

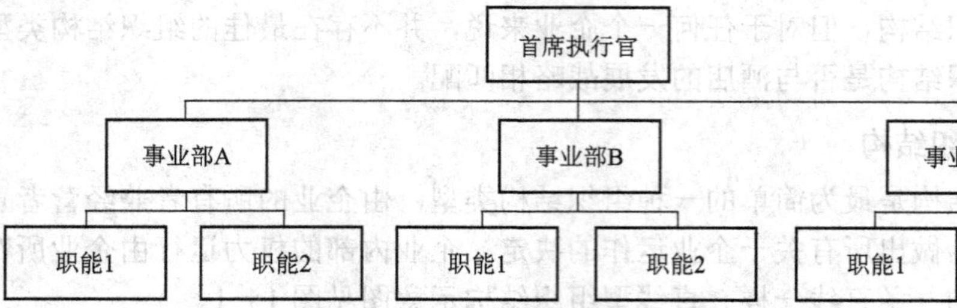

图 15-3 事业部型组织结构示意图

事业部型组织结构通过对各类酒店业务分部的协调和对战略业务部职责的明确规定从而促进企业战略的实施，使得酒店在总部和各个独立的事业部两个层次上运行，形成责任明确的管理体制，促进企业不同类型的业务发展。事业部型结构适合那些酒店产品或业务多元化的酒店。

4．矩阵型组织结构

矩阵型组织结构是一种最为复杂的组织结构模式，以酒店内部的销售、财务等职能作为划分标准形成垂直的模式，而在垂直模式之上的是以企业内部的产品和业务为标准，划分为不同的部门形成企业结构的水平模式，酒店内部的资源按照这一垂直和水平的模式组合在一起，建立了业务和职能的交叉的组织结构网络。矩阵型组织结构示意图见图 15-4。

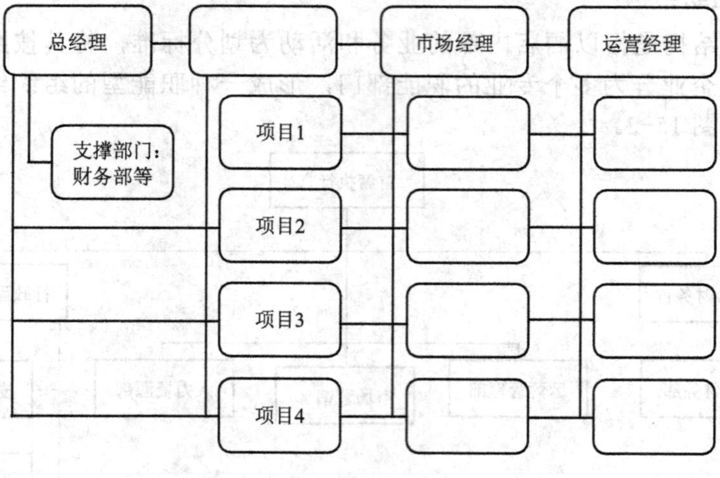

图 15-4 矩阵型组织结构示意图

矩阵型组织结构是随着酒店企业业务活动的复杂化而形成的，形成了纵向与横向交叉运行的两套权力和信息的沟通体系，为酒店企业的业务发展提供了明确目标和更大空间，形成了更广的沟通渠道。矩阵型组织结构适合于那些实行多元化发展战略或者是进行跨国运营战略的酒店。

三、酒店战略实施下的组织结构匹配

酒店战略与组织结构之间关系密切，但是无论这个关系有多密切，对于酒店企业来说，更为重要的是必须将组织结构与企业战略相匹配，确保酒店的组织结构能适应酒店的发展战略及其变化，为酒店战略的实施提供保障和支撑。为此，围绕酒店发展战略，不断地审视、不断地调整组织结构是必然选择。

1）单一的经营战略应当按照职能来划分部门，多元化经营的战略则需要设置高度分权的部门结构。

2）成本领先战略通过降低酒店生产成本来获得市场份额和竞争力，相应的组织结构应该是高度的专业化分工，强调专业化、正规化和集权化，实行职能制的集权的组织结构。

3）差异化战略通过向市场提供差异化、个性化的旅游产品和服务，要求酒店企业有足够的创新和灵活性，在组织结构设计上应强调其灵活性和创新性，设置扁平化的组织结构。

4）多元化的战略下，酒店各个部门之间关系的协调、资源的共享极为重要，组织结构应该强调对各部门的协调，设置事业部型甚至是矩阵型的复杂的组织结构。

5）对于实行国际化的多元战略的酒店企业来说，面对不同地理区域市场，需要设置相应的地理区域性的组织机构，来推动企业在当地市场的开拓。

第三节　组织文化

战略实施依赖于酒店组织文化的支撑，与战略相匹配的组织文化有助于战略实施的成功。如果组织文化与新战略不匹配，酒店企业需要考虑的是培育支持战略实施的组织文化，唯有与酒店发展战略相适应的组织文化方能推动战略的成功实施。

一、组织文化

Edgar（1985）指出，组织文化是“企业在学会对外适应环境，对内实现一体化的过程中形成的行为方式，这一方式被认为是行之有效的，并将作为理解、思考和感觉事物的正确方式被传授给新成员”。而酒店组织文化是酒店和内部员工所共同拥有的价值观、规范、习惯和态度的集合。酒店组织文化代表了酒店的个性特征，代表了酒店企业内部相互交流、完成工作等思维、行事的方式与特点。

酒店组织文化是通过组织文化的各个要素来构成的，也是酒店组织文化的外在表现形式，并借助于这些要素向酒店内部员工传递和向酒店外部传达。酒店组织文化的要素包括酒店企业内部的价值观、信念、仪式、礼仪、典礼、故事、传奇、语言、比喻、象征和英雄人物。

二、酒店组织文化的类型

组织文化是企业的个性特征，不同的组织有着不同的文化，不同的酒店企业有着不同的组织文化。组织文化因企业自身的特性和各种环境不同而表现出差异性。

依据不同的标准可以将组织文化分成不同类型。Miles 和 Snow（1978）从组织文化在组织不同战略阶段的表现将组织文化分为防御者型组织文化、先行者型组织文化、分析者型组织文化和反应者型组织文化四种类型。

1. 防御者型组织文化

具有防御者型组织文化特征的组织通常专注于在某个特定的目标市场之中寻求优势，

偏好在一种稳定的、成熟的环境中发展竞争。防御者型组织文化通常有着严格的控制系统和森严的等级管理制度，不喜欢出现突然的变化。拥有这类组织文化类型的企业不偏好于新的市场开发战略和产品的多元化战略。

2．先行者型组织文化

具有先行者型组织文化特征的组织倾向于对新市场和新产品的开发，积极开拓新的市场，愿意并能够及时地应对未来发生的各种变化，能及时作出反应，具有极强的灵活性特征。

3．分析者型组织文化

具有分析者型组织文化特征的组织相对比较保守，偏好于以市场渗透的方式来获得稳定的增长，希望从其他组织的失误中获取成功经验和教训，其组织既有稳定性又有不稳定性，十分正式又富有弹性，处于中间地带。

4．反应者型组织文化

具有反应者型组织文化特征的组织大多是行业中的追随者，缺乏创新和开拓的精神，偏好于模仿和追随行业中的领先者。

三、组织文化是酒店战略的竞争优势之一

酒店组织文化是企业绩效的关键力量，渗透到酒店的各个层面。酒店组织文化是否有活力和吸引力，是否适合酒店发展，关系到酒店企业的核心竞争力。酒店企业内部的多种因素都受到组织文化的影响，包括企业内部员工的工作动机、工作态度、工作士气，酒店的吸引力，酒店企业的生产效率、工作质量，酒店企业的创造力等。

酒店组织文化是一种有力的控制系统。酒店组织文化是一种无形的约束力量，规范着成员追求什么样的目标，以及成员采用什么样的行为来实现企业目标。因此，酒店组织文化引导着企业的行为规范和期望，明确了什么是恰当的，什么是不恰当的，规定和控制着企业成员间的行事方式。

酒店组织文化是一种强力的协调系统，起到了促进和整合企业内部员工之间的协调关系。酒店企业借助其非正式的文化力量，将企业员工整合在一起，拧成一股绳为完成共同的企业战略而努力合作。

酒店发展战略的实施需要组织文化的支撑。企业战略的实施除了需要各种有形资源和企业组织结构的保障之外，还需要有组织文化的支撑。酒店企业借助组织文化的力量，来规范、引导企业内部的行动和行为方式，使之符合酒店战略的发展方向和变革要求。

与此同时，一定条件下，组织文化也会成为制约酒店战略的因素。组织文化一旦固定下来，会成为整个企业和成员的行为信念，使酒店企业会失去对外部环境变化的敏感性，趋向于保守和停滞。更重要的还在于，一旦现有的组织文化在过去获得了成功，会使酒店固守这一组织文化，即使在新的环境中和新的企业战略实施之后。而这必然会造成组织文化与企业战略的冲突和混乱，进而制约酒店战略的实施。

四、酒店战略实施下的组织文化变革

酒店战略的实施需要组织文化的支持，更需要的是与战略相匹配的组织文化。如果酒

店的组织文化无法为战略实施提供支撑，那么酒店战略的实施将会走向失败。因此，如何在酒店战略实施中使得酒店组织文化与发展战略相匹配成为了关键，战略实施的成败也在于如何及时、有效、敏锐地变革组织文化，使之与酒店发展战略相匹配。

当酒店组织文化无法与酒店发展战略相匹配时，为了推动酒店发展战略的实施，需要进行的是对酒店组织文化的变革。

酒店组织文化是酒店在长期的历史经营中形成的，因此在组织文化变革时需要考虑组织文化的历史性和传承性，以及酒店战略需要，使得组织文化朝着适应环境的改良方向发展。

酒店组织文化的变革是一个复杂而艰难的过程，考验的不仅是酒店管理者的智慧，更是整个酒店的发展智慧。通常组织文化变革的途径包括：从酒店外部招聘新的员工，注入新鲜血液引导变革；通过酒店员工的内部培训、调动和提升引导变革；推动酒店企业组织变革，改变企业运行方式；树立企业变革榜样和典型，引导企业行为。

小资料

雅阁集团倡导酒店内部的和谐管理

酒店，是社会的重要细胞，是社会和经济发展的重要组成部分。酒店和谐是酒店经营管理能否达到预期目标的关键，是提高酒店经营管理效率的集中反映。酒店内部和谐能够营造积极向上的人气，并能极大地提升酒店管理效率。

1. **酒店与部门**

酒店的组织结构体现了现代旅游经营管理的效率原则，雅阁集团提倡“金字塔”结构，在年龄、知识、经验上互补；酒店与部门之间突出执行力，在督导考核上规范化，增加酒店组织对部门执行力的管理监督功能，形成酒店与部门之间公平、公正、公开的和谐氛围。

2. **酒店与员工**

酒店的员工是操作层，是在部门直接管辖中工作。酒店部门对员工是直接管理，同时应倡导“以人为本”“情感管理”，营造酒店部门领导关心员工的和谐氛围。例如，酒店定期为一线员工举行生日会，优秀员工出外学习培训等，真正体现了“员工是部门的宝贵财富”。

3. **部门与部门之间**

部门是酒店管理的中枢，担负着执行酒店决策的重要任务。由于部门之间职责的不同，部门工作的结果有很大的差异，因此按照酒店规定的部门职责范围和岗位要求，部门与部门之间应尽职尽责逐项落实工作，同时经常与相关部门沟通协调，倡导“无接缝”工作法，为开创酒店部门主动、热情、协助、高效的和谐工作局面创造条件。

4. **员工与员工之间**

酒店是员工实现自我价值的期望地，酒店要努力为员工营造宽松和谐的自我发展平台，激励员工成才；要制定酒店员工自我发展工作规划，发挥酒店领导的感染力、酒店管理的凝聚力、酒店经营的吸引力和饭店员工与员工的信任力，来不断地为员工实现自我价值创造条件，营造员工之间积极向上、拼搏进取、诚心工作的和谐氛围。

酒店的和谐经营离不开内部的和谐管理。雅阁酒店集团倡导成员酒店在规章制度的客观约束下，充分发挥主观能动性，实现酒店确定的目标和任务，从而实现和谐管理的经营效应。

（资料来源：http://www.17u.cn/newsshow_302652.html）

第四节 组织变革

酒店战略实施意味着酒店在面对外部环境而作出的相应的战略调整，这必然涉及对酒店内部的变革。因此，如何评估和管理好酒店内部的战略变革，是酒店发展战略实施的另一核心。

一、组织变革的概念

酒店组织变革是指为了实施酒店战略，实现酒店发展目标而在酒店内部作出的改变，涉及酒店的各个层面。现代社会是一个多元的高速流动的社会，能否适应各种环境变化则是酒店生存的基本法则。面对多变的竞争环境，对于酒店来说，战略变革已然成为发展的常态，而实施酒店战略，必然涉及酒店的组织变革。组织变革成为了酒店战略实施的必然要求。

组织变革有不同的类型。根据组织变革的速度和紧急程度，可以将组织变革分为跳跃式变革和连续性变革。跳跃式变革要求组织对环境变化作出迅速反应，并能适应新的条件。连续式变革则是一步一步稳步地推进企业的变革。

二、组织变革的阶段

组织变革是针对组织发展战略而在组织各个层面作出的改变，伴随着组织战略实施的整个过程，从变革的开始到变革的完成，经历着不同的阶段，在不同的阶段中表现出不同的特点和要求。勒温（Lewin，1947）将组织变革阶段分为 3 个连续的阶段：

1．解冻阶段

酒店企业在组织变革的解冻阶段主要是通过引进新的方法，使得组织和组织内部成员放弃目前的行为和文化观念、规范标准，并为即将带来的组织变革做好准备。解冻过程是组织变革的准备阶段。而变革解冻的因素则是多方面的，既有来自市场条件等外部环境的变化，也有来自组织内部管理层重组、经营危机等内部的变化。

2．变革阶段

组织变革阶段是组织变革的正式阶段，持续时间最长，涉及组织内部组织结构、资源、组织文化等多方面的变革。

3．再冻结阶段

组织变革的再冻结阶段是酒店企业经历变革之后，通过各种措施锁定组织变革的成果，以防组织再重新回到过去，这是一个组织变革的巩固过程。

三、识别与评估组织变革的阻力

酒店组织变革是对酒店各个层面的改变，涉及酒店内部和外部诸多的利益相关者，影响到诸多利益相关者的利益。因此，对于组织变革，不同的个体和群体有着不同的态度，不同的利益相关者有着自身的考虑而表现出对变革的不同行为。而这也成为了企业变革的阻力。为推动组织变革，酒店管理者需要做的是识别出酒店内部和外部的变革阻力，应对变革阻力带来的挑战。组织变革阻力是对成功实施战略的最大威胁，表现为匿名抱怨、缺勤、不合作等消极形式。而组织变革阻力主要来自以下两个方面：

1. 酒店自身的惯性

由于历史发展和固有文化等因素的影响，使得酒店保有着固有的惯性，在不自然中便形成了一种趋于稳定而抵制变革的惯性，使得酒店的各种行为倾向于保守和稳定，进而增加了组织变革的难度。

2. 酒店员工阻力

酒店员工是酒店的核心组成部分，是推动酒店发展的重要力量。而实际中，组织变革的阻力很大部分来自于这部分力量。首先，由于酒店员工缺乏有关组织变革的信息，无法了解组织变革的原因以及变革之后的影响，进而产生对变革的抵制。与此相对的是，酒店管理层缺乏对员工的信任，而无法将员工纳入变革之中，进而产生变革阻力。更为重要的还在于，员工出于对组织变革所带来的忧虑和恐惧的心理，由于对未来不确定性的恐惧，担心变革会威胁到现有的利益和各种社会关系，影响其现有在组织结构的位置，进而产生抵制变革的心理。

四、酒店战略实施下的组织变革

任何发展战略的提出都是基于应对各种变化，因此对于酒店来说，酒店战略实施意味着对原有战略的变革，组织变革成为酒店战略实施的关键所在。为了推动战略实施，如何进行组织变革，如何管理好组织变革，成为了战略实施过程中的另一个着力点。

1. 合理管理组织变革

酒店管理者应围绕酒店发展战略，精心设计组织变革过程，创造组织变革实施的可能性，从组织变革的解冻，到变革阶段，到最后的冻结解冻，设计出详细的变革计划，考虑各种因素和可能性，推动变革。

2. 识别并降低组织变革阻力

变革阻力是妨碍组织变革的因素，是阻碍战略实施的关键力量。因此，酒店企业推动组织变革的核心在于识别组织变革阻力，无论是在变革的哪个阶段，均要很好地做好各种变革阻力预警，评估变革阻力，并采取各种降低变革阻力的措施。

3. 加强教育与沟通

变革阻力的一个重要来源在于成员和其他利益相关者对组织变革的信息了解不充分。因此，酒店管理者从变革开始阶段便要做好组织变革的教育和沟通工作，向各个利益相关者传递关于变革的信息，包括酒店的战略、组织变革的原因、组织变革的程度等，使其了解到组织变革的进展。

4．鼓励参与式变革

组织变革是涉及酒店内部和外部诸多利益相关者的改变过程，因此酒店管理者应鼓励参与式变革，邀请酒店的利益相关者参与组织变革的过程，使其成为组织变革过程的一部分，借助这种参与式的变革为组织变革提供动力。

5．创造有利的变革环境

在这样一个日益多元和每天都充满变化的社会之中，组织变革日益成为企业的常态和常规工作，而不仅仅是一项特殊的事项，组织变革成为了酒店日常生存和发展的生命力所在。因此，酒店应该创造出组织变革的环境，使相关利益者认识到变革是有益的，变革是常态的，变革是酒店发展的必由之路，从而使酒店在战略实施过程中能更容易地适应各种变革。

本章小结

（1）企业战略实施涉及的关键的四要素：酒店关键资源的投入，组织结构的匹配，组织文化的匹配，酒店组织变革的管理。

（2）酒店战略实施涉及对酒店资源与战略的重新匹配和整合，投入关键性的酒店资源，制定出新的资源配置规划。

（3）酒店战略实施需要与战略相匹配的组织结构来推动，酒店不同的发展战略的实施需要有不同的组织结构相匹配。

（4）战略实施依赖于酒店组织文化的支撑，与战略相匹配的组织文化有助于战略的成功实施。

（5）如何评估和管理好酒店内部的组织变革，是酒店发展战略实施的另一核心。

复习思考题

一、分析题

（1）怎么理解和审视酒店战略实施中的关键四要素？

（2）酒店资源配置的主要战略包括哪些？

（3）如何将组织结构与酒店战略相匹配？

（4）如何理解酒店组织文化对酒店战略的重要性？

（5）如何管理组织变革？

二、练习题

利用网络资源，查找一家经历发展战略变革的酒店企业，分析该酒店企业在组织结构、企业文化等方面作出的变革。

三、案例分析题

华天大酒店的企业文化

华天大酒店的培训文化是具有华天特色的服务员工的文化。20年来，华天大酒店视培训为员工福利，持续加大培训投入，通过内部专业培训，送出去、请进来的专家培训，成立华天酒店管理学院的成体系、成建制的脱产培训，形成了酒店初级基础培训、中级晋升型培训、高级专业化培训三级培训机制和体系。

1999年，华天大酒店针对部分员工希望学历升级的需求，与湖南师范大学旅游学院联合开办了旅游大专班，请学校老师来店教学。针对英语基础好的员工，酒店倡导第二外语的学习，开设了日语培训班。2000年，酒店筹建了华天酒店管理学院。2001年5月，酒店还颁布了《关于鼓励员工自学进修的有关规定》，支持员工自学成材，报销部分学费。仅以2002年为例，酒店共有15名在岗员工通过自学拿到了国家认可的大专以上学历证书。根据有关规定，酒店为这些员工报销全部学费，共69 690.00元，很好地调动了员工的学习积极性。为了促使管理人员加强自身学习，酒店还送各级管理人员和员工参加各种进修学习班，选派了一批优秀员工和管理骨干到南京金陵、广州白天鹅等地学习，接受专业培训。

在华天大酒店，培训与激励是分不开的。2003年，华天酒店对两名“突出贡献奖”的获得者分别给予12万元巨奖。在华天大酒店，只要你肯学，就舍得投资让你成材。这些培训与激励措施，不仅提高了酒店中高级管理人员的自身素质，同时也在酒店员工中形成了勤学上进的良好风尚。学习成为多数员工的一种自觉需要，也是华天大酒店不断开拓进取的源泉。

2007年，通过竞聘上岗，华天大酒店全年共任命管理人员85人次，很多人都被调到连锁店独当一面，获得了更好的发展机会。

为了给广大员工创造一个温馨的劳动生活环境，2000年，华天大酒店投入专项资金，将职工宿舍的五楼、六楼、七楼、九楼、十楼统一改造，装饰一新，统一购置了生活用品，并安装了空调。行管部制定了科学合理的宿舍管理条例，不定期地开展检查评比活动，加强对宿舍卫生、安全的检查和督导。例如，2009年3月开展的“共建一个家”活动，使大家的栖居空间进一步舒适化，普遍提高了广大员工的宿舍生活质量。

为了丰富员工的业余生活，2002年7月，酒店投资将原来200多平方米的员工俱乐部扩建成1 000余平方米，新增了电视室、阅览室、学习室、音乐室、健身房和乒乓球室等，并花费5 000元专款购置了新的图书，为广大职工提供了一个很好的学习、健身娱乐场所。

华天大酒店尤其注重发现并解决员工的实际困难。例如，对于特困员工实行补助；为照顾好加班员工，员工食堂延长开餐时间，并保证饭菜质量跟正常时间吃饭一样，等等。

华天大酒店高度重视来自员工的意见、心声，与员工定期开展对话。例如，2007年8月，陈纪明收到一封署名为“华天员工”的信，信中指出酒店管理中的一些问题。对此，陈纪明高度重视，马上发起寻找这位可敬的员工活动，并开展了为期一个月的行政管理大检查。此外，很多部门都设立了定期、不定期的沟通机制，以便及时发现并解决员工心理动荡问题。华天大酒店对沟通的重视，为广大员工以更高热情投身工作、创造效益打下了良好的基础。

为进一步弘扬企业文化，推动“酒店爱店如家”的良好氛围，2002年5月至2003年5月，酒店工会与团工委组织全体职工开展了“发扬华天精神，争当文明员工”的活动，活动激发了广大员工的工作热情和活力，取得了很好的成绩，并涌现了一批先进个人和文明员工，树立了华天人的新形象。

为了加强员工对于湖湘文化的了解，华天大酒店还常组织员工到千年学府岳麓书院、橘子洲头、马王堆等本地的文化名胜去参观学习。

作为借鉴国际先进酒店管理精髓、总结华天大酒店管理经验的洋洋 120 万字、1 500 余页的《现代酒店管理软件标准——华天大酒店管理模式》在华天大酒店 10 周年之际出版。在此基础上，华天大酒店还根据不断发展变化的市场，以及在管理和服务中遇到的新问题，创新地完善了整套管理模式，包括现代的管理体制、先进的质量标准、规范的服务程序和严格的质价体系，并且在不断完善的过程中，不断抓培训，不断抓落实。例如，在申评加入“世界一流酒店组织”的过程中，酒店遵照该组织 1 500 多个服务细项的检验标准，重新完善了所有的服务程序。这些年来，华天酒店编制了《华天大酒店服务效率标准》《华天大酒店服务规范》《华天服务教程》《新酒店快乐英语》和《美的使者故事会》《总统三鞠躬——感受华天精致服务》等一系列教材和教学片。

（资料来源：胥俊．华天大酒店企业文化的研究[J]．湖南税务高等专科学校学报，2009（3））

思考：结合华天大酒店案例，谈谈你对企业文化在酒店发展中的作用的理解。

第十六章

酒店战略控制

战略评价必须能够使管理者尽可能容易地修改计划和对变化迅速地达成共识。

——戴尔·麦康基

尽管某一计划可能由于其最为现实而被选中……其他的主要选择也不应被忘记。它们可能会是很好的权变方案。

——戴尔·麦康基

计划者不是要做计划，而是要做一名促进者、研究者、教育者和综合者，其任务在于有效地指引整个计划过程。

——A. Hax and N. Majluf

知识目标

- 理解酒店战略控制。
- 掌握战略控制的主要方式。
- 理解影响战略控制的主要因素。
- 掌握平衡计分卡。

知识要点

本章主要是介绍酒店战略控制。战略控制是酒店战略管理的重要阶段，是促使酒店战略有效实施的关键环节。掌握战略控制的基本方式和影响战略控制的主要因素，进而很好地加强对酒店战略控制，进而推动战略的实施是酒店企业管理者的核心要务。

引导案例

开元旅业集团战略

开元旅业集团总部位于杭州市萧山区，集团从 1988 年一家县政府招待所起步，近 30 年的时间里，开元旅业集团凭借“关注客户，用心服务”成为一家以酒店业为主导产业，房地产业为支柱产业，建材业和其他相关产业为新兴产业的大型企业集团，总资产100多亿元。集团旗下拥有“开元名都”（五星级豪华酒店）和“开元大酒店”（四星级酒店）两大品牌。公司迄今管理了20多家酒店，总客房数11 017间（截至2008年年底）。在北京、上海、杭州、宁波、台州、金华、舟山、成都、徐州、开封、长春、格尔木等地拥有下属企业40余家；为中国民营企业500强、中国饭店业集团20强、中国房地产品牌企业50强之一。

开元饭店管理公司积极吸收国外饭店集团的管理经验，提炼集团自身15年酒店管理经验，汲取ISO9000国际标准体系、绿色饭店管理等方面思想理念，修订了“开元国际酒店管理模式”，逐步实现由投资向管理输出、特许经营等形式转变。

集团饭店管理公司还编印了一部员工服务指导手册——《开元服务艺术》。它以集团14条服务准则为主线，收集了集团所属7家酒店的优秀服务案例，概括了集团15年来的服务经验，使服务理念形象化、具体化、事例化。它不仅为员工提供了服务的操作典范，并正式提出和强化了“开元旅业集团的服务模式”这一概念，因而被员工和集团称为“集团的服务经”。

具体在酒店管理与服务方面，开元集团推出了“开元关怀服务计划”：

1. 时刻关心（Every Time and Every Hotel）

每时每刻，在每一家开元酒店，优异服务始终如一。每家开元酒店都遵循“开元酒店基本产品和服务标准”，以保证服务品质的专业水准和质量的一致性。每位酒店员工都经过专业培训，在任何时候都关心和竭尽所能满足顾客的需要。

2. 高效便捷（Efficient and Convenient）

所有开元酒店都采用业内最先进的OPERA前台操作系统，能够完全共享成员酒店之间的宾客记录，能够为顾客提供“一站式接待”服务；同时每一家开元酒店均提供快速入住、快速退房手续，设有行政楼层或行政楼层贵宾通道，使顾客尽享快捷和便利。

3. 无微不至（Understanding and Personalised）

“始终保持殷勤好客的服务”是开元酒店的基本服务准则。开元酒店为其贵宾提供自东方传统款客之道的欢迎茶服务。开元酒店的“金爵会常客奖励计划”为顾客提供集团十多家连锁酒店范围内的积分奖励，令顾客拥有更加丰富和物超所值的下榻体验。

4. 喜出望外（Satisfiel and Surprised）

每一家酒店都设有象征酒店行业最高服务水准的金钥匙服务，为顾客提供机票预订、城市导游等20多项委托代办服务。同时在开元酒店，“每一位员工都是金钥匙”，顾客的任何需求无论向哪一位酒店员工提出，都能得到令其满意的回应。

以此为基础，未来开元集团将致力于成为世界知名的国际化综合性连锁酒店集团。到2015年拥有65家以上开业的高星级酒店，客房数量超过20 000间，进入国内酒店集团前5强，世界50强。

（资料来源：开元旅业官方网站及开元旅业发展战略规划（2011—2015年）。）

现代社会是一个急剧变革的时代，酒店所面临的外部环境和内部状况处于不断的变动之中，而当酒店的内部状况与外部环境发生变化时，酒店的战略也必须作出相应的调整。而这依赖于酒店战略控制。酒店企业管理者通过酒店战略控制，对酒店战略实施进行系统化监控、评价和控制，重新检视酒店战略，依据信息反馈作出新的战略调整，推动酒店向前发展。

第一节　战略控制的方法

一、战略控制的概念

控制是依据预先设定的目标，将从实践中反馈回来的结果与预先的目标进行比较，检查、评估其相差的程度，评估其是否达到了原定的目标，并进一步分析存在的问题，及时作出相应调整的过程。

战略控制是指酒店企业管理者将酒店战略目标与酒店战略实施的结果相互比较，检查、评估二者偏差程度的过程与机制，并从中分析战略实施过程的问题与不足，采取进一步的修正措施，调整战略的发展方向。战略控制过程见图 16-1。

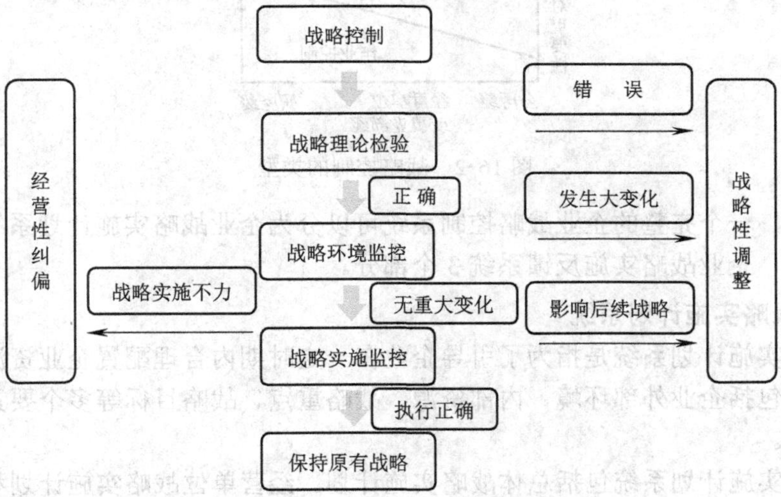

图 16-1　战略控制过程

（资料来源：陈继祥．旅游企业战略管理[M]．北京：旅游教育出版社，2006.）

酒店战略控制的核心在于确定酒店战略方案实施的效果。一方面是评估酒店战略的正确性与适用性。在战略控制过程中，酒店企业管理者应不断检查战略实施是否有重大问题与缺陷，是否因为外部环境与内部状况的变化使得战略失效。另一方面是控制战略沿着既定的方向发展，而不是偏离原有的正确路线，这需要酒店企业管理者不断地检查战略的实施过程，通过各种评价手段，检测其是否偏离了方向。

二、战略控制的内容与分类

酒店战略控制的主要内容包括以下几个方面：

1）设定酒店战略的绩效评估标准。

2）监控酒店战略实施的绩效。

3）评估与分析酒店战略实施的偏差，并发现相应的问题。

4）采取有针对性的纠正措施，保障战略的顺利执行。

5）反馈相关信息，激励对应主体。

Lorange（1986）认为战略控制可以分为 3 种类型：战略控制、战术控制和作业控制（见图 16-2）。战略控制是着眼于企业发展与内外部环境条件的适应性、行业发展的重大政策、市场和客户变化、新的投资机会、高管人员管理。战术控制主要是处理战略规划实施过程中的局部问题、短期型问题，着重于短期业绩、市场竞争、土地资源的获取和重大客户开发等。作业控制是对企业内部各个业务进展情况的控制，有财务控制、生产控制、销售规模控制、质量控制、成本控制、项目进展和项目管理。

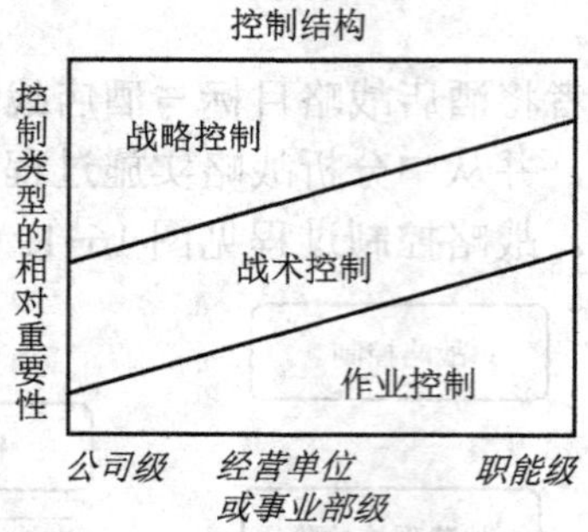

图 16-2　战略控制的类型

具体说来，一个完整的企业战略控制系统可以分为企业战略实施计划系统、企业战略实施动力系统、企业战略实施反馈系统 3 个部分。

1．企业战略实施计划系统

企业战略实施计划系统是指为了引导企业在一定时期内合理配置企业资源，实现企业战略目标而对包括企业外部环境、内部资源、战略重点、战略目标等多个要素进行统筹考虑的实施计划。

企业战略实施计划系统包括总体战略实施计划、经营单位战略实施计划和职能战略实施计划。总体战略实施计划是指旅游企业为了实现企业总体战略目标而制定的战略实施计划。经营单位战略实施计划是指企业内部各个经营单位为获得竞争优势而制定的实施计划。职能战略实施计划是指企业内部各个职能部门为了推进职能领域的发展而制定的战略实施计划，包括市场战略实施计划、财务战略实施计划、人力资源战略实施计划等。

2．企业战略实施动力系统

企业战略实施动力系统是指企业内部的一套激励系统，以此来推进企业内部各个层面的职工努力工作，以实现企业战略目标。其主要包括企业内部职工的薪酬体系，奖金、福利体系，职工培训与职业发展计划，职工晋升体系，以及企业内部的评价体系。

酒店企业借助于企业内部的战略实施动力系统，可以很好地加强企业内部控制和激励系统，以更好地改善职工的知识、能力和态度，推动战略的有效实施。

3．企业战略实施反馈系统

企业战略实施反馈系统是指依据企业外部环境的动态变化，而对企业的现有战略的审视和纠正，对战略实施过程中的各种问题进行动态反馈，并作出相应的战略纠偏措施，以推进战略的顺利实施。整个企业的战略实施反馈系统主要包括以下几个方面：

（1）企业环境动态分析机制　企业的战略都是在一定的外部环境中进行的，因此企业需要构建一个环境动态监控系统，用以实时地监控企业所处外部环境的变化状态，深入分析外部环境变化对于企业战略的影响。这包括企业外部环境变化的程度和变化的复杂度两个方面。

（2）企业内部信息的反馈与传递　企业内部需要建立一套完善的及时有效的信息沟通机制，以保证信息在企业内部各个层级和部门的传递。比如，推进企业内部的信息平台建设，通过企业内部的各级例会制度、报表制度和重大事件的报告制度，实现各个层面的信息传递。

（3）发现战略性问题　战略性问题是指那些对于企业的战略实施具有关键性作用的问题，其判断的标准是问题的重要性，问题与战略的相关程度，以及问题的紧迫性程度。在战略实施过程中，企业需要通过分析，及时而敏感地发现那些关系到企业战略实施的关键性战略问题，借助这样的反馈系统，为企业内部高层领导者做出进一步战略调整提供更多的信息参考。

三、战略控制的必要性

战略控制是战略管理的重要阶段之一，是保障战略有效实施的重要举措。一方面，随着战略的实施，企业内部环境和外部环境发生了新的变化，要求企业实施战略控制来检视企业战略的实施效果。另一方面，战略控制也有助于发现企业战略本身存在的问题，有助于修正和完善企业战略。更为重要的在于，企业战略控制能够纠正企业战略在实施过程中出现的诸多偏差，确保企业沿着既定的目标发展。

从实际的目的来看，酒店战略控制也是提高酒店生产效率的关键力量，通过对酒店战略实施的全过程的监控与反馈，能够很好地减少经营过程的失误，提高效率。与此同时，借助于高强度的监控和全过程的战略监控，也有助于保障酒店的产品与服务的品质，创造更高的价值。

小资料

宏发连锁饭店有限公司

宏发连锁饭店有限公司成立于2003年，当时旗下有9家饭店，其中经济型饭店6家，商务型饭店3家。公司成立之后，制定了连锁经营的发展战略，计划在5年内拥有和管理50家饭店，成为本地区最大的饭店集团。刚开始的两年，公司充分利用企业自身的优势，采用投资自建、收购兼并、租赁经营、承包经营和委托管理等方式，饭店连锁经营发展迅速，到2005年年末，旗下拥有的商务连锁饭店达9家，快捷连锁饭店19家。但是以后几年中，饭店不仅发展速度明显下降，而且各种矛盾也日益凸显出来，公司领导层进行了反思，发现宏发连锁酒店战略实施控制体系无法有效地支撑饭店连锁业务的进一步发展。问题主要表现在以下几个方面：

一是公司管理人才队伍滞后。①企业高层管理团队对于发展战略、饭店连锁业务定位以及发展模式存在一定的分歧，对饭店连锁业务的拓展造成一定的障碍。②公司职能管理人员专业化水平欠缺，导致公司的职能管理不到位。③优秀的饭店中层管理人才严重短缺，存在拔苗助长的现象，导致企业的执行力不强。

二是企业缺乏有效的战略动力机制。企业管理存在授权不充分，职责不分明，激励不到位的情况，员工感到缺乏施展其才能的平台，最终影响到员工积极性的发挥。

三是企业缺乏有效的战略控制体系。宏发连锁饭店有限公司各下属饭店规模不等，档次不一，地域不同，经营条件各异，所有制形式以及经营方式多样，由此造成管理幅度、管理风险高、管理复杂性强、管理监控线路长等问题。公司统一领导与分散经营管理之间的矛盾突出，企业内部存在欺上瞒下、弄虚作假等现象。

四是企业绩效评价体系欠缺，尽管企业建立了绩效考核机制，但体现的都是财务绩效导向，而非战略导向，考核指标并不全面，也不合理。

（资料来源：邹益民. 旅游企业战略管理[M]. 北京：中国人民大学出版社，2009.）

四、战略控制的方式

根据战略控制的时间范畴，战略控制的主要方式可以分为事前控制、事后控制和过程控制。

事前控制是指在酒店实施战略之前，便设计好正确有效的战略计划和控制机制，对企业战略实施进行监控。

事后控制是指在酒店战略实施之后，对酒店战略进行控制，将企业战略活动的结果与控制标准比较，发现存在的问题。

过程控制是指酒店内部的高层领导控制企业战略实施中的关键性过程，在整个酒店战略实施的过程中随时采取措施，纠正战略的偏差，引导企业向着正确的战略方向发展。

无论是何种控制方式，对于酒店战略控制来说，核心在于酒店管理者能够很好地识别企业内部和外部环境因素的变化情况及其对战略的影响，清楚地回答以下几个问题：

1）企业的内部优势是否仍是优势？

2）企业的内部优势是否有所加强？

3）企业的内部弱点是否仍是弱点？

4）企业是否有新的内部弱点？

5）企业的外部机会是否仍为机会？

6）企业是否有其他外部机会？

7）企业的外部威胁是否仍为威胁？

8）企业是否有其他新的外部威胁？

9）竞争者曾对企业已经付诸实施的战略作出了何种反应？

10）竞争者的战略曾发生了哪些变化？

11）主要竞争者的优势与弱点是否发生了变化？

12）竞争者为何正在进行某些战略调整？

13）为什么有些竞争者的战略更成功？

14）竞争者对其现有市场地位和盈利的满意程度如何？
15）主要竞争者在进行报复前有多大的忍耐空间？
16）企业如何才能更有效地与竞争者进行合作？

第二节　影响战略控制的因素

在实施酒店战略控制过程中，酒店面临着诸多的不确定性和变化性，直接影响着酒店战略控制的有效性。更为重要的是，这些影响因素既有定量的因素，也有是定性的因素，既有可以预测的因素，也有难以预测的因素。

总体来说，影响酒店战略控制的主要因素包括市场需求因素、酒店资源和能力因素、酒店组织与文化因素。

一、市场需求因素

在现代市场竞争中，酒店面临的一个重要因素是市场需求的变化。不同的时间点和不同的环境下，顾客所注重的产品性能、价格、服务等属性不相同，市场需求也处于变化之中。这使得酒店的战略控制处于变化之中，酒店企业管理者需要识别酒店所面临的这些市场需求的变化因素，从中寻找出顾客所重视的价值和属性，进而卓有成效地作出相应的战略行动。

二、酒店资源和能力因素

酒店的资源和能力是酒店企业的核心竞争力的源泉，也是企业竞争优势的来源。如何在战略控制中，识别企业自身的资源和能力，如何能够最大限度地发挥企业的资源优势，培育自己的核心竞争力成为酒店企业参与市场竞争的关键。外部环境处于变化之中，同样的酒店内部的资源也处于变化之中，原先处于弱势的资源与能力或许已然变成具有竞争优势的资源与能力，而之前具有竞争优势的资源与能力反而失去了竞争优势。由此，企业需要去识别企业内部发生的这些变化与因素，重新审视这些因素，进而作出战略选择。

三、酒店组织与文化因素

酒店的组织结构和内部的业务运作管理也是影响企业战略控制的重要因素。随着现代企业组织理论的发展和酒店自身业务的扩展，加上现代信息技术的发展，在重新塑造着企业结构与业务流程结构，酒店如何组织自身的业务活动，使用什么样的方式推进战略，这些都是影响企业战略控制的重要因素。

与此同时，随着酒店战略的扩张，特别是现代全球化的发展趋势，越来越多的酒店开始了全球化道路，经营范围跨越了本地走向全球，而当面临当地的经营环境和经营文化时，企业自身的文化因素也在发生着相应的改变。酒店文化的悄然改变也会影响企业的战略控制。

第三节 信息反馈

信息反馈是指将酒店战略实施过程中的相关信息向组织内部传送的过程。充分、及时、有效的信息反馈是酒店战略控制的基础，也是酒店战略评价的基础。

借助于充分的信息反馈，酒店管理者能够将战略实施的效果与战略预先设定的目标进行对比，进而发现其存在的偏差和问题所在，从而为战略的修正和采取纠正措施提供充分的信息依据。

与此同时，充分的信息反馈也是酒店管理者对酒店进行战略评价的信息依据。只有借助于信息反馈，获得关于酒店整体和酒店内部个体在战略实施过程中的绩效信息，才能依据绩效评价标准，对酒店整体和内部的个体进行评价，从而实现对酒店战略的控制和检测，指导酒店战略在未来的实施。

一、酒店信息反馈的主要内容

酒店战略控制反馈信息系统，既能有效利用企业的各种信息资源，也能获取企业外部各方面的信息，从而实现企业对本身信息和市场信息的动态掌握。酒店企业能够依据这些信息快速响应，增强企业的快速反应能力。

酒店信息反馈机制至少应获取酒店企业的日常信息，主要包括以下几个领域：

（1）酒店顾客的信息。它包括顾客的市场需求、顾客的消费价值、顾客的服务满意度，以及顾客潜在的需求。

（2）酒店运营及市场竞争地位的信息。它包括产品的类型、市场占有率，以及不同类型产品的生产、组合、研发情况，酒店产品和服务的优劣势，市场竞争态势，价格水平等信息。

（3）酒店企业的市场营销信息。它包括酒店的营销渠道，企业的市场营销与企业产品的匹配度。

（4）酒店员工的信息。它包括员工的素质能力、服务态度和激励水平，甚至雇佣劳资关系等。

（5）酒店的财务信息。它包括酒店的主要的财务指标信息、企业的盈利能力和资金运作的信息。

（6）酒店外部的环境和行业信息，特别是外部利益主体的信息包括供应商、合作伙伴等的信息。它包括酒店面临的宏观的政治、经济社会、环境形势信息，整个旅游和酒店行业的信息，如行业的结构、规模信息，行业的产品状况、行业的市场价格信息，行业的最新技术信息等。

二、酒店信息反馈的主要渠道

为了获取酒店的各种反馈信息，需要建立一个能够及时更新的信息反馈渠道，既包括正式的信息渠道，也包括非正式的信息渠道。主要渠道包括：

（1）与主要的酒店企业的雇员交谈。

（2）召开各种会议，及时掌握信息。

（3）审查最新的企业经营情况及各种材料信息。

（4）与酒店顾客之间的交流和交谈。

（5）观察酒店企业主要的竞争对手的情况和各种反应。

（6）通过网络渠道如电子邮件、各种网络平台搜集各种相关的酒店信息，如在酒店内部的各种论坛或活动空间内搜集底层的员工的信息和反馈。

（7）通过与本行业的各种战略联盟或者沟通合作的渠道，获得酒店企业外部的各种信息，及其对应酒店战略实施的影响。

总之，充分的信息反馈也是酒店管理者对酒店进行战略评价的信息依据。酒店企业只有借助于信息反馈，获得关于酒店整体和酒店内部个体的在战略实施过程中的绩效信息，才能依据绩效评价标准，对酒店整体和内部的个体进行评价，从而实现对酒店战略的控制和检测，指导酒店战略的实施。

第四节　平衡记分卡

平衡记分卡（Balanced Score Card），不仅是一种将传统的财务指标分析与非财务指标分析结合起来评价企业绩效的方法，也是一种企业战略管理控制的有效方法。该方法源自哈佛大学教授罗伯特·卡普兰（Robert Kaplan）与诺朗诺顿研究院（Nolan Norton Institute）的大卫·诺顿（David Norton）在 20 世纪 90 年代所研究开发的关于组织绩效的一种评价体系。平衡记分卡的实质是将企业的发展战略转化为战略实施并对企业战略实施加以控制的方法。

一、内涵

平衡记分卡的核心是一套评价和控制指标体系，借助于这一指标体系对企业的战略实施进行评价与控制。设计平衡记分卡的目的就是要建立“实现战略控制”的管理系统，从而保证企业战略得到有效执行。

平衡记分卡的核心指标包括 4 个维度，分别是财务指标、客户指标、内部运营指标、学习与成长指标。平衡计分卡的核心思想就是通过财务、客户、内部运营、学习与成长 4 个方面的指标之间的相互驱动的因果关系展现组织的战略轨迹，实现企业绩效考核—绩效改进以及战略实施—战略调整的战略控制过程。

1. 财务指标

企业的财务指标可以显示企业的战略及其实施和执行是否对改善企业盈利做出贡献。财务指标与获利能力有关，其衡量指标有营业收入、资本报酬率、经济增加值、现金流量、成本降低、生产率提高、资产的利用和投资战略等。但不是所有的企业战略都能很快产生短期的财务盈利，非财务性绩效指标（如服务质量、生产时间、生产率和新产品等）的改善和提高是实现目的的手段，而不是目的的本身。

2. 客户指标

对于企业来说，顾客是上帝，如何满足顾客需求是企业生存发展的关键所在。企业管理者需要关注客户满意度，需要确认企业将要参与竞争的客户和市场部分，并将目标转换成一组指标，如市场份额、客户留住率、客户获得率、顾客满意度、顾客获利水平等。客户方面的指标使企业管理者能够阐明客户和市场战略，实现企业战略目标。

3. 内部运营指标

内部运营指标涉及的是企业的核心竞争力所在，回答企业的核心优势所在。任何战略的实施都需要依赖企业内部的运作流程，都需要以企业的内部业务为依托。企业管理者需要确认企业擅长的关键内部流程，抓住重点，专心衡量那些与股东和客户目标息息相关的流程，这些流程帮助企业提供价值主张，以吸引和留住目标细分市场上的客户，并满足股东对卓越财务回报的期望。内部运营指标既包括短期的现有产品业务的改善，又涉及长远的产品和服务的革新。

4. 学习与成长指标

企业的学习与成长关系到企业未来的可持续发展能力，即企业能否持续创新，能否保持自身的竞争优势。学习与成长指标主要是企业为了实现长期的业绩而对未来的投资，包括对雇员的能力、组织的信息系统等方面的衡量，如员工满意度、员工保持率、员工培训和技能等。

平衡记分卡的一个重要核心在于其既包含有财务性的指标，也包含有非财务性的指标，并将企业的战略放在中心位置，从财务、客户、内部运营、学习与成长 4 个方面来对企业战略的实施进行评价和控制，进而能够根据外部的环境变化来实时调整企业的发展战略。企业战略与平衡记分卡指标关系见图 16-3。

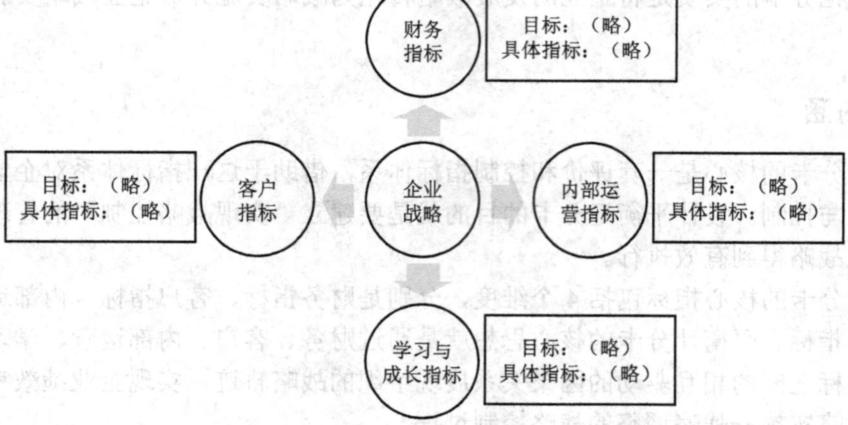

图 16-3 企业战略与平衡记分卡指标关系

二、平衡记分卡构建过程

平衡记分卡是一个多维度的企业绩效评价和战略控制方法，通过对企业财务、客户、内部运营、学习与成长 4 个方面来实施管理与监控。企业平衡记分卡的建立过程是以企业战略为核心，将企业已经制定的战略目标落实为一系列的衡量指标，并将企业的战略与各个部门和每个员工相联系，贯穿于战略的实施、战略的反馈和调整、修正等过程。

1．围绕企业的战略和目标，制定4张积分卡

以企业制定的发展战略和目标为核心，将企业的战略和目标融入到企业的各个部门和层级中，制定出在财务、客户、内部运营流程、学习与成长4个方面的具体目标，制定出相应的四张记分卡。

2．设置具体的评价指标体系

企业依据各个层面在财务、客户、内部运营流程、学习与成长4个方面的发展目标和责任，选择和确定出相应的具体评价指标，为后续的具体评价和控制提供基础。这些指标应既能反映企业的长期目标，也能兼顾企业的短期目标，能够平衡好企业的内部利益与外部利益，具有现实的可操作性和可评价性。

1）财务绩效指标：选择那些能够反映企业经营业绩，体现股东利益的指标，如经营利润率、现金流量、收入增长率、毛利率、应收账款率。

2）客户绩效指标：选择那些反映企业的目标市场定位和能够追踪企业的市场客户满意度的指标，如企业的客户满意度、客户需求、市场份额等。

3）内部运营流程：选择那些代表企业完成任务的过程，特别是关注对于满足客户需求和创造企业绩效极为关键的流程，具体包括创新流程、运营流程和售后服务流程。创新流程包括企业对新产品的开发、对新市场的开发流程。运营流程是企业从产品到顾客的流程，强调企业的运营效率及时性。售后服务是企业的顾客服务流程。

4）学习成长指标：主要包括反映企业员工、信息系统和企业程序的学习和成长指标。如员工的满意度、稳定度、创新性、学习能力，信息系统的生产能力，效率指数等。

3．企业绩效的评估与反馈

平衡记分卡的具体实施有赖于企业的管理者和部门管理者依据事先制定的评价标准，参照企业的平衡记分卡的指标，对目标值与实际值进行比较，设定不同的评分值，定期考核企业的各个部在财务、客户、内部运营流程、学习与成长4个指标方面的执行情况，及时反馈，并为企业战略的调整提供参考。表16-1是企业平衡记分卡评价表。

表16-1 企业平衡记分卡评价表

指标	关键业绩具体指标	衡量标准	计算方法	权重	数据来源	备注
财务层面						
客户层面						
内部业务层面						
学习与成长层面						

三、平衡记分卡的优势

平衡记分卡是现代企业战略评估和战略控制的有效手段，其使得传统的绩效管理从人员考核和评估的工具转变成为战略实施的工具，使得领导者拥有了全面的统筹战略、人员、流程和执行 4 个关键因素的管理工具，使得领导者可以平衡长期和短期、内部和外部，确保持续发展的管理工具，被誉为世界上最重要的管理工具和方法之一。

1．平衡记分卡为企业战略管理提供强有力的支持

企业战略的实施和控制可以通过对平衡记分卡的全面管理来完成。平衡记分卡以企业的经验战略为基础，根据自身的战略目标，设计各个具体指标，能够充分地实施企业的战略控制。企业管理者借助平衡记分卡对企业的外部环境实时地进行审视，保证企业战略对于外部环境的适应性和快速反应能力。

2．平衡记分卡可以提高企业整体管理效率

平衡记分卡所涉及的 4 项内容，都是企业未来发展成功的关键要素，通过平衡记分卡所提供的管理报告，将几个内容相互联系在一起，节约了企业管理成本，提高了企业管理的整体效率。

3．注重团队合作，防止企业管理机能失调

团队精神是一个企业文化的集中表现，平衡记分卡通过对企业各要素的组合，让管理者能同时考虑企业各职能部门在企业整体中的不同作用与功能，使他们认识到某一领域的工作改进可能是以其他领域的退步为代价换来的，促使企业管理部门考虑决策时从企业出发，慎重选择可行方案。

4．平衡记分卡可提高企业激励作用，扩大员工的参与意识

平衡记分卡强调目标管理，鼓励下属创造性地而非被动地达成目标，这一管理系统强调的是激励动力。因为在具体管理问题上，企业高层管理者并不一定会比中下层管理人员更了解情况，所作出的决策也不一定比下属更明智。所以，由企业高层管理人员规定下属的行为方式是不恰当的。

5．平衡记分卡可以使企业信息负担降到最少

信息时代，企业很少会因为信息过少而苦恼，随着全员管理的引进，当企业员工或顾问向企业提出建议时，新的信息指标总是不断地在增加。这样就会导致企业高层决策者处理信息的负担大大加重。而平衡记分卡可以使企业管理者仅仅关注少数而又非常关键的相关指标，在保证满足企业管理需要的同时，尽量减少信息负担成本。

本章小结

（1）战略控制是酒店企业管理者将酒店战略目标与酒店战略实施的结果相互比较，检查、评估二者的偏差程度的过程与机制，并从中分析战略实施过程的问题与不足，采取进一步的修正措施，调整战略的发展方向。

（2）战略控制可以分为 3 种类型：战略控制、战术控制和作业控制。

（3）战略控制的主要方式可以分为事前控制、事后控制和过程控制。

（4）影响酒店战略控制的主要因素包括市场需求因素、酒店资源和能力因素、酒店组织与文化因素。

（5）信息反馈是指将酒店战略实施过程中的相关信息向组织内部传送的过程。充分、及时、有效的信息反馈是酒店战略控制的基础，也是酒店战略评价的基础。

复习思考题

一、分析题

（1）什么是酒店战略控制？

（2）酒店战略控制在战略管理中的地位是什么？

（3）酒店战略控制的主要方式包括哪些？

（4）酒店战略控制的影响因素包括哪些？

（5）如何认识平衡计分卡？

二、练习题

利用网络资源，搜索一家使用平衡计分卡的酒店企业，分析平衡计分卡对于该企业的发展带来怎样的变化。

三、案例分析题

深圳圣廷苑酒店

深圳圣廷苑酒店是五星级绿色商务酒店，坐落于深圳市新兴的政治经济中心区——福田区的中心地带。酒店由深圳市长城投资控股股份有限公司投资兴建，并由其所属的深圳圣廷苑酒店有限公司自行经营管理。自 2001 年 8 月 31 日成功对外营业以来，作为深圳市功能最齐全的五星级酒店，圣廷苑酒店为海内外商务顾客提供客房、餐饮、宴会（会议）、康体、娱乐、购物等综合产品和服务，其档次和品质均在深圳首屈一指。

圣廷苑酒店的领导致力于建立包括领导体制和绩效结果在内的卓越绩效运行体系，以营建和谐的组织环境为主要领导责任。酒店领导运用平衡计分卡的方法，在酒店的战略目标中以 KPI 的形式，将价值观展开、深入至酒店经营管理关注要素的各个环节。在年度“管理评审”活动中，SWOT 分析、组织绩效和高层领导评审为酒店领导的战略制定提供信息输入，帮助酒店领导识别战略发展实际与目标之间的差异，寻找组织绩效和高层领导改进的机会，指明酒店的战略发展方向。

在现行的行业政策法规及社会经济环境下，依据圣廷苑酒店现有的资源和能力，酒店领导将圣廷苑酒店的一个战略周期（长期战略目标）定为 3 年。为保证酒店战略的适用，战略评审（短期战略目标和工作计划）以年度为周期滚动进行。每年滚动进行的管理评审，根据酒店内外环境的变化对酒店的核心战略进行适用性评价，并在适当时进行战略调整；根据战略调整和绩效期望，对为期三年的长期战略目标进行可行性评价和校正；根据长期战略目标的校正和绩效预测，对短期战略目标和工作计划进行修改。

由酒店总经理、副总经理和部分部门经理组成的“战略策划委员会”通过年度“管理评审”活动制定和评审酒店战略。“战略策划委员会”按照平衡计分卡的 4 个成效区域区分酒店内部环境的关键因素，指导酒店各部门和团队收集反映这些要素的关键数据信息，并与竞争对手的最佳水平进行比较，判断酒店现实的优势、劣势（战略因素），预测其发展变化趋势。内部环境因素分析的一项重点，是识别外部挑战对组织内部环境的影响，并分析这些影响造成的组织内部现实和潜在的优势或劣势。

酒店长期战略目标的规划以“战略规划部署图”的形式展开。战略策划委员会在“战略规划部署图”中对短期战略目标规划的制定和部署通过制定、实施应于短期战略目标的“工作计划”来进行，以短期战略目标的渐进发展实现酒店的长期战略目标。战略策划委员会组织部门经理按照平衡计分卡的4个成效区域，就“工作计划”中的每一项具体计划和相应的绩效目标，研讨实现目标的方法和手段，并将方法实施的结果以量化的公司级KPI形式体现。各部门经理结合部门讨论结果，提出为实现公司级KPI，本部门的工作方案和要达到的绩效水平（以部门级KPI形式体现）。经过战略策划委员会和各部门协商后，各部门经理以“部门年度工作计划”的形式承诺实现部门的KPI，“部门年度工作计划”由部门对应的分管领导审批，并作为部门经理业务考评的重要依据。参照同样的方法步骤，部门KPI最终以“KPI计分卡”的形式落实到每一名员工。酒店战略规划由横到纵地展开到酒店各个层级和相应的责任人。

圣廷苑酒店的绩效测量系统是以战略为导向、涵盖各个成效区域和经营管理各个环节的动态、综合测量体系，包括了高层领导绩效、战略发展绩效、过程绩效和员工绩效4个不同层面的绩效测量重点，运用平衡计分卡的方法均衡地实现了各个相关方的需求和利益。绩效指标贯穿于酒店日常运作的各个领域和层级，组织的战略和经营管理决策均是基于各级组织绩效指标和外部（竞争酒店、行业先进及标杆）绩效指标测量的结果进行的。

（资料来源：http：//www.szaic.gov.cn/xxgk/zly/mqfc/201009/t20100902_1563857.htm。）

思考：深圳圣廷苑酒店是如何成功地实施企业发展战略的？

第十七章

全球化趋势下的酒店战略

除了在一个以全球化和信息革命为标志的世界中经营，你别无选择，要么适应环境，要么消亡。

——Andrew S. Grove

你没有选择全球化经营，然而市场为你做出了选择，这是你必须接受的。

——Alain Gomez

知识目标

- 理解全球化。
- 理解全球化时代下的酒店企业。
- 掌握酒店全球化战略以及实施全球化战略的方式。

知识要点

本章主要是介绍全球化时代下的酒店战略选择。全球化是当今时代的主题，酒店企业之间的竞争越来越超越国界。酒店如何应对全球化，做出什么样的全球化战略选择，成为新世纪酒店发展的关键。掌握酒店全球化战略以及实施全球化战略的主要方式对于酒店企业面向全球化竞争有着极为重要的意义。

引导案例

法国雅高集团

雅高是欧洲第一大酒店集团，雅高在全世界拥有4 000余家酒店和17万名员工，遍布全球五大洲，拥有466 000多间客房。

雅高集团总部设在巴黎，成立于1967年。雅高通过收购酒店集团，从事酒店管理，令酒店业务不断迅速增长，拥有独特的国际市场地位，素以为商界和消闲服务市场提供一系列大众化以致豪华的著名品牌酒店而负盛名。雅高酒店集团旗下酒店品牌涵盖：

1．索菲特

具世界水准、追求完美的索菲特集商务与休闲为一体，为游客们提供一流水准、环境舒适、服务优良、气氛高雅的私人休闲场所。索菲特是雅高国际酒店集团最负盛名的品牌，是法国生活艺术和住宿舒适性的代言人，旗下拥有 200 多家酒店，遍布 55 个国家，细致地诠释了法国的生活艺术。索菲特酒店集中了法国最细致的装饰、最热情的接待、最优质的服务和最盛名的美食艺术。

2．诺富特

诺富特是具备国际水准及现代化设施的商务酒店，坐落于各城市的商务中心及旅游胜地。诺富特是具有国际品牌的供休闲和商务旅行客人下榻的舒适型酒店，遍布全球 56 个国家，共 412 家酒店，超过 68 000 间房间（2005 年）。诺富特拥有一系列适合特别需求的酒店，尤其是提供海水浴疗的 Thalassa，十一度假的 Novotel Accor Vacances，以及针对商务活动的 Novotel Atria。

3．美居

美居酒店涵盖了豪华酒店、酒店式公寓、度假酒店市场。每间酒店都展示了独特风格及服务，反映了地域特色、文化及个性。美居酒店是致力于同类型酒店中最好的，遍布 46 个国家，共 750 家美居酒店。美居大多地处大都市中心或周边地区，遍布省会城市、海滨、山区和众多旅游景区。独特的设计、装饰、美食和佳酿让人真正融入当地生活，感受当地风情。

4．世纪国际酒店

世纪国际酒店以中等型酒店及服务式公寓为主，以其稳定的服务水准、完善的设备及经济实惠而享誉亚洲及太平洋区。

5．四季节酒店

2007 年 8 月 14 日，雅高酒店集团加快其全球品牌全季节酒店（All Seasons Hotel）的发展步伐，在泰国各处的主要商业和旅游目的地新开了几家该品牌的酒店，并重新打造新的品牌，如曼谷金兰花全季节酒店、曼谷撒松全季节酒店（All Seasons Sathorn Bangkok）以及普吉奈汉全季节酒店（All Seasons Naiharn Phuket）。

6．宜必思

宜必思酒店以简朴、服务质量高、经济实惠而享誉世界。酒店坐落于商务中心级主要的地区及周边地区。宜必思酒店为经济型酒店，遍布全球共 700 家酒店，宜必思酒店的房间现代、舒适，日夜为顾客提供最好的服务。

1985 年雅高酒店进入中国，目前雅高酒店集团亚太区总部设在新加坡。中国区总部则设在上海，为雅高在中国的酒店网络提供发展、财务、人力资源培训、项目工程、销售及市场宣传等服务及协助，在中国的员工总数超过 18 000 人。

（资料来源：根据雅高集团官方资料整理。）

第一节 全球化

世界全球化趋势日益加剧，特别是信息技术的进步，交通运输的发达，各国贸易壁垒的降低，促使世界经济全球化速度不断加快，包括酒店产业在内的各种行业的发展也日益全球化，企业不仅将市场分销渠道分散在各国，将商品销售到全球，获得世界性的全球市场，而且在全球范围内进行资源配置，将企业的价值链延伸到世界的每个角落，集中到那些能够获得最大价值的地方。世界全球化已经反映在各种商品、服务、金融、资本和知识的跨国界流动上。

随着全球化的发展，原先的各国市场正在向着融合成为巨大的全球性市场转变。全球顾客需求和使用同一种产品的情况越来越普遍，企业竞争面临的是一个全球性的市场。全球化的竞争，使得许多的产业边界已经超越了国界线。竞争已经超出了企业所在国的范围而延伸到其他国家，生产和市场的全球化意味着全球各地的企业都处于外国竞争者的威胁之下，这加剧了一个又一个的产业竞争，曾经由少数几家企业所控制的寡头制的国内产业现在已经演变成了分散的全球性产业，大量的公司在其中争夺市场。

世界经济的增长加速了全球化，那些已经处于全球化竞争或进程中的企业需要制定全球化的战略。酒店企业同样无可避免地需要面对全球化的挑战，如何融入这个全球环境，参与全球竞争，实施全球化战略，是决定酒店未来发展的又一核心命题。

全球化也为企业的发展提供了新的发展动力和获得新的增长点和盈利机会。越来越多的企业将其价值追加活动分散在全世界范围内，将其核心竞争能力向全球扩张，进而获得全球市场利益。借助全球化，企业可以争夺新的顾客群体，扩大新的市场范围，提高企业的利润与收入；企业也可以在全球范围内实现低成本优势，并获得规模经济。

第二节　酒店全球化

一、全球化中的酒店企业

酒店业已经发展成为一个多样化和全球性的产业。酒店企业的全球化战略是酒店企业竞争的必然走向。借助于全球市场，酒店企业不断拓展其国际发展空间，提供更加多样的酒店产品和服务，在满足全球各地消费者的多样性需求的同时，不断提高市场占有率和竞争力，获得规模化效益。

与此同时，酒店企业全球化经营也使得企业自身获得各种协同效益，不同层次和不同领域的品牌实现优势互补，企业内部不同资源相互协调，产生客源、销售等协同效益，最终获得最大化的市场价值。

对于中国的酒店企业来说，同样面临着宽阔的空间和机遇。改革开放以来，特别是 2001 年加入世界贸易组织后，中国加快了融入世界的步伐，国内旅游市场全面开放，外资酒店逐步进入国内，中国酒店企业也在加快走出国门，参与全球市场竞争，在开放动态的酒店市场中配置资源，推动酒店企业自身的全球化经营。

二、酒店全球化中应关注的问题

酒店企业实施全球化战略时，面临的是更为复杂和多变的世界环境，进入的是一个全新的市场，需要关注以下几个问题：

1．社会环境的复杂性

酒店企业需要关注东道国社会、经济、文化、政治、环境、人口、法律和技术等更为复杂的因素，特别是东道国政府的各种关于外资投资、旅游签证等政策。

2．旅游业市场潜力

酒店企业需要关注东道国市场发展潜力和市场规模的大小，从所在地的经济发展水平、人民生活水平、居民文化生活习俗等角度来考量。

3．全球化的竞争者

酒店企业需要关注全球市场竞争中的酒店企业的竞争者。全球化战略面对的是来自全球市场的同业者，不同国家、不同企业的市场竞争者，如何应对国际性的竞争者成为关键因素。

4．不同文化的冲突

酒店企业需要关注不同文化的冲突。实施全球化战略的酒店企业服务的是来自不同地区的消费者，而不同地区的文化、价值观、宗教等存在诸多的不同，为酒店企业的发展带来新的障碍。

小资料

首旅建国：走国际化路，创民族品牌

2006 年，首旅建国酒店管理公司（以下简称“首旅建国”）在股权多元化和运营国际化方面取得了突破性进展。在完成了所有的法律手续以后，外资正式持有其 1/4 的公司股份，使首旅建国成为中国第一家运作本土高星级商务和度假品牌的合资公司。实现中外合资，对于建国品牌、首旅集团，乃至整个中国酒店业都是具有历史意义的。

其实在我国，中外合资经营酒店管理公司早有实践，但以往的案例无一例外的都是合资经营外方合作者的品牌。而首旅建国合资后，却成为了国内唯一利用国际资本和资源来塑造中国人自己本土品牌的酒店管理公司。中外合资为首旅建国从制度层面上扫除了可能遇到的障碍，为建国品牌更高质量的发展奠定了良好的外界环境和制度条件。

在积极实践“走国际化路”的过程中，首旅建国还与国际先进专业机构开展了一系列合作，与浩华顾问公司完成了对部分成员酒店的战略分析，与赛诺威公司合作建立了宾客满意度的调查分析，与美国 TravelClick 公司建立了销售推广系统。通过与国际专业机构的持续合作，首旅建国自身专业化能力不断提高，也使其与国际接轨的目标渐行渐近。

首旅建国建立完整的运营体系，形成国际化的公司架构，引入外籍管理团队，进一步完善其经营管理机制，这一切对其未来的发展都有着重大的现实意义。首旅建国的品牌努力从市场运作的现实层面上，为国有饭店的转型与变革提供了微观运营层面上难能可贵的经验，是中国酒店产业核心竞争力的战略方向，可以说首旅建国是中国酒店集团化进程中品牌建设的先行者和领导者。

“走国际化路，创民族品牌”，凭借着先进的理念和完善的品牌战略，首旅建国的品牌形象显现出旺盛的生命力。经过几年的发展，首旅建国以全权委托管理、特许经营等方式在全国范围内管理着近 70 家成员酒店，管理客房两万余间，使“建国”品牌遍布全国。以国际化的视野致力于民族品牌的构建，首旅建国将会飞得更高、更远。

目前，首旅建国的近 70 家成员酒店遍布北京、上海、天津、重庆、广东、吉林、辽宁、山东、河南、陕西、山西、湖北、甘肃、宁夏、江苏、浙江、安徽、海南、内蒙古、新疆等地，管理客房 2 万多间。

（资料来源：http://info.meadin.com/BrandInterpretation/2009-4-11/0941130929.shtml）

第三节　相关战略

面对不同的旅游企业的竞争和日益激烈的全球市场，选择什么样的全球化战略，以什么样的方式进入市场，以什么样的形式参与国际竞争，成为酒店全球化发展的关键所在。

一、全球化战略选择

不同的酒店企业，有着自己不同的企业核心竞争力和发展方向，即使是同一个酒店企业在不同的发展阶段，面对不同的发展环境，进入不同的市场和地域，也需要选择不同的发展战略。如何选择合适的发展战略是推动酒店企业全球化战略实施的核心。一般说来，酒店企业全球化战略包括全球标准化战略、本地化战略、多元化战略。

1．全球标准化战略

全球标准化战略主要是指酒店企业在全球范围内提供标准化的酒店产品和酒店服务，以标准化的服务和体系为全球消费者服务。全球标准化战略的核心在于向全球市场推广酒店企业自身的品牌、核心服务价值和体系，以在更大范围的全球市场中获得最佳的效益。

2．本地化战略

本地化战略是指酒店企业在全球化战略实施过程中，注重对本地消费者服务需求的回应，注重不同地域、不同消费人群市场的服务需求偏好的差异性，以定制化的酒店产品和服务来满足不同地域市场消费者的需求，提高企业在本地市场的价值和收益。本地化战略的实施依赖于酒店企业对本地市场需求的把握，确定本地消费群体及其需求，寻求在酒店产品和服务方面进行差异化的创造。本地化战略的核心也在于通过对产品和服务进行定制化，更好地满足不同国家市场的口味和偏好，提高产品为本地市场创造的价值。

3．多元化战略

多元化战略是指酒店企业在向全球扩张中，借助企业自身在技术、市场、资源等方面的优势和关联性，由核心酒店产品和业务向其他相关联的酒店产品与业务扩展，增强或扩张已有的资源、核心竞争力的发展战略，寻求新的市场增长点。多元化的战略有助于更好地发挥核心业务的优势，寻求新的企业增长点，获得业务组合优势，降低风险，更为重要的是能够获得企业内部的协同优势，包括销售协同、运营协同和管理协同等，取得规模经济和市场竞争力。根据酒店业务扩展的层面不同，多元化战略可以分为纵向多元化战略和横向多元化战略。纵向多元化是指由核心业务向酒店服务价值链条的前端和后端的相关业务延伸，横向多元化是指向与当前酒店业务相近或相似行业进行扩展，如由酒店行业向旅行服务行业的扩展。

小资料

"J 酒店"运筹"一局大棋"

在美国南部城市奥兰多有一家皇冠假日酒店，外观不起眼，地段也不是最好，入住率却常年保持在 90%以上，客户满意率更是高达 98%，在全球上千家同品牌酒店中排名第一。这家被美国同行视为"神话"的酒店，正是由洲际集团第三方管理的，如今它已成为锦江国际集团的一个培训基地。

并购洲际集团，使锦江国际集团的酒店数量增加了 300 多家。但锦江国际集团董事长俞敏亮却认为，"并购效应"绝不仅是酒店数量的变化。更关键的是，要通过国际资源和自有品牌的嫁接，推动国内外两种资源、两个市场的联动，并对照国际化公众公司要求重构母公司的商业模式，从而让国有酒店业真正适应跨国经营的需要。重构商业模式——从锦江国际集团的首次跨国并购，我们看到的是中国酒店业国际化的"一局大棋"。

1．钟情"第三方管理"

早在 2003 年，原锦江集团、新亚集团重组为锦江国际集团时，锦江人就已锁定了"进军国际市场"的目标。筹划了整整 7 年，锦江国际集团选中了洲际集团。在安纳波利斯的德尔总部，德尔首席运营官布鲁斯·威尔斯指出，全球经济危机爆发时，德尔曾为锦江物色了多个并购目标，其中不乏知名的品牌酒店集团。那么，锦江为何对洲际"情有独钟"？锦江国际集团高级副总裁陈礼明表示，一方面是因为洲际当时陷入债务危机，股价被严重低估；但更重要的是，锦江国际集团看中了洲际集团"第三方酒店管理"的运营模式，这在中国酒店业尚属一块空白。

早在半年前，25 名来自上海的年轻人带着中国酒店业国际化的梦想来到了美国，他们是锦江国际集团派出的首批赴美培训团组。从华盛顿到奥兰多，从洛杉矶到亚特兰大，他们一家一家酒店实地考察；从酒店经营预算到收益管理，从人员成本控制到中央化采购，他们一个一个专题深入学习。他们的一个重要任务就是把"第三方酒店管理"模式精髓带回中国。

2．让酒店资产"动"起来

德尔集团就是一家专业酒店投资基金公司，成立 20 年来已发起设立五期基金，累计投资了 41 家酒店权益，平均年收益率达到 29%。锦江资产小组在德尔培训期间，参与了德尔收购亚特兰大帕洛玛酒店的全过程。德尔用 6 700 万美元全资收购这家拥有 304 间客房的酒店，完成交割后马上改用了万丽品牌。研究了德尔基金的运作模式，资产小组认为其路径可以分为 7 步：拟定投资方向—募集设立基金—信贷扩大融资—投资酒店项目—提升酒店品质—出售酒店增值—实现基金收益。实现收益后，德尔集团作为基金管理人收取管理费。

在德尔基金的运作模式中，提升酒店品质是关键一步，德尔集团将之称为"通过资产管理创造价值"。这些管理手段包括客源结构分析、重新定位酒店、更换酒店品牌、改造硬件设施、更换管理层、债务重组、现金管理、策略管理等。有一个经典案例，在华盛顿附近有一家皇冠假日酒店，德尔集团买入后进行了更新改造并改换为希尔顿旗下的逸林品牌，通过资产管理，提升价值，6 年后卖出，实现收益约 3 700 万美元。

受此启发，锦江国际集团与德尔集团联手，正在筹备建立中国酒店产业的首个人民币基金投资项目——"Marval（商悦）"。"Marval"是由锦江国际集团创立，并携手德尔集团与 HUBS1 共同打造的全新商务酒店品牌，首家旗舰酒店已在上海市中心人民广场附近开业。锦江国际集团与德尔集团将以这个人民币基金为平台，在国内寻找合适的酒店物业进行收购、整合、盘活，实现增值。据透露，该基金第一期准备融资 10 亿元左右，目前公司架构已经形成，开始招募。引入第三方酒店管理与设立酒店投资基金，是锦江国际集团的两着“连环棋”。投资基金运作酒店项目，需要第三方酒店管理公司进行管理提升价值；而第三方酒店管理模式的拓展，也会带动酒店资产的流动性。这两步棋，足以把中国酒店产业带入一个新的领域。

3．打造全世界的“J 酒店”

锦江国际集团投资和管理酒店逾 1 000 家。并购洲际集团后，虽然又增加了 300 多家海外酒店，但所有海外酒店中还没有一家使用锦江自己的酒店品牌。因此，锦江国际集团还要下最重要的“一步棋”——借助洲际集团的管理经验完善“锦江”品牌管理体系。更长远的目标，则是把“锦江”品牌嫁接到国外，让锦江国际集团的酒店遍布世界各地。为此，锦江国际集团对其麾下品牌进行了梳理。在此之前，锦江已拥有四、五星级酒店品牌“JJ”和经济型酒店品牌“JJinn”，从去年开始锦江国际集团开始打造两个新的品牌：超豪华酒店品牌“J·Hotel”和商务酒店品牌“Marval（商悦）”。由此，形成了一个完整的“J 酒店”品牌系。在“J 酒店”品牌系中，“J·Hotel”最高端。去年 12 月 18 日，锦江国际集团委任洲际（中国）酒店管理公司负责运营管理全球第一家“J·Hotel”酒店。这家“J·Hotel”酒店将坐落于上海中心 84～110 层，是全球最高的超五星级豪华酒店。

按照锦江国际集团的规划，在国内主要城市先发展 10～12 家“J·Hotel”品牌酒店，这些酒店均将选址当地的地标性建筑。下一步，锦江国际集团还将联手国际投行，进一步寻求国际并购机遇，拓展欧洲市场，同时把以“J·Hotel”为首的锦江酒店品牌系带向世界各地。

（资料来源：http//www.shanghai.gov.cn/shanghai/node2314/node2315/node4411/u21ai532125.html）

二、酒店全球化战略方式

酒店全球化战略确定之后，如何具体实施战略，则取决于酒店企业以什么样的方式进入全球市场，实施已选定的全球化发展战略。不同的发展战略需要不同的进入途径和扩张方式，即使相同的发展战略在不同的发展阶段、在不同的市场环境下也会选择不同的进入途径。主要的全球化战略方式有：

1．特许经营

特许经营是指以合同约定的方式，在东道国允许被特许经营者有偿使用企业的名称、品牌、技术、管理模式而从事相关活动的进入模式，即在东道国寻找合作伙伴，使其以许可或加盟店的方式为酒店企业在当地经营和分销酒店产品与服务。特许经营是酒店企业进入国际市场的初级方式，其借助于酒店企业自身的品牌和管理、技术的优势，潜在地进行渗透和扩张。

小资料

温德姆酒店的特许经营

温德姆酒店集团（Wyndham Hotel Group）是世界上最大的酒店集团，在世界各地拥有约 7 000 家酒店。在全球拥有 6 400 个特许经营的酒店和 535 000 间酒店客房，旗下包括 10 个品牌：Days Inn，Ramada，Howard Johnson，Super 8，Wyndham，Wingate Inn，Travelodge，Baymont Inn，Knights Inn 和 Ameri Host Inn。

温德姆酒店是全球酒店业中唯一一家 100%采用特许经营的酒店集团。温德姆酒店集团为特许经营商提供价值，帮助顾客取得最大利润。其在特许经营权方面主要体现在：少数民族特许经营发展、发展津贴制、管理公司配给、培训、财政安排、指导和单独联系点。

温德姆酒店为特许商寻找资金，指导计划提供一种积极的学习环境，为新的特许经营商提供教师，通过各种各样的标准、经营、销售和营销战略指导他们，为特许经营商提供管理者和品牌营销团队。

在国际发展方面，温德姆酒店通过销售特许权协议来扩张。其拥有长期独家区域特许经营权，全球范围内的品牌质量标准，国际和当地预订系统的联通性、前沿技术的提供商等。

目前，温德姆酒店集团在世界各地拥有超过 7 000 家国际酒店，其中有 6 400 个特许经营的酒店。2004 年，美国戴斯酒店集团（中国）将国际知名酒店品牌“Days Inn”带到中国，美国戴斯酒店集团（中国）现已正式签约 28 间酒店，成为在中国发展最快的知名国际酒店品牌之一，酒店遍布中国各大中城市。

（资料来源：根据温德姆酒店官方资料整理。）

特许经营战略的基础是标准化和规模经济，特许经营注重所有成员酒店采用相同的区位、装潢、建筑格局、价格、服务标准与管理方式。全球领先的酒店集团均采用特许经营战略来实现其扩张和发展（如表 17-1 所示）。

表 17-1 2011 年全球酒店特许经营前 10 名（Franchised hotels）

排 名	酒 店	酒店总数/家	特许经营数量/家	总客房数量/间	所属国家
1	温德汉姆饭店集团（Wyndham Hotel Group）	7 205	7 192	613 126	美国
2	精选国际饭店集团 Choice Hotels International Inc	6 178	6 178	497 205	美国
3	洲际国际饭店集团（InterContinental Hotels Group）	4 480	3 832	658 348	英国
4	希尔顿饭店集团（Hilton Hoter Group）	3 843	3 205	633 238	美国
5	万豪国际饭店集团（Marriott International Inc）	3 718	2 467	64 196	美国
6	雅高酒店集团（Accor SA）	4 426	1 678	53 714	法国
7	美国优势酒店集团（Vantage Hospitality Group Inc）	1 045	1 045	66 342	美国
8	卡尔森酒店集团（Carlson Rezidor Hotel Group）	1 076	1 030	165 663	美国
9	如家酒店集团（Home Inns & Hotels Management）	1 426	728	176 824	中国
10	上海锦江国际集团（Shanghai Jin Jiang International Hotel）	1 243	536	193 334	中国

（数据来源：《HOTELS》July/August 2012）

通过特许权进入国外市场，实施特许权的一方承担特许权授予方在当地面临的大部分成本和风险，特许权授予方必须投入的成本包括寻找特许权代理人并对其加以培训、支持和监控。特许权经营最大的问题是质量控制。

特许经营是酒店全球化发展最常用的方法，特许经营包括 4 种方法：

1）总体许可（Master License）。酒店归特许经营者所有并受特许经营者控制，可以使用所有的销售渠道。

2）直接许可（Direct License）。特许经营者授予成员酒店经营许可证，并提供直接的支持。

3）分支经营（Branch or Subsidiary Operation）。特许经营者在某一地区设立分支机构，授予经营许可证并提供直接支持。

4）合资企业（Joint Venture）。特许经营者在目的地建立合资酒店并授予合伙人经营许可证，合伙人可以使用其销售渠道，并可以向其他酒店销售经营许可证。

2. 战略联盟

战略联盟是指两个或多个酒店企业把资源和能力结合在一起，建立合作关系，创造出共赢的竞争优势。其实质是以合作形式来获得不同的资源、知识和能力。通常，酒店企业与航空公司、旅行社、银行机构以及其他供应商等结成战略联盟，如酒店业中的金钥匙组织。

资料

海航酒店集团与 NH 集团建立战略合作关系

在 2011CITM 国际旅游交易会上，海航酒店集团与西班牙 NH 酒店集团共同宣布，在中国合作的第一家酒店将于 2012 年初于重庆正式开业。该酒店拥有 210 间客房，3 个各具特色的餐厅，酒吧和其他休闲设施。为了使这个作为欧洲酒店市场翘楚的集团首家亮相于中国的酒店别具特色，打造酒店行业的“仙境”，海航酒店集团与 NH 集团致力于为世界呈现的不仅仅是一家酒店，更是一种融合了前沿科技与环保理念的体验，并以此诠释 NH 的精神：“唤醒一个更好的世界”。

一方是旅游经济领域里有着领跑者地位的中国集团，一方是欧洲酒店市场的一个极具参考价值的集团，这次合作的目的是获得潜在利益，是一种双赢，都为彼此创造了跨国销售的机会。NH 集团的首席战略发展官 Francisco Zinser 如是说：“通过此次联盟，游客们获得的将会是一种欧洲酒店艺术与东方的待客之道相结合的体验。”海航酒店集团目前在全球拥有并管理近 70 家酒店，是海航集团的子公司。海航集团是一家由航空、物流、旅游、金融及实业等 7 大板块构成的现代综合服务运营商。作为一家专业的酒店管理公司，海航酒店集团拥有唐拉雅秀国际酒店及度假村有限公司并运营全系列唐拉雅秀酒店品牌，拥有以“博唐”“唐拉雅秀”“珺唐”“逸唐阁”为子品牌的全系列酒店品牌。

NH 酒店集团是一家跨国的连锁酒店集团，其总部设于西班牙马德里，在极具竞争力的价格下，提供同样的产品与高质量的服务，酒店遍布欧洲、南美洲与非洲。NH 酒店作为欧洲排名第三的连锁商务酒店，共有酒店 400 家左右，客房 60 000 间，分布在 25 个城市。除了在西班牙、德国、荷兰和意大利占有领军地位，也出现在包括比利时、墨西哥和阿根廷等国家及伦敦、巴黎和纽约等主要城市。该公司最近在哥伦比亚开设其第一家酒店，并计划在短期内进军巴西。N H 集团立足于提供高质量的设备和服务，几经考究的装饰，力求迎合各种顾客的喜好，使他们感到舒适。NH 酒店采用最先进的技术设计，为客人的沟通、工作以及他们的休闲生活提供方便。

（资料来源：http://www.17u.cn/newsshow_304068.html）

3．合资经营

合资经营是指酒店企业与东道国企业建立合资公司，以合资公司形式在东道国开展经营行为。合资经营是酒店企业进入一个新的市场的优先选择，其可以借助较少的投资进入一个新的市场，并且可以绕过东道国的各种进入壁垒和障碍，降低经营风险。

4．直接投资

直接投资是指酒店企业直接在东道国通过兼并收购当地企业或者是投资创设新的公司，以开展企业经营行为。酒店企业通过兼并收购当地企业或者是创设新的酒店企业，可以有效地加快酒店企业的全球化扩张速度，获得直接的控制权，并利用自身的技术、资金、管理优势，直接整合当地资源，开发新的酒店产品和旅游服务，获得更大的利润和发展空间。直接投资的劣势在于其十分依赖于所在地区的政治和经济的稳定性，具有较高的风险性以及难以在当地找到合适的合作伙伴的困难。

5．管理合同

在酒店业，管理合同是一种很常见的用于国际发展与合作的方式。管理合同是酒店所有者和酒店经营公司之间达成的协议，通过这一协议，所有者雇佣经营者作为代理人承担酒店财产管理的全部责任，使得实务资产酒店的所有权与管理权相分离。管理合同能够使其运用较少的投资或不用投资来实现迅速扩张，并使其相对容易地进行市场渗透。

小资料

国际酒店加速布局市场

喜达屋旗下的金隅喜来登酒店将于 2011 年 9 月 17 日亮相北京。与此同时，另一家国际酒店巨头希尔顿全球酒店管理集团（以下简称“希尔顿”）也宣布，继推出针对中国游客的“欢迎”项目后，将继续加快在中国的扩张速度。这是继喜达屋在 7 月展开高管中国行之后，另一家国际酒店集团巨头表现出对中国市场的强烈兴趣。

1．布局中国忙换帅

2011 年 8 月 23 日，位于广州的第一幢物业广州天河新天希尔顿酒店正式开业。而位于天津的中新天津生态城世茂希尔顿酒店也将于 2012 年 5 月开张。希尔顿全球酒店集团亚太区总裁 Martin Rinck 表示，未来将以 4 倍速度加速在中国市场的布局。

据悉，在中国酒店市场价值 5～10 年会超过美国的预期下，全球酒店业纷纷看好未来中国巨大的市场份额，雅高、凯宾斯基、万豪、希尔顿、喜来登纷纷加速在中国市场的抢滩布局。根据《2011 年 7 月酒店高层人事变动统计报告》显示，2011 年全国的 5 982 家星级酒店企业中，共有 53 家酒店集团任命了 64 位酒店高管，任命人数比上季度增加了 11 位，增幅 20%。在第二季度的任命中，占据主导地位的依然是国际品牌，任命频率最高的职位是总经理和市场销售总监，以北京地区为例，万达索菲特大酒店和北京千禧大酒店均在近日更换了新的总经理。

报告还显示，2011 年 7 月共有 11 家酒店（集团）任命了 22 位酒店高管。其中喜达屋表现得最为活跃，共任命了 6 位高管。从中可见，国际酒店巨头喜达屋在华扩张势头之凶猛。

2．战场延至二三线城市

来自法国的雅高集团、来自美国的希尔顿集团、来自英国的洲际集团等，正在为布局中国的二三线城市展开一番血战。2011 年 7 月 30 日，喜达屋首次将威斯汀品牌带进武汉，为武汉不断升温的高端酒店市场再添新军。作为典型的二线城市，武汉目前已有 13 家五星级酒店，高星级酒店建设步伐明显加快。据湖北省旅游局统计，武汉今年在建、拟建的五星级及以上酒店将达到数十家。洲际、希尔顿、喜达屋已经将战场延伸到更具有潜在发展的二三线城市。

喜达屋计划 2011 年 9 月底前在中国开设 7 家喜来登酒店。据悉，北京金隅喜来登酒店将于 9 月中旬开业。万豪集团也宣布未来发展重点是中国的二三线城市。法国雅高集团则计划今年在中国市场运营的酒店要达到 180 家。洲际预计到 2011 年年底将有 125 家酒店在华开业。

喜达屋全球 CEO 陈盛福认为，错失中国市场会给喜达屋带来致命危险。中国是喜达屋增长最快的市场，也是其在美国以外的最大市场。该公司早些时候表示，计划到 2015 年在中国的员工数量由目前的 2.98 万人增至 9 万人。尽管欧洲主权债务危机与美国债务问题带来诸多不确定性，但该集团仍计划在中国新建 100 家酒店。

3．与业主磨合尚待时日

目前，登陆中国的国际酒店集团也多以输出管理的方式进行扩张，很少自行拥有酒店产权。据悉，目前中国的大部分高星级酒店都是中方业主投资，聘请外资酒店管理集团来管理酒店，这种输出管理方式是外资酒店集团在中国扩张的主要方式。

从雅高集团过去几年在中国的发展可以看出，其快速扩张的主要原因正是因为与首旅集团、锦江国际集团等中方业主建立了良好的合作关系。

而酒店输出管理模式也存在着许多弊端。通常在输出管理的模式下，业主方不应该负责运营，但在中国，酒店业主方通常会与管理方就人事、财务、运营进行协调。其中，运营业务几乎由管理方全部负责，酒店主要部门的总监位置由管理方派人担任；但在人事、财务上，业主方则会倾向于安排一些自己人。业主和管理方常在决策意见上有大分歧。

据某国际酒店集团高管透露，随着越来越多的国际酒店集团进军中国，业主投资方的选择也越来越多。以前管理方和业主的合同都是 10～20 年，现在通常是 3～5 年，合同快到期的时候，就会有竞争者出现与业主接洽，“业主稍不满意就会让我们走人，我们在管理上很难放开去做。

（资料来源：http://www.17u.cn/newsshow_302648.html）

本章小结

（1）世界全球化趋势日益加剧，包括酒店产业在内的各种行业的发展也日益全球化，企业不仅将市场分销渠道分散在各国，获得世界性的全球市场，还在全球范围内进行资源配置，将企业的价值链延伸到世界的每个角落。

（2）全球化也为企业的发展提供了新的发展动力和获得新的增长点和盈利机会。酒店企业的全球化战略是酒店企业竞争的必然走向，借助全球市场，拓展酒店的国际发展空间，提供更加多样的酒店产品和服务，满足全球各地消费者的多样性需求，提高市场占有率和竞争力。

（3）酒店企业全球化战略包括全球标准化、本地化战略、多元化战略。

（4）全球化的战略方式有特许经营、战略联盟、合资经营、管理合同、直接投资。

复习思考题

一、分析题

1. 如何理解全球化时代下的企业竞争？
2. 怎么看待全球化时代下的酒店？
3. 结合酒店案例，对酒店全球化战略的不同类型进行比较与分析？
4. 结合酒店案例，对酒店实施全球化战略的方式进行比较与分析？

二、练习题

利用网络资源，前往著名国际酒店喜达屋的网站上搜索该企业在国外市场上的战略信息，其追求的是什么样的国际化发展战略？

三、案例分析题

如家收购莫泰面临整合难题

如家由首旅和携程创立于2002年，2006年10月在美国纳斯达克上市，是中国酒店业海外上市第一股。目前如家拥有的酒店数量近1 400家，进入世界酒店业前10强。

2011年5月，如家宣布以4.7亿美元收购莫泰168国际控股公司（以下简称“莫泰”）的全部股份。据了解，该项交易已在10月1日完成。

随着如家收购莫泰交易的正式完成，如家对莫泰的整合提上了日程。如家集团首席执行官孙坚透漏，未来18个月内将完成对莫泰的整合，整合内容主要是整个系统的整合，以及内部流程和未来定位的重塑。莫泰完成重新定位后将继续发展，未来有望成为拥有千家以上酒店规模的品牌。

莫泰是中国第五大经济型连锁酒店，被如家收购时拥有144家直营店和137家特许店。收购莫泰，对如家来说，最主要是实现了资源共享，莫泰的会员可享受如家的会员优惠，如家的会员也能享受莫泰会员的待遇，这样不仅可以扩大经营规模，而且有利于节约成本。

不过，以时尚设计感见长的莫泰，其内部却并不如外表光鲜，存在“内外不统一”的致命弱点，重塑莫泰品牌就成为如家首要解决的问题。据悉，如家已经请了美国和德国的设计公司为三大品牌重塑定位，以使得三大品牌获得更强劲的发展。

有业内人士认为，中国的经济型酒店市场已经从春秋战国的混战阶段，转为垄断竞争的阶段。目前中国的经济型酒店出现了比以往更复杂、竞争更激烈的新态势，不过，经济型酒店占中国酒店数量的比例仍然很低，市场仍有很大需求。

中投顾问高级研究员黎雪荣在表示，“莫泰因快速扩张的需求，有不少单体酒店是独立运作，经营管理也有极大的自主权。如今如家要形成统一的风格和管理体系，如何避免发生人员的大规模流失，稳定军心，都是如家需要考虑的问题。”

孙坚曾表示，未来十年，中小商务旅行的蓬勃爆发、改善型大众旅游消费的增长，都将给如家带来新的发展机遇，因此如家提出未来10年酒店规模达到5 000家的目标，并向世界前三强发起冲击。

不过，做到5 000家酒店，在10年内或许可以实现，但品质的匹配和完善，还需要更长的时间来完成，或许需要15～20年。对于如家来说，目前面对的挑战是如何迅速完成对莫泰的整合。毕竟，2007年对七斗星的收购曾让如家吃了不少苦头，用了两年时间才完全消化。虽然，如家曾经从收购七斗星获得了经验和教训，但此次莫泰的整合无论是从规模还是未来的发展定位上，都与七斗星有着巨大的不同，这对如家来说无疑又是一次艰难的考验。

中投顾问高级研究员黎雪荣也认为：“如家虽然在品牌扩张中占据优势，但是要保持竞争力，将面临竞争和转型问题。一线城市的竞争已经十分激烈，随着经营成本的提升，经济型酒店的利润空间逐渐缩窄。二三线城市虽然成本相对低廉，但是几大经济型酒店纷纷朝二三线城市开始快速扩张，经济型酒店通过外部融资进行扩张的难度也逐渐加大。另外，圈地过快、过猛也将带来管理忧患。在高速扩张的环境下，对加盟店的质量、人员、技术控制以及各店间的协调，都将提出更高的要求，而如家的管理能力是否得到相应提升也是需要注意的问题。”

（资料来源：http://www.chinastock.com.cn/yhwz_about.do？methodCall=getDetailInfo&docId=2756296http://www.17u.cn/newsshow_304285.html）

思考：如何看待上述案例中的酒店企业收购后的整合问题，作为企业该如何应对呢？

参考文献

[1] 匹赞姆．饭店业战略管理[M]．王琳，等译．天津：南开大学出版社，2011.

[2] 艾弗森．饭店业人力资源管理[M]．张文，等译．北京：旅游教育出版社，2003.

[3] 艾尔弗雷德 D 钱德勒．战略与结构[M]．孟昕，译．昆明：云南人民出版社，2002.

[4] 奥诺弗雷·马托雷利·库尼利．饭店集团成长战略[M]．王向宁，译．北京：旅游教育出版社，2007.

[5] 奥尔森．饭店与旅游服务业战略管理[M]．徐虹，译．天津：南开大学出版社，2004.

[6] 费雷德 R 戴维．战略管理[M]．李克宁，译．北京：经济科学出版社，2006.

[7] H 伊戈尔·安索夫．战略管理[M]．邵冲，译．北京：机械工业出版社，2010.

[8] 迈克尔·波特．竞争战略[M]．陈小悦，译．北京：华夏出版社，2005.

[9] 迈克尔 A 希特，等．战略管理：竞争与全球化[M]．吕魏，等译．北京：机械工业出版社，2009.

[10] 耐杰尔·埃文斯，等．旅游战略管理[M]．马桂顺，译．沈阳：辽宁科学技术出版社，2005.

[11] 希尔，等．战略管理[M]．孙忠，译．北京：中国市场出版社，2007.

[12] W 钱·金，勒妮·莫博涅．蓝海战略——超越产业竞争开创新市场[M]．北京：商务印书馆，2005.

[13] 罗伯特·格兰特．公司战略管理[M]．北京：光明日报出版社，2001.

[14] 小阿瑟·汤普森，等．战略管理：概念与案例[M]．王智慧，译．北京：北京大学出版社，2009.

[15] 陈继祥．旅游企业战略管理[M]．北京：旅游教育出版社，2006.

[16] 程旭东．现代酒店管理[M]．北京：人民邮电出版社，2011.

[17] 杜江．国际著名旅游企业跨国经营案例分析[M]．北京：中国旅游出版社，2008.

[18] 谷慧敏．饭店集团案例库[M]．北京：旅游教育出版社，2008.

[19] 蒋运通．企业战略管理：理论、过程与实践[M]．北京：企业管理出版社，2006.

[20] 林壁属．世界知名饭店集团发展模式[M]．北京：旅游教育出版社，2010.

[21] 仇学琴．现代饭店经营管理[M]．北京：北京师范大学出版社，2010.

[22] 王璞．战略管理：工具与案例[M]．北京：机械工业出版社，2009.

[23] 王大悟．酒店管理实践案例精粹[M]．北京：中国旅游出版社，2009.

[24] 王云杰，郭伟，王建东．企业核心能力评价模型的构架与实证研究[J]．技术与创新管理，2006（5）.

[25] 徐飞，黄丹．企业战略管理[M]．北京：北京大学出版社，2008.

[26] 严伟．旅游企业战略管理[M]．上海：上海交通大学出版社，2009.

[27] 郑向敏．酒店管理[M]．北京：清华大学出版社，2010.

[28] 邹统钎．酒店经营战略[M]．北京：清华大学出版社，2005.

[29] 邹益民．旅游企业战略管理[M]．北京：中国人民大学出版社，2009.

[30] 曾国军．旅游企业战略管理[M]．北京：旅游教育出版社，2010.

[31] Ansoff H．Corporate Strategy[M]．London：Penguin，1987.

[32] Brouthers K D, Brouthers L E, Wilkinson T J. Strategy Alliances: Choose Your Partners[J]．Long Range Planning，1993，28（23），26-36.

[33] Child J, Faulkner D. Strategies of Corporation: Managing Alliance, Networks and Joint Venture[M]．Oxford: Oxford University Press，1998.

[34] Edgar Schein. Organizational Culture and Leadership[M]. San Francisco: JOSSEY-BASS，1985.

[35] Faulkner D, Bowman C. The Essence of Competitive Strategy[M]. London: Prentice Hall，1995.

[36] F R David. How Do We Choose Among Alterative Growth Strategies[J]. Managerial Planning，1985（4）：14-17.

[37] Fred David. The Strategic Planning Matrix—A Quantitative Approach[J]. Long Range Planning，1986（5）：102.

[38] Gordon Greenley. Does Strategic Planning Improve Company Performance[J]. Long Range Planning，1986（2）：106.

[39] H Mintzberg. Covert Leadership[J]. Harvard Business Review，1998（11-12）：140-148.

[40] J B Barney. Firm Resource and Sustained Competitive Advantage[J]. Journal of Management，1991（17）：99-120.

[41] Johnson G, Scholes K. Exploring Corporate Strategy[M]. Harlow: Pearson Education，2002.

[42] John P Koter. Leading Change[M]. Boston：Harvad School Publishing Corporation，1996.

[43] Junach L R, Glueck E. Stragetic Management and Business Policy[M]. 3rd ed. New York: Macgraw-Hill，1988.